国家出版基金项目
NATIONAL PUBLICATION FOUNDATION

清宫林則徐檔案匯編

26

中國第一歷史檔案館
福建省林則徐研究會 編

海峽出版發行集團
海峽文藝出版社

第二六册　目録

文種	事由	時間	頁碼
吏部尚書恩桂等奏摺	遵議林則徐等自舉鄉試副榜之誤應得處分或抵銷或寬免	道光二十六年十月二十一日 一八四六年十二月九日	四六
上諭	著加恩寬免陝西鄉試監臨官林則徐應得降級留任處分等情	道光二十六年十月二十一日 一八四六年十二月九日	五七
陝西巡撫林則徐題本	已故原任威寧州知州鄭五典應賠之銀無力完繳請准豁免	道光二十六年十月二十五日 一八四六年十二月十三日	五八
上諭	著照林則徐所請緩徵富平等縣錢糧	道光二十六年十月二十八日 一八四六年十二月十六日	六七
上諭	著照林則徐所請將神木府谷二縣先行撫恤並緩徵錢糧	道光二十六年十月二十八日 一八四六年十二月十六日	六九
上諭	林則徐請將陝西捐輸銀兩撥解甘肅著布彥泰通盤籌劃	道光二十六年十月二十八日 一八四六年十二月十六日	七〇
陝西巡撫林則徐奏片	陝西省道光二十六年九月份收捐監生銀數	道光二十六年十月二十八日 一八四六年十二月十六日 ※	七一
陝西巡撫林則徐奏片	歸補庫銀未敢擅解陝局頭二次捐銀請敕布彥泰通盤籌劃	道光二十六年十月二十八日 一八四六年十二月十六日 ※	七三
陝西巡撫林則徐題本	清澗縣知縣曹士鶴患病難愈請准解任調理	道光二十六年十一月初四日 一八四六年十二月二十一日	七六
陝西巡撫林則徐奏摺	請以米脂知縣歐陽山與神木知縣楊煦對調等情	道光二十六年十一月十五日 一八四七年一月一日	八一

上諭	著准余炳燾陞補定遠廳同知所遺渭南縣缺以王義樟調補	道光二十六年十二月二十一日 一八四七年二月六日	二六三
陝西巡撫林則徐奏片	白水縣等處拏獲各類人犯情形	道光二十六年十二月二十一日※ 一八四七年二月六日	二六四
陝西巡撫林則徐奏片	陝西省道光二十六年十一月份收捐監生銀數	道光二十六年十二月二十一日※ 一八四七年二月六日	二六七
陝西巡撫林則徐奏片	西安等處被旱收成歉薄現酌籌平糶及量撫極貧	道光二十六年十二月二十一日※ 一八四七年二月六日	二六九
陝西巡撫林則徐奏片	西安同州乾州徵收道光二十六年秋糧情形	道光二十六年十二月二十一日※ 一八四七年二月六日	二七四
陝西巡撫林則徐奏片	擬於初十日將巡撫關防賫交藩司楊以增護理	道光二十六年十二月二十二日※ 一八四七年二月七日	二七七
陝西巡撫林則徐奏片	道光二十六年陝西境内查無行使小錢及私鑄之事	道光二十六年十二月二十三日※ 一八四七年二月八日	二七八
陝西巡撫林則徐奏片	西安省城道光二十六年十二月十二及十三兩日得雪情形	道光二十六年十二月二十六日※ 一八四七年二月十一日	二八〇
吏部尚書恩桂等奏摺	查照章程議覆林則徐請獎陝西官紳二次捐輸	道光二十七年正月初八日 一八四七年二月二十二日	二八二
陝西巡撫林則徐奏摺	恭謝天恩賞賜御書福字	道光二十七年正月十五日 一八四七年三月一日	二九二

陝西省官紳士庶第二次捐輸番務經費請分別獎勵

奏

林則徐 官紳等續捐番務經費請 獎由

另有旨 單四全鈔單欽遵

十月二十八日

陝西巡撫林則徐奏摺 陝西省官紳士庶第二次捐輸番務經費請分別獎勵

道光二十六年十月十五日

陝西巡撫林則徐奏摺 陝西省官紳士庶第二次捐輸番務經費請分別獎勵

道光二十六年十月十五日

陝西巡撫臣林則徐跪

奏為官紳士庶續捐番務經費懇

恩分別獎勵以昭激勸仰祈

聖鑒事竊照前准戶部議覆陝甘總督臣布彥泰會

奏籌辦番務經費請由陝甘兩省勸捐並外

省人員一體准在陝甘捐輸援照順天直議敘之

案核辦一事，准戶部咨，隨時請獎等因奏奉

諭旨依議欽此行知到陝當經前署巡撫布政使臣禧

康督同司道在省設立捐局飭委西安首府分

司其事自本年五月初六日開局起至六月十

六日收銀一十七萬六千五百兩已於初次

奏報請獎在案嗣臣到任復與司道督率局員示

諭旨律畫擬本省紳耆捐輸人員先後具呈陸
續捐輸截至九月底止共計收銀半萬八千七百
七十三兩飭據司庫由該司道覈議照例彙造
具清冊會詳請
奏前來臣查此次續捐經費由紳耆籲懇來陝者
尤多係其報效心殷故不辭遠涉亦以歡揚去
恩施現在人數既多自應截至九月內所收捐款作為第
二次
奏報此內除降調編修胡林翼一員捐銀一萬四千
八百三十三兩先行奏奉
諭旨准其改捐內閣中書存捐外毋庸分等賞給補

用名印送吏部察核給咨赴部引
見如應歸入清單者其捐請議敘京官及文職武
職各員且由該司道出示造清冊遞加稽覈與戶
工二部事例現行常例及順天捐捐成案均
屬相符將冊內名姓報捐各員年歲三代及出
身履歷再加捐復捐各例案雖次詳細聲敘篇
頁不免繁多已咨送軍機處暨吏兵二部查
覈謹分別各項名目繕具簡明清單兩件恭呈
御覽合無仰懇
天恩俯將獎勵俾該捐生等感沐
皇仁愈急公者益形踴躍捐修經費洵有裨益除俟
第三次捐有成數再行

奏報明所有第二次捐輸番務經費分別請獎
緣由謹會同陝甘總督臣布彥泰合詞恭摺具
奏伏乞
皇上聖鑒訓示謹
奏
道光二十六年十月二十八日奉
硃批該部議奏單四件併發欽此
十月十五日

陝西巡撫林則徐奏摺　**查明陝西各屬被旱歉收分別輕重請緩徵富平等處錢糧**

林則徐　富平等處請緩徵由

奏

○　旨憶了

十月二十六日

二六

陝西巡撫林則徐奏摺 查明陝西各屬被旱歉收分別輕重請緩徵富平等處錢糧

道光二十六年十月十五日

陝西巡撫臣林則徐跪

奏為查明被旱歉收各屬應徵錢糧倉穀民力難

以併徵懇

恩分別展緩仰祈

聖鑒事竊照陝省西安同州鳳翔乾州等府州屬地

處平原本年夏秋以來未得透雨秋禾被旱歉

薄冬麥並未種齊業經臣于恭報七八等月雨

水糧價摺內聲明具

奏一面行司轉飭確查應否調劑妥議詳辦去後

茲據該管道府州等皆率所屬分投逐細勘明

陸續具稟除被旱較輕及二麥已種之處均毋

庸調劑外其咸寧長安咸陽興平臨潼高陵涇

陽三原渭南富平醴泉潼關大荔華州朝邑郃
陽韓城蒲城白水鳳翔寶雞扶風郿縣麟遊乾
州武功二十六廳州縣被旱雖不成災惟收成
甚歉二麥多未播種而富平涇陽尤重現在糧
價昂貴民情竭蹶請將富平縣本年下忙未完
地丁正銀九千三百六十一兩六錢五分三釐出
易常糧三千一十八石五斗零涇陽縣本年
下忙未完地丁正銀一萬五百四兩四錢一分二
釐道倉秋糧四百二十九石二斗零常糧四
千一百石咸寧縣道倉秋糧三千六百三十七
石一斗零長安縣道倉秋糧七千六百四十七
石五斗零咸陽縣道倉秋糧四千六十七石二

升零興平新道倉秋粮二千八百三十六石一
升零孤貧存留米一百五十九石七斗零常平粮
二百八十石七斗零臨潼新道倉秋粮五千八百
三十石九斗零高陵新道倉秋粮三千五百
一石升零常粮二千六百二十八石九斗三
原新道倉秋粮一千五百九十一石零常粮三
千三百七十八石渭南新道倉秋粮二千七百
二十一石一斗零醴泉新道倉秋粮五千二百
八十八石八斗零常粮三千四百石潼關所應
徵所倉粟米八百二十六石大荔新道倉秋粮
四百三十三石七斗零又節年民欠社倉麥穀
一千九百三十二石零華州道倉秋粮三百二十

一石九斗零朝邑縣常糧麥二千一百一十七
石一斗零郃陽縣常糧麥二千五百石京斗
穀三十石韓城縣灘地折租銀一千七百十九
兩一錢四分零常糧一千五百十一石三斗零
蒲城縣逃倉秋糧一千五百七十六石一斗零
常糧麥三千九百三十六石七斗零內外縣常
糧麥七百五十二石五斗鳳翔縣本年並節年
借易常糧麥二千四百一十四石零社糧麥穀
三千四百一石六斗零寶雞縣二十五年新借社
倉麥二千八百二十一石零扶風縣本年並
節年借易社倉京斗麥二千四百一十石零郿
縣常糧麥一千六百三十九石五斗麟遊縣本

年出易常糧粟穀五百石乾州道倉秋糧三千
四百九十二石三斗零常平麥三千一十三石
三斗零武功縣道倉秋糧六千一百六十八石零
常糧麥一千七百五十六石分別展緩其餘一
切米糧照常徵收解運等情由藩司裕康暨
糧道張集馨會詳請
奏前來臣查該廳州縣等因夏秋被旱收成既已
歉薄二麥又未種齊閭閻生計拮据市糧日
增昂貴若將各項糧賦同時併徵實屬力有未
逮自當量加調劑合無仰懇
天恩俯准將富平縣未完本年地丁銀九千三百七以
十一兩零涇陽縣未完本年地丁銀一萬五百

四升零四合潼關廳應徵倉粟米八百二十[illegible]
石一併緩至道光二十七年麥後徵收韓城縣
未完旗地折租銀一千七百一十九兩零並咸
寧長安咸陽興平臨潼高陵涇陽三原渭南
醴泉大荔蒲城華州乾州武功十五州縣應徵還
倉秋糧共京斗四萬九千三百四十六石零同
興平縣各征民貸存留耗倉米一百五十九石零
臨興平高陵涇陽三原富平醴泉朝邑郃陽
韓城內水蒲城鳳翔郿縣麟遊乾州武功十六
州縣出易常平倉糧三萬六千九百七十八石
零大荔鳳翔扶風寶雞四縣出借社倉糧一萬
五百六十四石零均請緩至二十七年秋成起

征以紓民力。此外應征各項民欠仍令照常輸納。一俟奉到

恩旨，謹即刊刷謄黃，通行曉諭，俾閭閻共沐

皇仁，感戴倍無既極。除飭司道造具細數清冊咨部外，所有查明各屬被旱分別輕重籌議緩征緣由，理合恭摺具

奏，伏乞

皇上聖鑒訓示。謹

奏。

道光二十六年十月二十八日奉

硃批　　欽此

十月十五日

陝西巡撫林則徐奏摺　**勘明神木府谷二縣秋禾被旱較重請予緩徵撫恤**

林則徐

神木等縣請緩徵撫恤

恒速

奏

〇有隨旨

十月二十八日

陝西巡撫臣林則徐跪

奏為勘明神木府谷二縣秋禾被旱較重民情實

在拮据籲懇

天恩照例緩徵撫卹仰祈

聖鑒事。竊照陝省榆林府所屬地處北山，土瘠民貧，蓋藏

最少，且向不宜麥，民間專賴秋收。本年夏秋以來，

該府雨澤愆期，疊經先後具奏，所屬神木府谷二

縣秋禾受旱尤甚，已乾枯較他縣情形特重，

是以臣飭司委員會同確切查勘，並於

奏報七八兩月雨水情形摺內節次陳明在案。旋據

榆林府知府祥淳會同神木縣知縣楊熙、府谷縣知縣傅

德謹等稟：神木一縣收成不及四分，計成災六分

陝西巡撫林則徐奏摺 勘明神木府谷二縣秋禾被旱較重請予緩徵撫恤 道光二十六年十月十五日

有餘。府谷一縣收成僅止二分零，計成災七分有
餘。除將被災地畝錢糧照例于勘報後停徵外，
並委兼護榆道實分給予賑卹，毋任及以北山距
省甚遠，即委員前往勘實分數，難免任信里
保書差藉端浮報，希圖領賑。茲查道光十九
年該二縣散給賑卹，為此動用銀將及八萬兩，
此次難保非欲藉案仿行。
國家軫念災黎，帑項固不靳惜，然必須勘實十分
真確，俾惠涓滴無虛，方足掃除積弊。且訪聞府
谷縣傅德謹蒞事顢頇，為在韓城縣任內因循
理不宜，調補府谷縣，未及于縣務案內
奏請撤任。該縣所定實分，尤難憑信。當據藩臬

陝西巡撫林則徐奏摺　勘明神木府谷二縣秋禾被旱較重請予緩徵撫恤

道光二十六年十月十五日

西司詳委葭州知州凌樹棠前往府谷羅家河即令
妥辦完竣一面密飭延榆綏道善保榆林府徐
松分投分期親履該二縣地方逐勘分察去後茲
接善保徐松及凌樹棠先後稟覆查得神木
縣屬間有河灘井澆及偏得雷雨之處收成較好
然統計不及百分之一二此外東鄉王家墩等一百
三十八村莊南鄉豐家塔等一百九十九村莊各成災
六分西鄉趙家溝等一百三十一村莊北鄉田家岔等
一百二十四村莊各成災七分另等揭計四鄉實
係成災六分又府谷縣除附近河灘井澆地畝
尚有薄收核計亦不及百分之一其東鄉高家
寨子等五十五村莊南鄉劉家峁等一百七十五

二六

陝西巡撫林則徐奏摺　勘明神木府谷二縣秋禾被旱較重請予緩徵撫恤

道光二十六年十月十五日

村莊各成災七八分不等西鄉柴家塢共二百二十
一村莊成災七分北鄉窰山卯村共一百四十四村莊成
災六七分不等核計四鄉實係成災七分者居多饑餓
之民村村皆是並有不能起立者該二縣倉糧先已
動缺存貯無多應請將被旱之貧民先行
撫卹一月折色口糧[illegible]其各莊[illegible]年下小民
屯莊地丁正耗銀糧草束以及神木出易穀石府
谷常徵各年正雜錢糧並緩徵收其情由藩司
核明具詳請
奏前來臣查該二縣地本苦寒每歲僅賴秋收以
資生計今秋禾受旱成災閭閻拮据委屬實在
情形自宜量加調劑合無仰懇

陝西巡撫林則徐奏摺　勘明神木府谷二縣秋禾被旱較重請予緩徵撫恤　道光二十六年十月十五日

天恩俯准將被旱之神木府谷二縣之無食貧民先行撫
卹一月，前已飭縣動項籌辦，應徵本年下忙民屯
蘆地丁正耗銀糧草束，同神木出易穀石，府谷帶
徵節年正雜錢糧一概緩至道光二十七年秋
後起徵，以紓民力，感戴
鴻慈。倘蒙俞允，擬請於該二縣距省窎遠，往返領銀有需
時日，現在飭司酌動銀三萬兩委解前往，以為目
前撫卹，並作將來撥領加賑之用。又據延榆綏
道接奉該司請借銀四千兩，委員運赴府，豫備買
糧平糶，俟糶竣仍將原借銀兩歸款，亦應准其一辦
理。一俟欽奉
恩旨，即恭錄謄黃通行張貼曉諭，並嚴飭

陝西巡撫林則徐奏摺　勘明神木府谷二縣秋禾被旱較重請予緩徵撫恤

道光二十六年十月十五日

道府認真妥辦痛革弊端凡應給賑卹之款皆以

確查戶口為要從使實支實發不得假手吏胥以

期仰副

聖主惠愛黎元之澤必下究之至意除將被災極次貧民

戶口應需錢糧應否緩徵各細數飭令確查另疏

題報外所有北山被旱地方分別調劑緩徵緣由理合

恭摺具

奏伏乞

皇上聖鑒訓示再據葭州具稟該州屬之德勝廟牛家

崖劉等四十三村居民種秋禾于八月二十四被雹

打傷六分批傷處物應否調劑容俟查實另

飭酌辦合併陳明謹

陝西巡撫林則徐奏摺 勘明神木府谷二縣秋禾被旱較重請予緩徵撫恤 道光二十六年十月十五日

奏

道光二十六年十月二十八日奉

硃批 欽此

十月十五日

陝西巡撫林則徐奏摺　**陝西省道光二十六年九月中旬至十月上旬雨雪麥苗情形**

林則徐　雨雪麥苗情形由

奏 ○

十月二十日

二六

陝西巡撫林則徐奏摺　陝西省道光二十六年九月中旬至十月上旬雨雪麥苗情形

道光二十六年十月十五日

陝西巡撫臣林則徐跪

奏，為恭報雨雪麥苗情形，仰祈

聖鑒事。竊照陝西各屬八月下旬暨九月初旬雨水田禾

情形，業經臣恭摺具

奏在案。迨交冬令以後，膏澤尤殷，而西安、同州二屬

未能種麥之處甚多，即已種者亦須土潤培根

始能長發。其餘各屬連旬祈禱，雖於九月十七、十八

兩日得有雨澤，第據報入土三寸有餘者，僅止華

陰一處，其餘所得不過一二寸，並有不及寸者，地土

仍屬乾燥，不克滋生。又因天氣已寒，復求雪

澤，乃自日密雲四佈，平原一帶據來一律優沾，

惟崇山地方則自九月二十九日至十月初三、四、五等

陝西巡撫林則徐奏摺　陝西省道光二十六年九月中旬至十月上旬雨雪麥苗情形　道光二十六年十月十五日

硃批

日疊被得雪自寸餘至二三寸不等大抵西

覽奏實深廑念惟盼冬雪優霑明春播事尚可

南渭北資潤澤至其每屬乾枯麥田既難望

有望一得雪澤隨時奏報

盤根雜糧亦未能播種惟有仍求雪澤庶或

補救有資而閭閻情狀拮据不得不量為調劑

除北山之神木府谷二縣業經奏懇

恩施

其西安同州鳳翔乾州等府州屬夏旱之處擬由

道詳請緩征俟由核明擬定

奏明外謹將九月分各屬糧價敘繕清單恭呈

御覽伏祈

皇上聖鑒謹

奏

道光二十六年十月十八日奉

陝西巡撫林則徐奏摺　陝西省道光二十六年九月中旬至十月上旬雨雪麥苗情形

道光二十六年十月十五日

硃批　知道了欽此

十月十五日

陝西巡撫林則徐題本　道光二十六年十月十五日

陝西巡撫林則徐題本　磚坪廳通判富明阿邊缺俸滿保題陞用

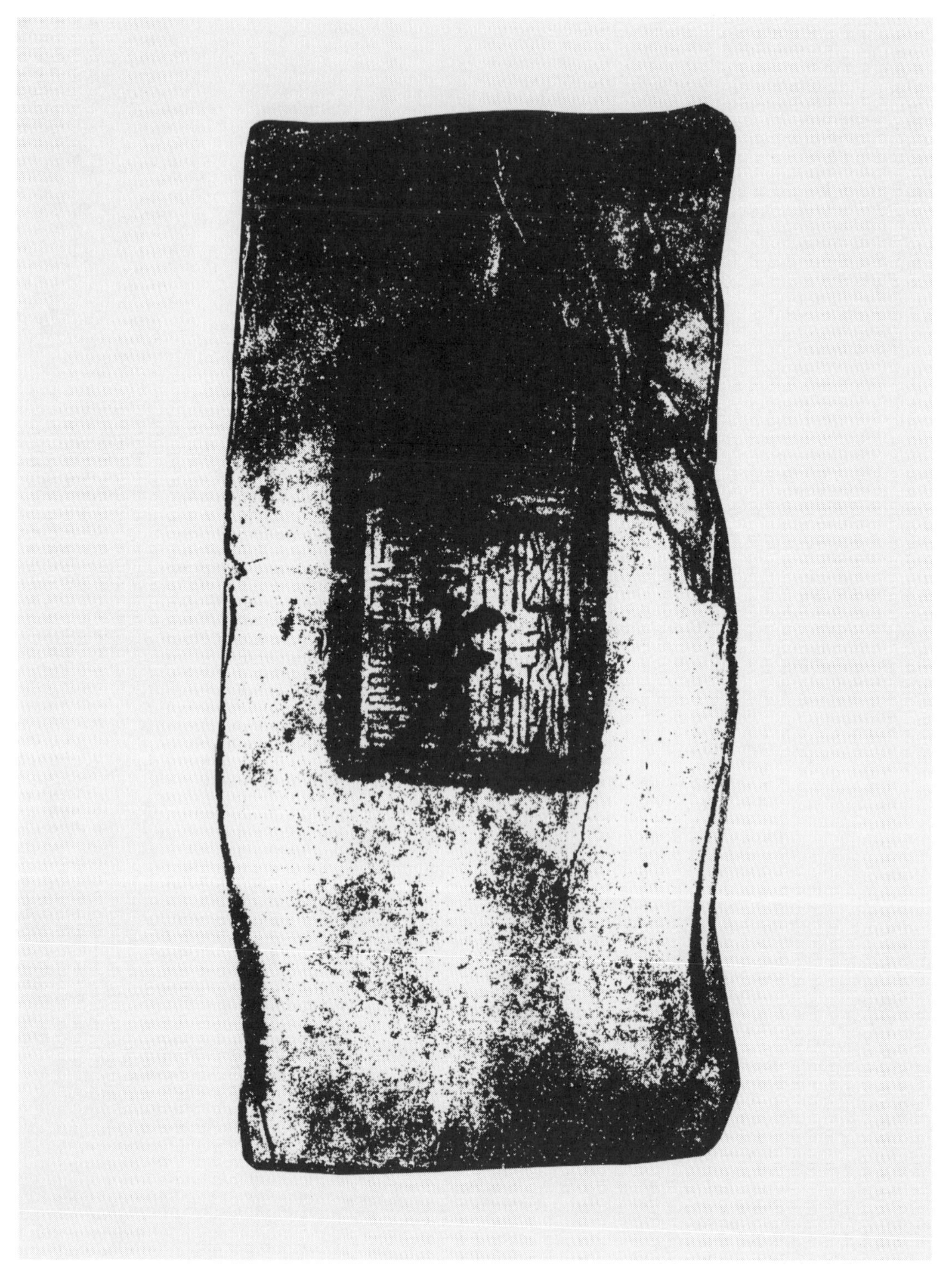

陝西巡撫林則徐題本　**磚坪廳通判富明阿邊缺俸滿保題陞用**

陝西巡撫林則徐題本　磚坪廳通判富明阿邊缺俸滿保題陞用
道光二十六年十月十五日

兵部侍郎兼都察院右副都御史巡撫陝西等處地方贊理軍務兼理糧餉臣林則徐謹
題爲遵
旨核議具奏事據陝西布政使裕康按察使唐樹義
呈奉案驗准前陝甘總督咨道光元年拾壹月
拾玖日准吏部咨所有議覆四川總督蔣攸銛
等奏川陝楚老林情形會同酌議添改廳治營
汛以資彈壓撫綏各一摺於道光元年拾月拾
壹日具
奏本日内閣奉
上諭前據蔣攸銛等奏會籌川陝楚老林情形請添
設廳治營汛當降旨交軍機大臣會同該部核議
具奏兹據曹振鏞等英和等那彥寶各具摺陳奏

朕詳加披覽川陝楚老林地方幅隕遼濶近年開
墾日廣客戶增多山深路險稽察難周該督等請
將同知通判知縣佐雜並守備千總酌量添設及
改選爲題之處係爲因地制宜起見軍機大臣吏
兵二部均各議准著即照所議辦理至道府職分
較大若將陝西安襄鄖荊貳道漢中鄖陽貳府一
槩改爲在外題補不惟有違定例且行之日久易
滋流弊著俱不准改爲題缺仍照舊例行欽此相
應抄錄各原奏知照可也等因內閣內閣抄出
四川總督蔣攸銛等奏爲遵
旨查勘川陝楚老林情形會同酌議添改廳治營汛
以資彈壓撫綏一摺道光元年玖月初陸日奉

陝西巡撫林則徐題本 磚坪廳通判富明阿邊缺俸滿保題陞用
道光二十六年十月十五日

硃批軍機大臣會同該部議覆具奏欽此據稱竊臣
等前奉
上諭卓秉恬奏川陝楚老林地連叁省無業之民僑
寓其中易致滋事宜如何彈壓撫綏之處著蔣攸
銛朱勳毓岱確勘情形悉心籌畫會同定議具奏
欽此其時在蔣攸銛
陛見回任行抵西安與臣朱勳悉心會同商議以陝
安道嚴如熤歷練老成於南山情形最爲熟悉
飭委該道前往邊界查勘一面知會臣毓岱飭
令楚省委員鄖陽府知府倪如棹竹山縣知縣
范繼昌並川省委員保寧府知府徐雙桂忠州
知州李紹祖等各將邊境逐處確勘於查勘事

竣齊赴適中之興安府地方會同繪圖酌議章
程臣等再行會商斟酌定議當經先行恭摺奏
聞在案旋據陝安道嚴如煜暨同各委員將查勘情
形繪圖貼說酌議章程具稟核辦臣等各批令
藩臬兩司詳細核議茲據該司等具稟前來臣
等覆查陝西之漢中興安貳府界連四川之保
寧綏定夔州叅府其湖北之鄖陽則與陝西之
興安商州四川之大寧巫山接壤該府等所屬
地方均在萬山之中幅隕遼濶綿亘數千餘里
節年以來老林開墾日廣外來客民戶口日增
五方雜處訟獄繁多且風俗剽悍山深路險最
易藏奸全在地方官撫治得宜始足以彈壓撫

陝西巡撫林則徐題本 磚坪廳通判富明阿邊缺俸滿保題陞用
道光二十六年十月十五日

核茲據陝安道等勘明川陝楚叁省連界之太
平平利安康竹谿等縣均相距在千里以外其
間層巒疊嶂實屬稽察難周自應於交界州縣
相距窵遠扼要之處添設文員以資治理庶查
察易周聲勢可期聯絡其川省邊界營汛亦須
酌量改移俾足以專巡防而臻嚴密臣等悉心
籌酌因地制宜各就通省情形量爲改移裁撤
謹將所議各條另繕清單恭呈
御覽如蒙
俞允應須移建衙署應鑄印信及分疆撥界一切未
盡事宜容俟照例分別題咨辦理所有臣等會
議緣由謹會同陝甘總督臣長齡兩湖督臣陳若

陝西巡撫林則徐題本 磚坪廳通判富明阿邊缺俸滿保題陞用
道光二十六年十月十五日

霖恭摺具奏並將叄省交界地方繪具輿圖恭
呈
御覽伏祈
皇上聖鑒等因具奏前來查定例道府各缺如原係
請
旨補放及部選之缺俱不准其改為在外題調至原
係部選之缺或因地方情形今昔不同令該督
撫隨時具題准其改為請
旨簡補註冊如係部選之缺奏請改為請
旨簡放亦必須將請
旨缺或題調缺內改壹簡缺歸部銓選其有應歸月
選之缺改為題調要缺亦必須於本省題調要

缺內酌改簡缺互換此外大小各缺均不得妄
請更改如有實因繁簡不符必須隨時酌改之
處令各督撫分别缺之大小如丞倅牧令之缺
應請改繁者即於丞倅牧令之缺內改簡互換
其佐雜之缺即以佐雜內酌改不准將州縣以
上之缺與佐雜互换等語議以分職設官各有
定制不得妄請更改倘實有繁簡不符及今昔
情形不同必須隨時酌改之處亦必於各缺內
裁抵互換以符定例今該督等具奏添設酌改
各缺內查有陝西鳳翔府通判本係選缺請改
爲甎坪廳撫民通判定改爲題調要缺湖北德
安府通判亦係選缺請改爲白河口撫民同知

定為題缺俱伍年俸滿保題四川太平縣地方
仍復為太平縣請添設知縣典史各壹員並無
裁祇南江縣知縣係屬選缺請改為在外題缺
伍年俸滿保題陝西陝安道漢中府知府湖北
安襄鄖荊道均係請
旨之缺湖北鄖陽府知府係部選之缺俱請改為在
外題調以上添改各缺均與定例不符例應議
駁惟查原奏內係欽奉
諭旨命蔣攸銛等叁省督撫確勘情形悉心籌畫會
同定議具奏之件現據該督等合詞奏稱委員
會勘老林地方山深路險易致藏奸各地方官
相距寫遠稽察難周必須酌量改移添設始足

以資治理係屬因地制宜隨時整飭與各省地方自行奏請調劑者迥不相同臣等公同酌議應如該督等所請辦理其餘各省槪不得援以爲例以杜紛更之弊至各省應行移駐添設酌改各條謹按款核議恭呈

御覽一奏稱陝西興安府屬之安康縣所管地方距步皆山幅隕遼濶地方官查察難周原設甎坪縣丞壹員不足以資治理應改設撫民通判壹員並設巡檢壹員兼管司獄事務其地距安康縣貳百肆拾里係通川省要路添設廳治至甎坪以南直至鄖川邊界俱歸通判管理俾資彈壓與知縣分疆治理不致有鞭長莫及之虞查

有鳳翔府通判與該府同城事務甚簡可以裁
拟改為甎坪撫民通判該處界連川省地方緊
要應請照孝義寧陜留壩定遠等廳邊俸之例
定為在外題調要缺伍年俸滿保題陜省繁缺
現在無可改簡並請免其裁繁改拟其應須巡
檢壹員查留壩廳南星巡檢係屬閒曹應即以
該廳巡檢裁拟改為甎坪巡檢兼管司獄事務
其舊設甎坪縣丞壹員移駐黑河適中之碁陽
觀音寺改爲碁陽縣丞專司巡緝以昭嚴密又
西安府屬之盩厔縣所管山内地方西南至洋
縣陸百里山深路險實屬稽察難周查盩洋交
界之教場壩地方適中扼要應於該處添設縣

陝西巡撫林則徐題本 磚坪廳通判富明阿邊缺俸滿保題陞用
道光二十六年十月十五日

丞壹員以資撫治查有同州府屬之華陰縣縣
丞事務甚簡應即裁撤改爲盩厔縣丞歸於西
安府考核又陝安道漢中府貳缺本係邊缺嘉
慶伍年因該道府員缺緊要奏准改爲衝繁疲
難在外題調之缺嗣經部議以邊缺道府例不
准改爲題調將該道府改爲請
旨簡放查陝安道統轄漢中興安貳府地處南山界
連川楚近年老林開墾日廣外來客民户口日
增五方雜處訟獄繁多民刁俗悍今昔情形迥
不相同道府有控制撫綏之責必須熟悉地方
情形之員隨時整飭稽察緝匪安良庶足以收
實效應請將陝安道漢中府貳缺均仍改爲在

外題調於南山地方實有裨益等語應如該督
等所請安康縣屬之甎坪營地方准其改設撫
民通判壹員巡檢壹員兼管司獄事務自甎坪
以南直至鄰川邊界俱歸通判管理俾資彈壓
與知縣分疆治理至鳳翔府撫民通判事務較
簡准其裁汰改爲甎坪通判定爲在外題調要
缺伍年俸滿保題陞用其留壩廳南星巡檢係
屬閒曹准其裁汰作爲甎坪巡檢兼管司獄事
務仍定爲選缺歸部銓選其舊設甎坪縣丞壹
員准其移駐黑河適中之畧陽觀音寺地方改
爲畧陽縣丞仍定爲要缺在外揀調等因到院
行司奉此當經轉行知照在案今據興安府知

府吉昌詳准甎坪廳通判富明阿移稱竊敝廳
現年陸拾叁歲係正紅旗蒙古崇禧佐領下西
安駐防滿洲由廪生中式嘉慶貳拾叁年戊寅
科鄉試舉人道光叁年癸未科會試中式壹百
柒拾名貢士
殿試貳甲捌拾伍名進士伍月初捌日引
見奉
旨以知縣即用欽此籤掣陝西是年捌月初玖日到
省伍年柒月初叁日丁親母憂回旗守制服闋
起復於柒年拾月初拾日到省玖年陸月
題補商南縣知縣拾年
奏調城固縣知縣伍月拾貳日到任拾貳年貳月

因病詳請開缺回旗調理旋於是月貳拾叁日
丁親父憂拾肆年伍月貳拾叁日服滿起復並
報病痊請咨赴部於捌月拾玖日引
見奉
旨著照例坐補原缺欽此是年拾壹月分奉部選授
城固縣知縣拾貳月初貳日引
見奉
旨依擬用欽此拾伍年正月拾伍日到省奉飭赴任
即於叁月貳拾陸日接印任事拾捌年拾壹月
陞補今職貳拾年肆月貳拾玖日引
見奉
旨准其陞補甎坪廳通判欽此即於是年拾壹月拾

伍日到任今自到任之日起遵照邊俸之例連
閏扣至貳拾伍年玖月拾伍日邊俸伍年期滿
理合出具供結牒請轉詳等情到府卑府覆查
該員老成諳練辦事結實茲邊俸已滿伍年與
陞用之例相符合將移到供結造具事實四柱
履歷清冊加具考語具詳申請核轉等情到司
據此該布政使裕康按察使唐樹義會查得例
載邊缺人員果能緝盜安民著有成效俟伍年
期滿分別保題入於即陞班內照例陞用等語
查磚坪廳界連川楚幅隕遼闊經前四川總督
蔣攸銛等請
奏定為邊缺俸滿即陞奉

陝西巡撫林則徐題本　磚坪廳通判富明阿邊缺俸滿保題陞用

道光二十六年十月十五日

旨准行欽遵在案今該廳通判富明阿自道光貳拾
年拾壹月拾伍日到任起連閏扣至貳拾伍年
玖月拾伍日歷俸已滿伍年照例出具供結由
該管府造冊加考詳請保題前來布政使裕康
按察使唐樹義查得該通判富明阿才優年健
辦事實心自到任以來緝盜安民著有成效與
保題之例相符相應加考同齎到冊結會詳呈
請核
題等情到臣該臣看得例載邊缺人員果能緝盜
安民著有成效俟伍年期滿分別保題入於即
陞班內照例陞用等語茲據布政使裕康等詳
稱查甎坪廳界連川楚幅隕遼闊經前四川總

陝西巡撫林則徐題本 磚坪廳通判富明阿邊缺俸滿保題陞用

道光二十六年十月十五日

暫將攸銘等請
奏定為邊缺俸滿即陞奉
旨准行欽遵在案今甎坪廳通判富明阿自道光貳
拾年拾壹月拾伍日到任起連閏扣至貳拾伍
年玖月拾伍日歷俸已滿伍年照例出具供結
由該管府造冊加考詳請保
題前來臣查該員辦事謹慎緝盜亦勤核與保題
之例相符除冊結送部外謹會同署臣布彥泰
合詞具
題伏祈
皇上聖鑒勅部議覆施行為此具本謹
題請

陝西巡撫林則徐題本　磚坪廳通判富明阿邊缺俸滿保題陞用

道光二十六年十月十五日

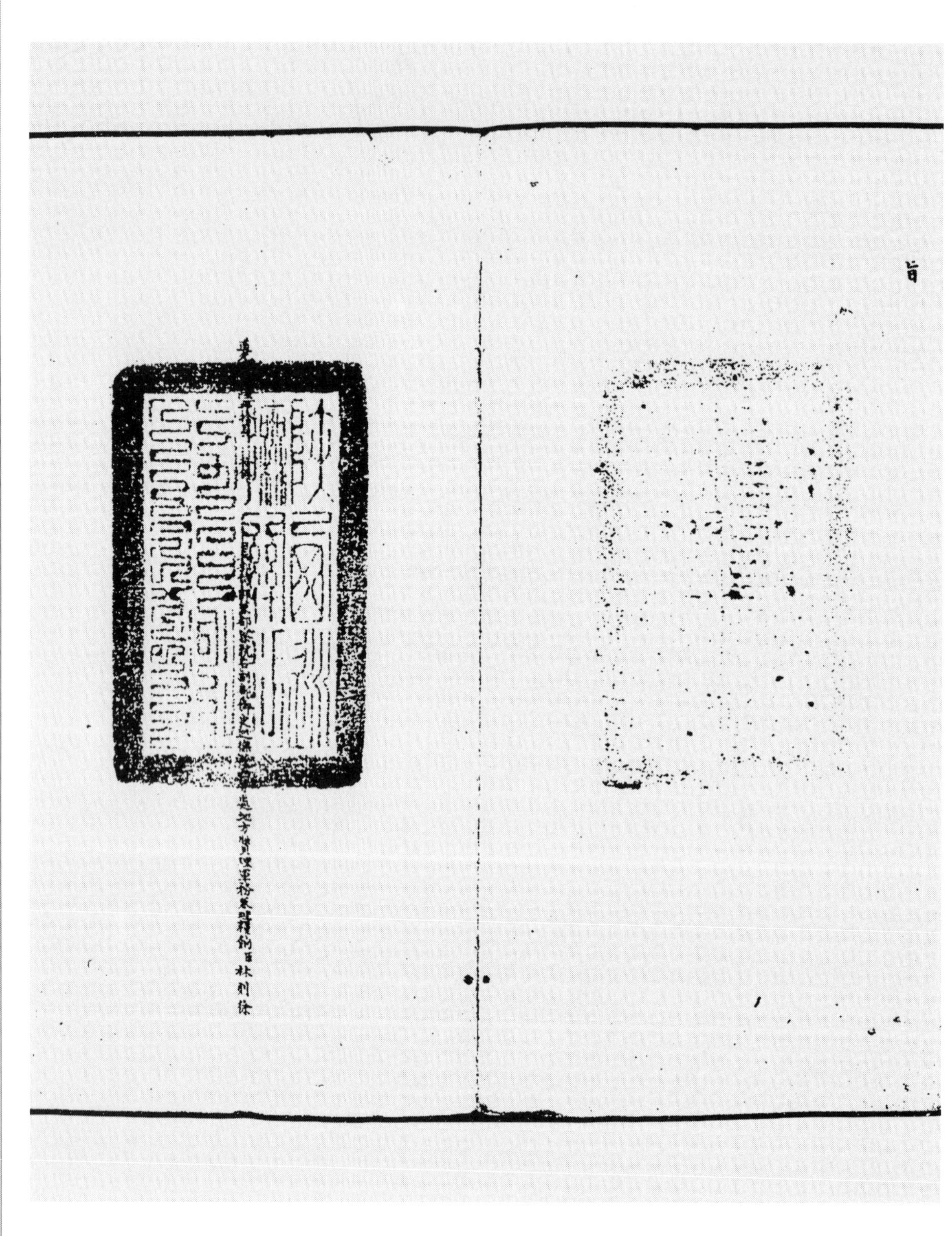

旨

地方贊理軍務兼理糧餉臣林則徐

二六

陝西巡撫林則徐題本　磚坪廳通判富明阿邊缺俸滿保題陞用

道光二十六年十月十五日

兵部侍郎兼都察院右副都御史巡撫陝西等處地方贊理軍務兼理糧餉臣林則徐謹

題爲遵

旨核議具奏事。該臣看得，例載：邊缺人員果能緝盜安民，著有成效，俟伍年期滿，分別保題，入於即陞班内，照例陞用等語。茲據布政使裕康等詳稱：查甎坪廳界連川楚，幅隕遼闊，經前四川總督蔣攸銛等請

奏定爲邊缺，俸滿即陞。奉

旨准行，欽遵在案。今甎坪廳通判富明阿自道光貳拾年拾壹月拾伍日到任起，連閏扣至貳拾伍年玖月拾伍日，歷俸已滿伍年，照例出具供結，由該管府造册，加考詳請保

題前來。臣查該員辦事謹慎，緝盜亦勤，核與保題之例相符，除册結送部外，謹會同督臣布彥泰

合詞謹

題請

旨

二六

吏部尚書恩桂等奏摺　**遵議林則徐等自舉鄉試副榜之誤應得處分或抵銷或寬免**

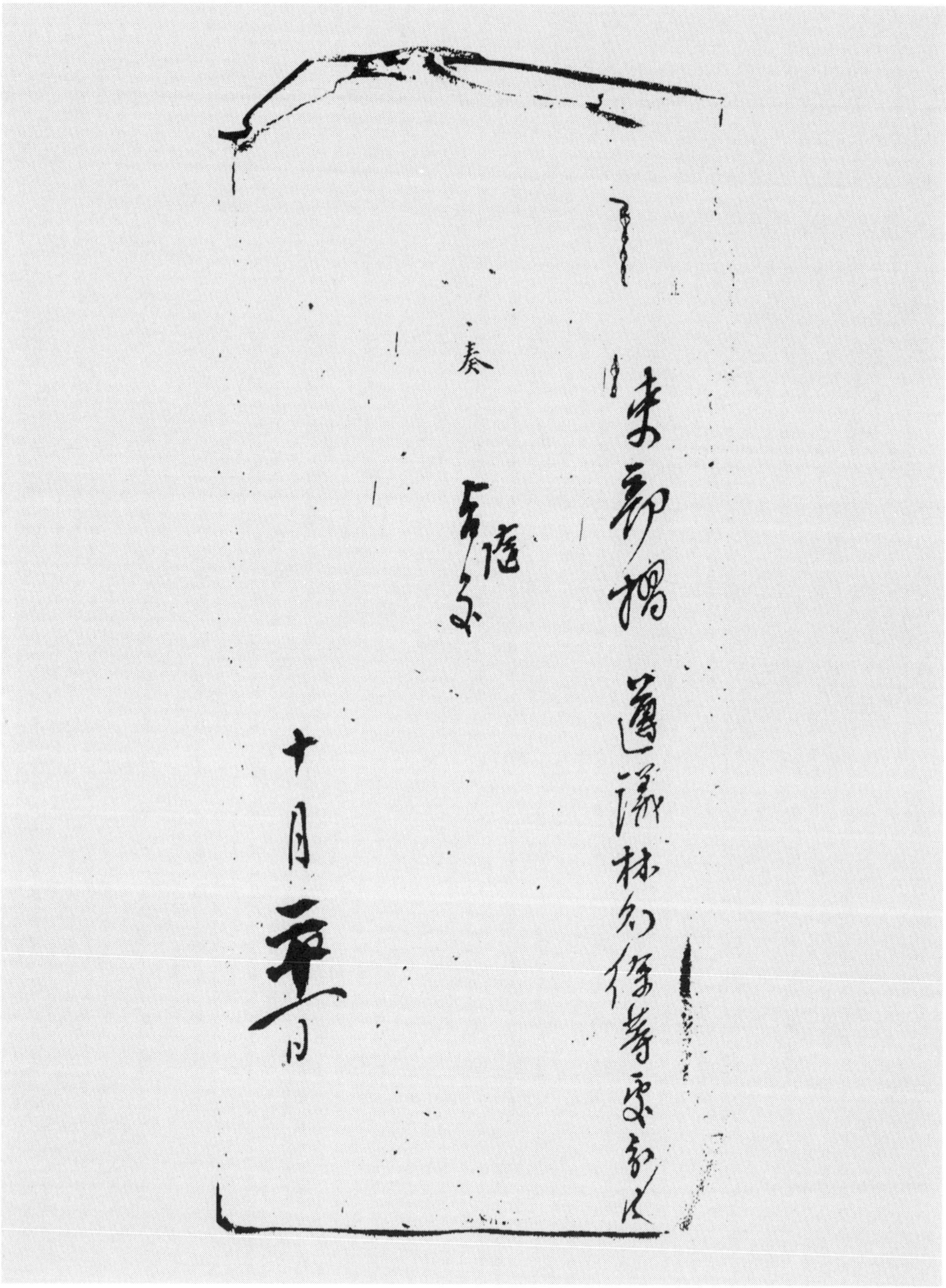
吏部摺　遵議林則徐等處分

奏

旨依議

十月廿一日

二六

吏部尚書恩桂等奏摺 遵議林則徐等自舉鄉試副榜之誤應得處分或抵銷或寬免

道光二十六年十月二十一日

吏部尚書臣宗室恩桂等謹
奏為遵
旨議處具奏事內閣抄出陝西巡撫林則徐等奏稱
鄉試揭曉之後查出中式副榜內有一卷硃墨
不符係因紅號字音相同以致錯誤謹據實檢
舉請
旨飭部更正分別議處竊照本年丙午科陝西鄉試
臣職司監臨准正考官陳寶禾副考官青麐知
會於九月初四日揭曉臣即於初三日夜間率
同提調監試司道至貢院內簾會同兩號官拆
封填榜當查禮部新頒科場條例內載御史杜
彥士奏請飭禁考官磨勘墨卷一摺奉

吏部尚書恩桂等奏摺 遵議林則徐等自舉鄉試副榜之誤應得處分或抵銷或寬免 道光二十六年十月二十一日

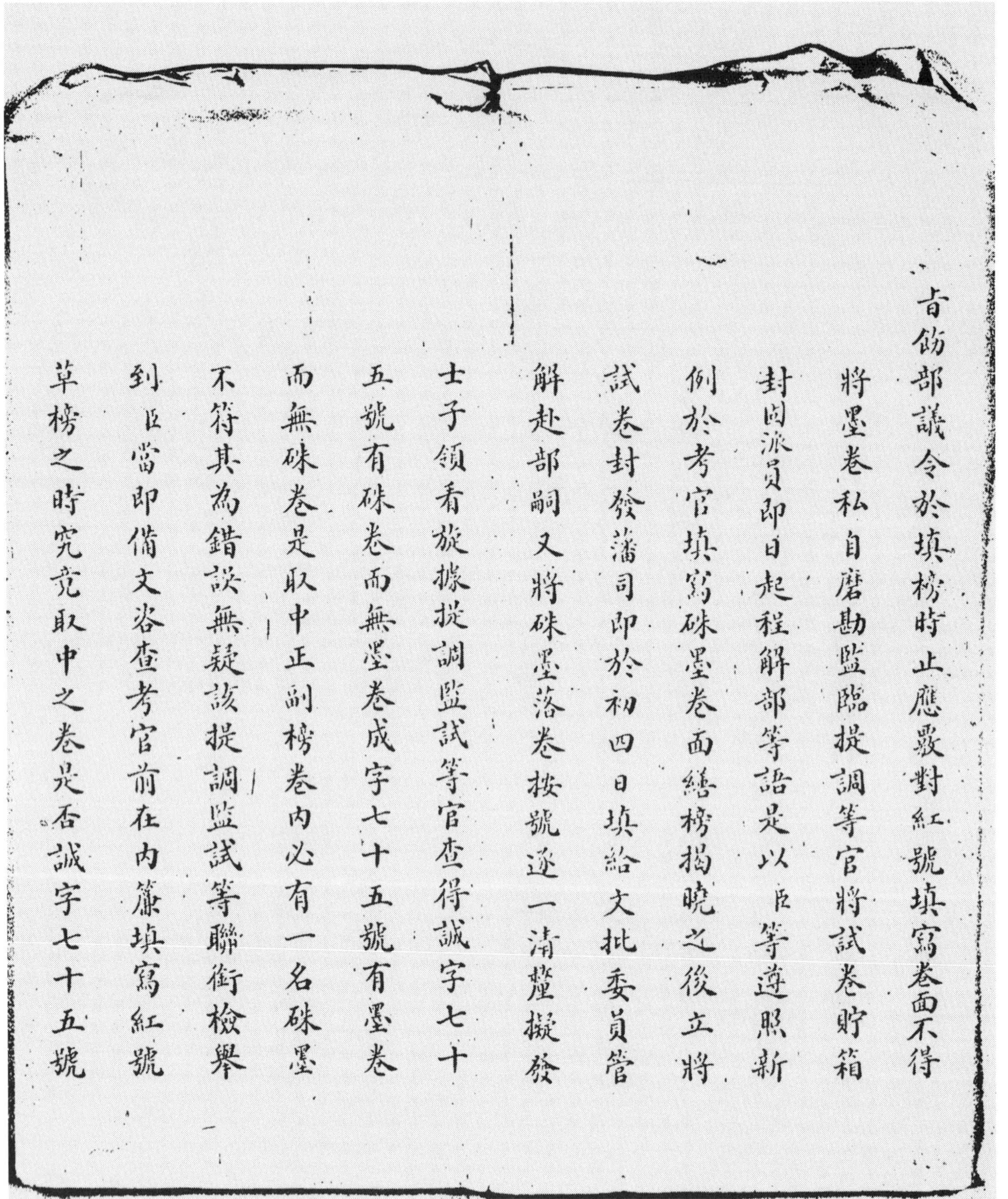

旨飭部議令於填榜時止應覈對紅號填寫卷面不得將墨卷私自磨勘監臨提調等官將試卷貯箱封固派員即日起程解部等語是以臣等遵照新例於考官填寫硃墨卷面繕榜揭曉之後立將試卷封發藩司即於初四日填給文批委員管解赴部嗣又將硃墨落卷按號逐一清釐擬發士子領看旋據提調監試等官查得誠字七十五號有硃卷而無墨卷成字七十五號有墨卷而無硃卷是取中正副榜卷內必有一名硃墨不符其為錯誤無疑該提調監試等聯銜檢舉到臣當即備文咨查考官前在內簾填寫紅號草榜之時究竟取中之卷是否誠字七十五號

二六

吏部尚書恩桂等奏摺 遵議林則徐等自舉鄉試副榜之誤應得處分或抵銷或寬免

道光二十六年十月二十一日

抑係成字七十五號據實查覆去後旋准覆稱
成字七十五號係中副榜第十名當夜深拆號
之時書吏一人宣唱紅號一人查取墨卷緣誠成
二字既係同音即字畫亦只偏旁小異該正副
考官在燈下閱看一時不及細辨致將誠字七
十五號劉廷瑞墨卷拆封填作副榜第十名而
實在取中之成字七十五號硃卷面上即填寫
劉廷瑞之名彼時遵例不敢磨勘墨卷致未檢
出歧誤今既查明硃墨卷不符顯係舛錯今亟
自行檢舉咨覆覈辦等語臣當即督同司道飭
傳在闈內拆卷之書吏崔月桂等嚴行查訊據
該吏等僉供九月初三日夜填寫正榜之後接

吏部尚書恩桂等奏摺　遵議林則徐等自舉鄉試副榜之誤應得處分或抵銷或寬免　道光二十六年十月二十一日

填副榜業已更深伊等因熬夜精神恍惚適於
匆遽之間查取墨卷偏值誠成二字音同字似
一時未及辨別遂將誠字七十五號墨卷檢呈
實係疎忽致誤萬不敢有心舞弊等供查是夜
填至副榜為時已在深宵該吏開唱紅號檢卷
呈堂未及細加分別而考官於燈下閱看卷面
亦未將偏旁字畫詳細辨明又遵新例不敢磨
勘墨卷是致誤實屬有因嗣於榜已張挂卷已
解部之後由臣率同提調監試等自行查出咨
詢正副考官旋准該考官查明草榜紅號亦即
自行檢舉亦非別有情弊惟當據實奏明不敢
稍存隱飾其如何更正之處未敢擅便應請

二六 吏部尚書恩桂等奏摺 遵議林則徐等自舉鄉試副榜之誤應得處分或抵銷或寬免

道光二十六年十月二十一日

勅下禮部查覈辦理臣與提調監試等雖於事後查
出自行檢舉究屬疏忽於前各有應得相應請
旨交部議處其誤檢墨卷之書吏應照不應重律杖
八十折責革役以示懲儆除將成字七十五號
三場墨卷暨誠字七十五號三場硃卷一併備
文咨送禮部覈辦所有查明檢舉緣由謹會同
正考官翰林院侍講臣陳寶禾副考官詹事府
右中允臣青麐合詞恭摺具
奏道光二十六年十月初五日奉
上諭林則徐奏鄉試揭曉後查出中式副榜内有硃
墨不符據實檢舉請旨更正一摺本年陝西鄉
試中式第十名副榜之誠字七十五號與實在取

中之成字七十五號紅號錯誤以致硃墨卷不符
著該部查明更正監臨官林則徐正考官陳寶禾
副考官青麐未能詳細查對均著交部議處提調
監試等官著一併查取職名交部議處餘依議欽
此欽遵抄出到部　查定例硃卷面應先填
中式名次後填舉子姓名墨卷面已有舉子姓
名應填中式名次如有違式將主考官查明筆
跡每卷降一級調用又定例官員辦理事件始
初失於覺察後經自行查出檢舉在外自藩臬
以上該部將照例應得處分及檢舉後可否寬
免之處聲明請
旨其餘凡自行檢舉案件各按本例應得處分酌加

二六

吏部尚書恩桂等奏摺　遵議林則徐等自舉鄉試副榜之誤應得處分或抵銷或寬免

道光二十六年十月二十一日

寬減例應降級調用者即減為降一級留任等
語臣部查正副考官填寫硃墨卷面係何員筆
蹟移咨禮部查覆去後今於道光二十六年十
月十二日准禮部片稱查科場條例內載鄉試
填榜考官公同監臨提調等官嚴對硃墨卷紅
號相符乃拆彌封副考官於硃卷上填寫姓名
正考官於墨卷上填寫名數等語片覆到部除
提調監試等官臣部移咨陝西巡撫查取職名
到日另行辦理外此案陝西鄉試中式第十名
副榜之誠字七十五號與實在取中之成字七
十五號硃墨卷不符據原奏內稱係因拆封填
榜時該正副考官不及細辨致將誠字七十五

號劉廷瑞墨卷填作副榜第十名而實在取中之成字七十五號硃卷面上即填寫劉廷瑞之名該正副考官填寫錯誤監臨官未能詳細查對均經自行檢舉更正欽奉

諭旨監臨官林則徐正考官陳寶禾副考官青麐均著交部議處應請將陝西正考官翰林院侍講陳寶禾副考官詹事府右中允今轉補左中允青麐均照主考官填寫硃墨卷面違式降一級調用例降一級調用監臨官陝西巡撫林則徐應於陳寶禾等降一級調用上分別議以降一級留任均係自行檢舉更正陳寶禾青麐降一級調用處分應減為降一級留任係公罪例准抵

銷可否准其抵銷之處恭候
欽定林則徐係藩臬以上自行檢舉其應得降一級
留任處分可否寬免之處照例聲明請
旨所有臣等遵
旨議處緣由理合恭摺具
奏伏乞
皇上聖鑒
訓示遵行謹
奏

吏部尚書恩桂等奏摺　遵議林則徐等自舉鄉試副榜之誤應得處分或抵銷或寬免

道光二十六年十月二十一日

道光二十六年十月二十一日

吏部尚書臣宗室恩桂

協辦大學士吏部尚書臣陳官俊

吏部左侍郎臣惠豐

吏部左侍郎臣季芝昌 未到任

吏部右侍郎臣福濟

吏部右侍郎臣侯桐 留署

上諭　著加恩寬免陝西鄉試監臨官林則徐應得降級留任處分等情

道光二十六年十月二十一日奉

旨陝西正考官翰林院侍講陳寶禾副考官詹事府

左中允青麐均著降一級留任准其抵銷監臨官

林則徐應得降一級留任處分著加恩寬免欽此

陝西巡撫林則徐題本　已故原任威寧州知州鄭五典應賠之銀無力完繳請准豁免

陝西巡撫林則徐題本　已故原任威寧州知州鄭五典應賠之銀無力完繳請准豁免

道光二十六年十月二十五日

兵部侍郎兼都察院右副都御史巡撫陝西等處地方贊理軍務兼理糧餉臣林則徐謹

題爲詳請等事。據陝西布政使裕康呈：道光貳拾陸年閏伍月貳拾伍日奉combined

司案呈准貴州巡撫喬用遷咨稱，據布政使羅繞典准部咨查該故員鄭五典應追分賠煎折銅價及淨銷運腳等銀壹萬貳千玖百玖拾柒兩貳錢柒分柒釐，前據貴州巡撫結報無力完繳，當經本部移咨陝西原籍有無資財可以變抵，據覆詳查報部。今據咨稱該故員鄭五典原籍實無資財，隱寄亦無產業，伊姪鄭邦吉等均無力完繳。查該故員鄭五典應追前項煎折銅價等項銀兩，雖據陝西巡撫查明原籍實無產

業惟未據取具切實印結送部至貴州雖經結
報無力完繳而該故員鄭五典有子幾人有無
官職文内亦未詳晰聲敘本部礙難核辦應仍
咨陝西貴州各巡撫再行確切詳查取具切實
印結送部等因奉此當即行查去後今據大定
府知府黃宅中詳據署威寧州知州周守正詳
稱遵查故員鄭五典家屬實係赤貧無力完繳
現在止鄭邦泰壹子係屬白丁並無官職理合
出具切實印結由府加結詳送前來覆查無異
相應詳請咨部核辦等情相應咨送等因前來
查該故員鄭五典應追分賠煎折銅價等銀柒
百壹拾玖兩柒錢壹分玖釐又應追分賠課納

等歳浮銷運脚銀壹萬貳千貳百柒拾柒兩伍
錢伍分捌釐前據貴州陝西各巡撫先後查明
任所原籍均無財産隱寄取結加結送部當經
本部以該故員鄭五典有子幾人有無官職行
令再行確切詳查報部等因在案今又據貴州
巡撫查明結報該故員鄭五典家屬實係赤貧
無力完繳現止鄭邦泰壹子係屬白丁並無官
職等語查定例應追一切賠項銀兩其無力完
繳而又無官職該旗籍任所結報並無財産隱
寄者准予題豁各直省由原籍題豁等因今該
故員鄭五典應追前項分賠煎析銅價運脚等
項銀兩既據陝西貴州各巡撫節次查明結報

陝西巡撫林則徐題本　已故原任威寧州知州鄭五典應賠之銀無力完繳請准豁免

道光二十六年十月二十五日

原籍任所實無財產隱寄伊子鄭邦泰係屬白
丁並無官職本部查與豁免定例相符相應移
咨陝西巡撫轉飭將該故員鄭五典應追前項
分賠煎折銅價及浮銷運腳等銀壹萬貳千玖
百玖拾柒兩貳錢柒分柒釐即行照例辦理報
部以清案牘並知照雲南貴州巡撫可也等因
到院行司奉此當經前署司檄行西安府轉飭
該州取結詳辦去後茲據西安府知府徐棟詳
據署州知州郝彭齡詳稱遵職卷查此案前奉
飭查著追業經前故州卯均恩差傳該故員堂
姪鄭邦吉等訊供取結具文加結申覆在案茲
奉前因卑職覆傳該故員鄭五典堂姪武生鄭

陝西巡撫林則徐題本 已故原任威寧州知州鄭五典應賠之銀無力完繳請准豁免

道光二十六年十月二十五日

邦吉並里鄰族長等到案逐一覆訊據供鄭五

典親子鄭邦泰家產盡絕又無官職伊堂姪鄭

邦吉赤貧如洗所有奉追應賠銀兩委係無力

完繳均願具結等供據此卑職覆查無異合將

取到供甘各結加具印結詳請題豁等情由府

加結轉詳到司據此該布政使裕康查得已故

原任貴州威寧州知州鄭五典應分賠煎折銅

價等銀柒百壹拾玖兩柒錢壹分玖釐又分賠

課納等廠浮銷運腳銀壹萬貳千貳百柒拾柒

兩伍錢伍分捌釐俱係分賠之項既據該州查

明該故員鄭五典原籍並無資財隱寄亦無產

業變抵伊堂姪武生鄭邦吉等均係赤貧如洗

實屬無力完繳取具里鄰族長供甘各結由州
府加結具詳請豁前來核與定例相符所有送
到各結相應具詳呈齎核
題
請豁等情到臣該臣看得耀州鄭五典前在貴
州應賠煎折銅價等銀一案茲據布政使裕康
詳稱查得已故原任貴州威寧州知州鄭五典
應分賠煎折銅價等銀柒百壹拾玖兩柒錢壹
分玖釐又分賠倮納等廠浮銷運腳銀壹萬貳
千貳百柒拾柒兩伍錢伍分捌釐俱係分賠之
項既據該州查明該故員鄭五典原籍並無資
財隱寄亦無產業變抵伊堂姪武生鄭邦吉等
均係赤貧如洗實屬無力完繳取具里鄰族長

供甘各结由州府加结具详请咨所有送到各

结由司具详呈赍核

题请咨前来臣覆核无异除结送部外理合具

题伏祈

皇上聖鑒勅部核覆施行再此案應取該故員歷過

各任所有無財產隱寄印結已經貴州巡撫查

取咨送户部在案此次毋庸復取以省案牘合

併陳明爲此具本謹

題請

旨

二六 陝西巡撫林則徐題本 已故原任威寧州知州鄭五典應賠之銀無力完繳請准豁免

道光二十六年十月二十五日

兵部侍郎兼都察院右副都御史巡撫陝西等處地方贊理軍務兼理糧餉臣林則徐謹

題
爲詳請等事。該臣看得耀州鄭五典前在貴州
應賠煎折銅價等銀一案，兹據布政使裕康詳
稱：查得已故原任貴州威寧州知州鄭五典應
分賠煎折銅價等銀柒百壹拾玖兩柒錢壹分
玖釐，又分賠課納等廠浮鑄運腳銀壹萬貳千
貳百柒拾柒兩伍錢伍分捌釐，俱係分賠之項。
既據該州查明該故員鄭五典原籍兹無資財
隱寄，亦無産業變抵，伊堂姪武生鄭邦吉等均
係赤貧如洗，實屬無力完繳，取具里鄰族長供
甘各結，由州府加結具詳請豁，所有送到各結
由司具詳呈齎核

題請豁前來。臣覆核無異，除結送部外，謹

題

請

旨

上諭　著照林則徐所請緩徵富平等縣錢糧

道光二十六年十月二十八日内閣奉
上諭林則徐奏查明被旱歉收各屬請分别緩徵一
摺本年陝西西安等府州屬夏秋被旱收成歉薄
若將各項糧賦同時併徵民力實有未逮加恩著
照所請所有富平縣未完本年地丁銀九千三百
六十一兩零涇陽縣未完本年地丁銀一萬五百
四兩零同潼關廳應徵廳倉粟米八百二十六石
著一併緩至道光二十七年麥後徵收韓城縣未
完灘地折租銀一千七百一十九兩零並咸寧長
安咸陽興平臨潼高陵涇陽三原渭南醴泉大荔
蒲城華州乾州武功十五州縣應徵道倉秋糧共
京斗四萬九千三百四十六石零同興平縣應徵

孤貧存留縣倉米一百五十九石零暨興平高陵涇陽三原富平醴泉朝邑郃陽韓城白水蒲城鳳翔郿縣麟遊乾州武功十六州縣出易常平倉糧三萬六千九百七十八石零大荔鳳翔扶風寶雞四縣出借社倉糧一萬五百六十四石零均著緩至二十七年秋後啓徵以紓民力該撫即刊刻謄黄徧行曉諭務使實惠及民無任吏胥舞弊用副朕軫念歉區至意該部知道欽此

上諭 著照林則徐所請將神木府谷二縣先行撫恤並緩徵錢糧

道光二十六年十月二十八日内閣奉

上諭林則徐奏勘明秋禾被旱較重地方請緩徵撫恤一摺陝西神木府谷二縣秋禾受旱情形較重民力未免拮据自宜量予調劑加恩著照所請所有被旱之神木府谷二縣乏食貧民著先行撫恤一月折色口糧銀兩並將應徵本年下忙民屯蘗地丁正耗銀糧草束同神木縣出易穀石府谷縣帶徵節年正雜錢糧一概緩至道光二十七年秋後起徵以紓民力該撫即刊刻謄黃徧行曉諭務令實惠及民毋令吏胥舞弊用副朕軫念歉區至意餘著照所議辦理該部知道欽此

上諭　林則徐請將陝西捐輸銀兩撥解甘肅著布彥泰通盤籌劃

道光二十六年十月二十八日內閣奉

上諭林則徐奏陝西省現收捐輸銀兩請飭籌撥解

甘肅等語著布彥泰通盤籌畫奏請撥解欽此

陝西巡撫林則徐奏片

陝西省道光二十六年九月份收捐監生銀數

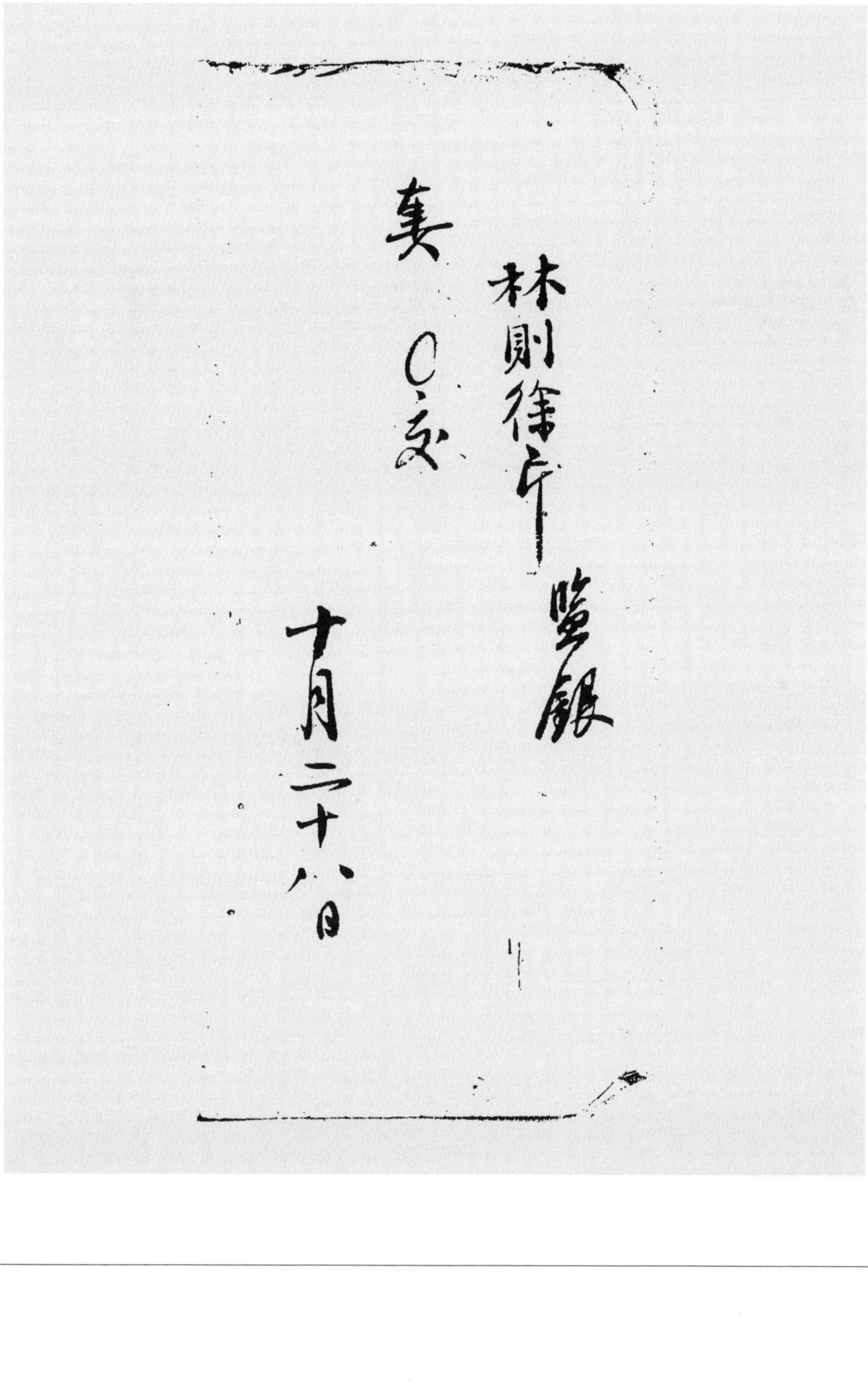

林則徐片 監銀

奏○交

十月二十八日

陝西巡撫林則徐奏片　陝西省道光二十六年九月份收捐監生銀數
道光二十六年十月二十八日

再查陝西省收捐監生銀兩截至道光二十六
年八月底止共存銀二萬三百一十兩業經臣
附片
奏明在案現准户部咨撥解京餉銀一萬四千兩
止實存銀六千三百一十兩今九月份又據捐
監生十四名收貯司庫銀一千五百一十二兩
連前共實存銀七千八百二十二兩理合循例
附片奏
聞伏
奏
道光二十六年十月二十八日奉
硃批户部知道欽此

歸補庫銀未敢擅解陝局頭二次捐銀請敕布彥泰通盤籌劃

林則徐片

再，臣前在甘肅與督臣布彥泰等會籌辦防堵，經布彥泰奏明查核勸番案內共借過二十三年經前督臣富呢揚阿奏准借動司庫新疆備用等款銀共二十二萬二千三百五十一兩零，請于勸辦番事後自總督藩司及道府所捐餘多攤扣養廉三成，歸作十年歸款，現在已歸補者尚不及十分之三。又于二十五年勸番案內經前署督臣鄧廷楨奏准借動司庫減平款銀五萬兩，于本年五月間布彥泰因帶兵親赴邊卡，亦於司庫新疆備用款內

奏准借動銀十萬兩，此兩次借項均尚未議作何
籌補。布彥泰正極躊躇，而尤以新疆備用款項
更爲關要，不宜久曠，未歸時懷焦急，甚盼此次
捐輸踴躍，庶幾撥注有資，屢次與臣稱述。近日
又准來咨，以戶部疊次文催上年鄧廷楨任內
所借之減平銀五萬餘兩，應作速籌款歸還報
解部庫，不准分年攤扣，以免拖延等因。是從
前借動勦番之庫項，及此次準備勦番之
經費，皆早經指望捐輸一項，舍此即別無籌
畫之方。且野番散處各邊，積數不可勝計，若
輕動一次，即滋一次之虞，而勦撫一年，便需一
年之費。幸蒙

二六

陝西巡撫林則徐奏片　歸補庫銀未敢擅解陝局頭二次捐銀請敕布彥泰通盤籌劃　道光二十六年十月二十八日

查明從前准令分局收捐緣在甘未安設局而由陝解甘同歸一律但目前陝局報捐雖旺而自此以至年終限滿尚未卜情形如何所有頭二次陝局所收之銀兩未敢以甘省待用方殷擅行撥解合請

敕下布彥泰通盤籌畫奏請

訓示遵行謹附片具

奏伏乞

聖鑒謹

奏

道光二十六年十月二十八日奉

硃批 欽此

陝西巡撫林則徐題本　清澗縣知縣曹士鶴患病難愈請准解任調理　道光二十六年十一月初四日

陝西巡撫林則徐題本　**清澗縣知縣曹士鶴患病難愈請准解任調理**

陝西巡撫林則徐題本　清澗縣知縣曹士鶴患病難愈請准解任調理
道光二十六年十一月初四日

兵部侍郎兼都察院右副都御史巡撫陝西等處地方贊理軍務兼理糧餉臣林則徐謹
題爲病軀難以供職懇請解任回籍調理事據兼
署陝西布政使唐樹義呈道光貳拾陸年拾月
拾玖日據署富平縣事清澗縣知縣曹士鶴詳
稱竊卑職現年肆拾陸歲江蘇江寧府上元縣
人由廩監生中式道光乙未
恩科本省鄉試舉人庚子科會試中式
殿試第叁甲貳拾叁名進士引
見奉
旨以知縣即用籤掣陝西貳拾年拾壹月初捌日到
省
題補清澗縣知縣貳拾叁年拾壹月拾柒日到任

陝西巡撫林則徐題本 清澗縣知縣曹士鶴患病難愈請准解任調理 道光二十六年十一月初四日

調署今職貳拾伍年陸月貳拾壹日到任今因
得患怔忡病症延醫調治刻難痊愈不敢戀棧
理合詳請回籍調理等情到司據此除批飭委
驗取結至日另詳外所有該員患病緣由相應
遵例先行詳請核
題等情到臣該臣看得官員患病例應解任調理
茲據兼署布政使唐樹義詳稱署富平縣事清
澗縣知縣曹士鶴於道光貳拾年拾壹月初捌
日到省
題補清澗縣知縣貳拾叁年拾壹月拾柒日到任
調署今職貳拾伍年陸月貳拾壹日到任茲因
得患怔忡病症延醫調治刻難痊愈詳請開缺

等情前來臣查該員年力富强才具明晰今既患病詳請解任應准其解任調理除飭委驗取結至日另行補送並移咨江蘇巡撫知照外謹會同督臣布彦泰合詞具題伏祈皇上聖鑒敕部議覆施行至所遺清澗縣知縣員缺係簡缺陝省現有應補人員容俟另行請補合併陳明為此具本謹題請旨

二六

陝西巡撫林則徐題本　清澗縣知縣曹士鶴患病難愈請准解任調理

道光二十六年十一月初四日

道光貳拾陸年拾壹月初肆日兵部侍郎兼都察院右副都御史巡撫陝西等處地方贊理軍務兼理糧餉臣林則徐

兵部侍郎兼都察院右副都御史巡撫陝西等處地方贊理軍務兼理糧餉臣林則徐謹

題爲病軀難以供職懇請解任回籍調理事該臣

看得官員患病例應解任調理茲據兼署布政

使唐樹義詳稱署富平縣事清澗縣知縣曹士

鶴於道光貳拾年拾壹月初捌日到省

題補清澗縣知縣貳拾叁年拾壹月拾柒日到任

調署今職貳拾伍年陸月貳拾壹日到任茲因

得患怔忡病症延醫調治刻難痊愈詳請開缺

等情前來臣查該員年力富强才具明晰今既

患病懇請解任應准其解任調理除飭委驗取

結至日另行補送外謹會同督臣布彥泰合詞

謹

題請

旨

陝西巡撫林則徐奏摺

請以米脂知縣歐陽山與神木知縣楊煦對調等情

林則徐

請以歐陽山等調神木令等由

奏

旨隨交 ○

十一月二十八日

道光二十六年十一月十五日

陝西巡撫林則徐奏摺　請以米脂知縣歐陽山與神木知縣楊煦對調等情

道光二十六年十一月十五日

陝西巡撫臣林則徐跪

奏為知縣人地未宜揀員對調恭摺奏祈

聖鑒事竊照知縣為親民之官責任綦重非但題調缺分

繁簡互異即同為邊缺亦有難易之分自應人地

宜乎足以資治理陝省知縣內有不能稱職各員業

經臣隨時甄劾

硃

奏請勒休撤任在案其中尚有人地不甚相宜者亦

須量為轉移冀收實效茲查有榆林府屬之神木

縣地連蒙古時有交涉詞訟現任知縣楊煦年三十六

歲甘肅[illegible]廩貢遵豫工頭卯附捐納知縣選授廣西[illegible]

以親老告近改選[illegible]道光二十四年十二月初到任

硃

該員年力正強頗知奮勉惟究[illegible]人[illegible]于沿邊地方

陝西巡撫林則徐奏摺 請以米脂知縣歐陽山與神木知縣楊煦對調等情 道光二十六年十一月十五日

硃

措置未能裕如，[illegible]之南[illegible]地處[illegible]山之方[illegible]

要區，本處民[illegible]訟獄滋多，風俗[illegible]

實[illegible]濟乃能[illegible]控馭，現任知縣[illegible]年五十

四歲，廣西舉人，大挑知縣，分發陝西

硃

題署此缺，道光二十一年十月初[illegible]試看期滿，實授，該

員人地樸實，辦事亦勤，惟於民情刁猾之區[illegible]

硃

不若即以[illegible]為[illegible]更調，以期人地咸宜，查有米脂

縣知縣歐陽山，年四十三歲，廣西進士，即用知縣，分發

陝西，補授斯缺，於道光二十三年正月到任，該員才具

明練，熟悉邊情，以之調補神木縣知縣，自

力。又[illegible]縣知縣楊煦，年二十七歲，以拔貢

硃

朝考二等，以知縣用，分發陝西

二六

陝西巡撫林則徐奏摺　請以米脂知縣歐陽山與神木知縣楊煦對調等情

道光二十六年十一月十五日

題署，於道光二十一年十二月到任，試署期滿實授。
該員才情開展，明斷勤能，以之調補商南縣知縣，
足資整頓。其所遺米脂縣知縣員缺，以楊煦調補，安
塞縣員缺，以吳棠奎調補。該二縣既簡民淳樸，
尚易治，均堪勝任。據萬貢珍護理藩司事臬司唐樹義
查明各該員並無降革留任及展參處分，具
詳請
奏前來。臣查神木之與米脂、商南之與安塞，雖均係
簡缺，而習慣情形難易實有不同，合無仰懇
聖恩，俯准將米脂縣知縣歐陽山調補神木縣知縣，安
塞縣知縣當經飭調補商南縣知縣，所遺米脂縣
員缺，即以楊煦調補，安塞縣員缺，即以吳棠奎

陝西巡撫林則徐奏摺　請以米脂知縣歐陽山與神木知縣楊煦對調等情

道光二十六年十一月十五日

調補，如此互相對調，一轉移間，人地均得其宜，自

于公事有益。如蒙

俞允，該員等以兩調兩缺，均毋庸送部引

見，合併陳明。臣為慎重地方起見，謹會同陝甘總督臣布

彥泰合詞恭摺具

奏，伏乞

皇上垂鑒訓示。謹

奏。

道光二十六年十一月二十八日奉

硃批：欽此。

十一月十五日

陝西巡撫林則徐奏摺　循例查明鄉試未經中式年老諸生
道光二十六年十一月十五日

陝西巡撫林則徐奏摺　循例查明鄉試未經中式年老諸生

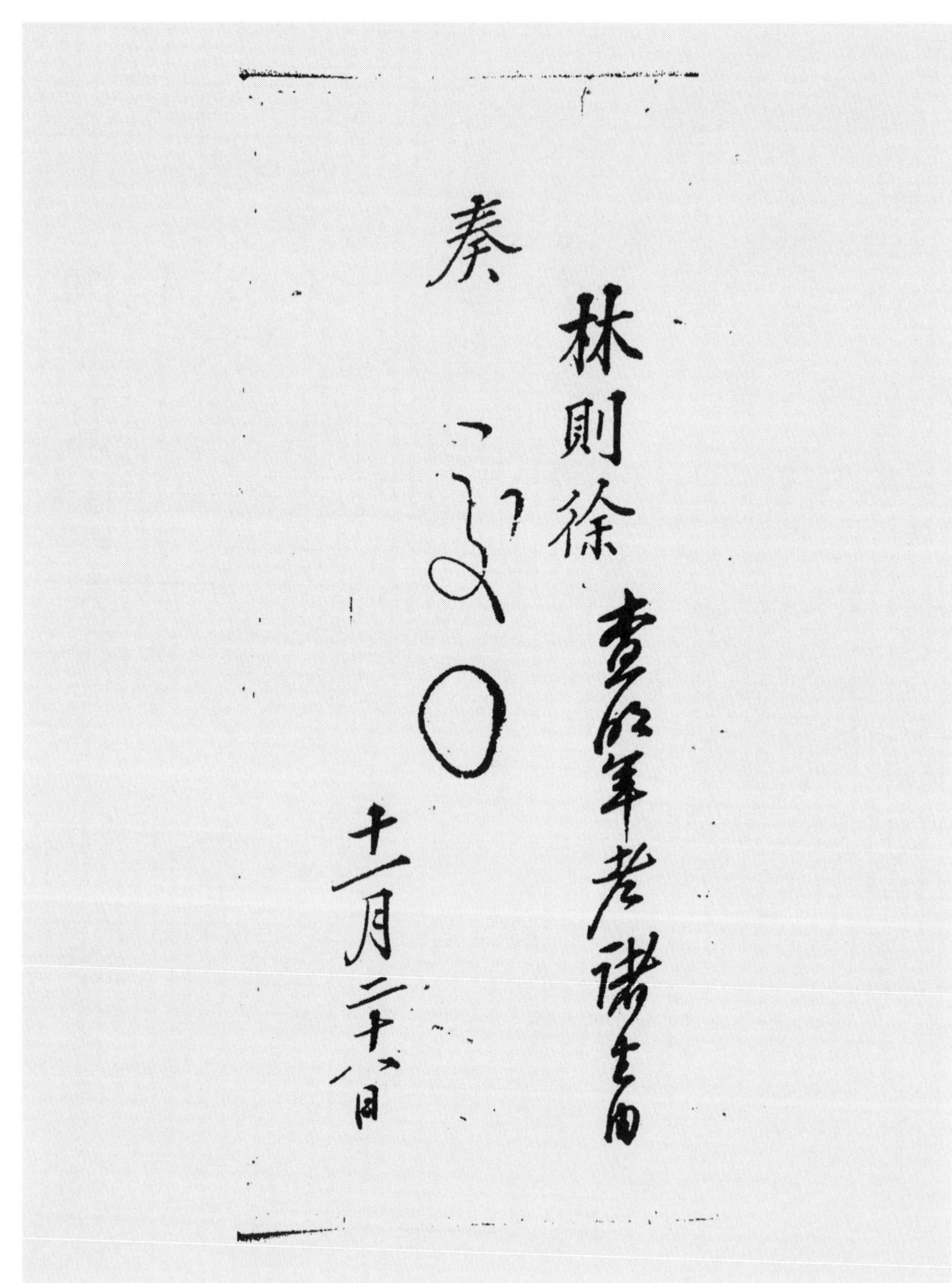

奏

林則徐　查明年老諸生

[朱批]○

十一月二十八日

二六

陝西巡撫林則徐奏摺　循例查明鄉試未經中式年老諸生

道光二十六年十一月十五日

陝西巡撫臣林則徐跪

奏為查明鄉試年老士子未經中式循例奏

聞仰祈

聖鑒事竊照文闈鄉試年屆九十八十諸生三場完竣

者例應於揭曉後查明具

奏又嘉慶十八年禮部議定章程奉

旨歷科鄉會試後查明年老諸生三場完竣者分別

加恩用以嘉惠耆儒行之已久未便遽爾停止著

仍照舊查明惟浮開年歲人數冒濫其弊不可

不除著照舊例遞加十歲方准列入等因欽此欽

遵在案本年陝西丙午科鄉試臣於揭曉

後即飭藩司將完竣年老諸生查明詳指

復咨送陝甘學政金國均查明學冊實在年歲移覆前來臣查陝西省年屆九十一歲之富平縣附生劉恒業九十歲之同州府學附生馬錫純九十歲之朝邑縣附生徐震東九十歲之白水縣附生孫汝瑋八十八歲之盩厔縣附生楊廷鐸八十八歲之渭南縣附生焦慶颺八十八歲之涇陽縣附生劉榮春八十歲之臨潼縣附生李蘭蕙等八名均年屆九十八十三場完竣榜發未經中式該生等青衿勵志皓首窮經操觚不懈于芸窗注籍未登於蕊榜幸沐

作人之化欣隨

二六

陝西巡撫林則徐奏摺　循例查明鄉試未經中式年老諸生
道光二十六年十一月十五日

盛典以覘光冀分選士之榮渥荷
洪恩而錫類所有查明完場年老諸生緣由理合
循例恭摺具
奏伏乞
皇上聖鑒敕部覆施行謹
奏
道光二十六年十一月二十八日奏
硃批禮部議奏欽此
十二月十五日

陝西巡撫林則徐奏摺　**續獲湖南衡陽縣傳習青蓮教之劉青泉審明定擬**

林則徐審擬續獲劉青泉案由

奏

十一月二十八日

二六

陝西巡撫林則徐奏摺　續獲湖南衡陽縣傳習青蓮教之劉青泉審明定擬

道光二十六年十一月十五日

陝西巡撫臣林則徐跪

奏為續獲習教匪犯審明定擬恭摺

奏祈

聖鑒事。竊照陝西省上年拿獲傳習青蓮教匪徒周位

倫等，經前撫臣李星沅審明分別問擬斬遣徒

罪具

奏，接准部咨在案。惟此等匪徒行蹤詭秘，既經各

省同時要拿，難保不續有竄匿，節經通飭各

屬隨時認真訪拿。旋據石泉縣知縣蔡維城會營

率同典史帶領兵役拿獲湖南省教犯劉青泉

及被誘入教尚未拜師習教之廖明望等，同起

出物本藥書並洋錢等項，押解到省，當即飭委確

審去後。茲據委員西安府知府徐棟等督同該

縣審明擬由兼署臬司唐樹義勘解
前來臣親提研訊緣劉青泉即劉洪樓籍隸湖
南衡陽縣平日小貿營生並未為匪道光二十
四年正月因劉青泉素拜從劉隆恩為師傳
習青蓮教之同縣人王祖榮会遇王祖榮誘令
喫齋入教劉青泉允從遂拜王祖榮為師送給功
果錢五百文王祖榮當寫立彌勒老祖達摩祖師
牌位令劉青泉禮拜畢教給坐功運氣方法並
未傳授經卷符咒王祖榮即經病故劉青泉仍
時常練習嗣聞查緝教匪慮被拿獲罪赴各處
逃避並無一定住址二十六年四月初五日行至陝
西石泉縣地方盤費用完捏稱等候夥伴前

往甘肅生理投寓陳得茂客店適有湖南
寧遠縣人廖明望暨素習醫道之江西廬陵
縣人龍壽世均由湖北漢口結伴來陝貿易僱田
玉挑送行李同至該店是月陳得茂因病延龍壽
世診視其姪捐職從九品郎錄元亦往龍壽世醫
治母病隨將廖明望等一併留住店內劉青
泉遂與廖明望龍壽世田玉郎錄元並陳
得茂之姪草生陳晒安時往來陳得茂同店
縣徐一春見劉青泉日食素飯向其查問劉青
泉捏以母病許吃長齋之言答覆初九日劉青泉
因與廖明望等漸相熟識起意收徒斂錢隨勸
令廖明望等吃齋習教可以消災獲福廖明

黨等因母病之嗣或因已身多病俱係信從尚
未拜師入教即經該縣訪聞會營率同典史帶
領兵役挨名拏獲解省委審由司解勘到臣提犯
親鞫據供前情不諱惟查劉青泉既係青蓮教
匪而廖明望等又已聽從茹彭所供尚未拜
師傳徒殊不足信且王祖榮已于未到案之先
病故更難保非另有遺令來陝傳教之人反捏
造邪言傳佈煽惑情事復向研詰據廖明望等
堅供伊等委止聽從茹彭尚未拜師入教即被獲
案並據劉青泉供稱伊止拜王祖榮一人為師供
奉彌勒達摩前在各處迴避人地生疏未敢
張揚今至石泉因盤費用完不能動身見廖

明望等与伊往來熟識始起意携令吃齋習教

希冀拜師傳徒乘機歛錢不料事尚未成即被

訪獲如廖明望等業皆拜師入教伊已身犯重

罪何肯不据实供吐致干嚴審此外亦無另有派

令來陜傳教及佈散邪言煽惑人心等事店

户陳得茂實不知情查驗起到書本係抄錄雜

症藥方並無荒誕悖謬書籍檢查上年湖南省

奏亦青蓮教原案核与劉青泉所供相符究

詰不移集無遁飾查例載傳習各項教會名

目並無傳習咒語但供有飄高老祖及拜師授徒

者發往烏魯木齊為奴等語此案劉青泉拜從傳

習青蓮教之王祖榮為師供奉彌勒達摩牌位

八

迨逃逸至陝不知悛改復敢起意傳徒斂錢勸
允廖明聖等喫齋實屬目無法紀未便因廖
明聖等尚未拜師即將該犯末減致滋輕縱應
按例問擬劉青泉即劉洸棕合依傳習各項
教會名目並無傳習咒語但供奉飄高老
祖及拜師授徒者發烏魯木齊為奴例發往烏木魯齊
為奴照例刺字廖明聖龍壽世田玉楷聽從九品
邱錄元革生陳炳均止聽從喫齋並未拜師入
教應毋混以招留之店主陳得茂並店夥涂一奎
均照不應重律杖八十邱錄元革去從九品職
銜免其係廢追照繳銷餘俱分別遞籍折
責交保嚴加管束起獲之平安信燭燬廢明

重洋鋪仍行咨臣已故教犯王祖榮業經湖南
省飭查取結辦理並毋庸議該犯劉青泉
係外來教匪甫至陝省即經該縣訪聞會營
拏獲失察職名應請免參除備錄供招
咨部外所有審明擬緣由理合恭摺具
奏伏乞
皇上聖鑒敕部核覆施行謹
奏
道光二十六年十月二十八日奏
硃批該部議奏欽此
十一月十五日

陝西巡撫林則徐奏摺 **陝西省道光二十六年十月初至十一月初雨雪麥苗情形**

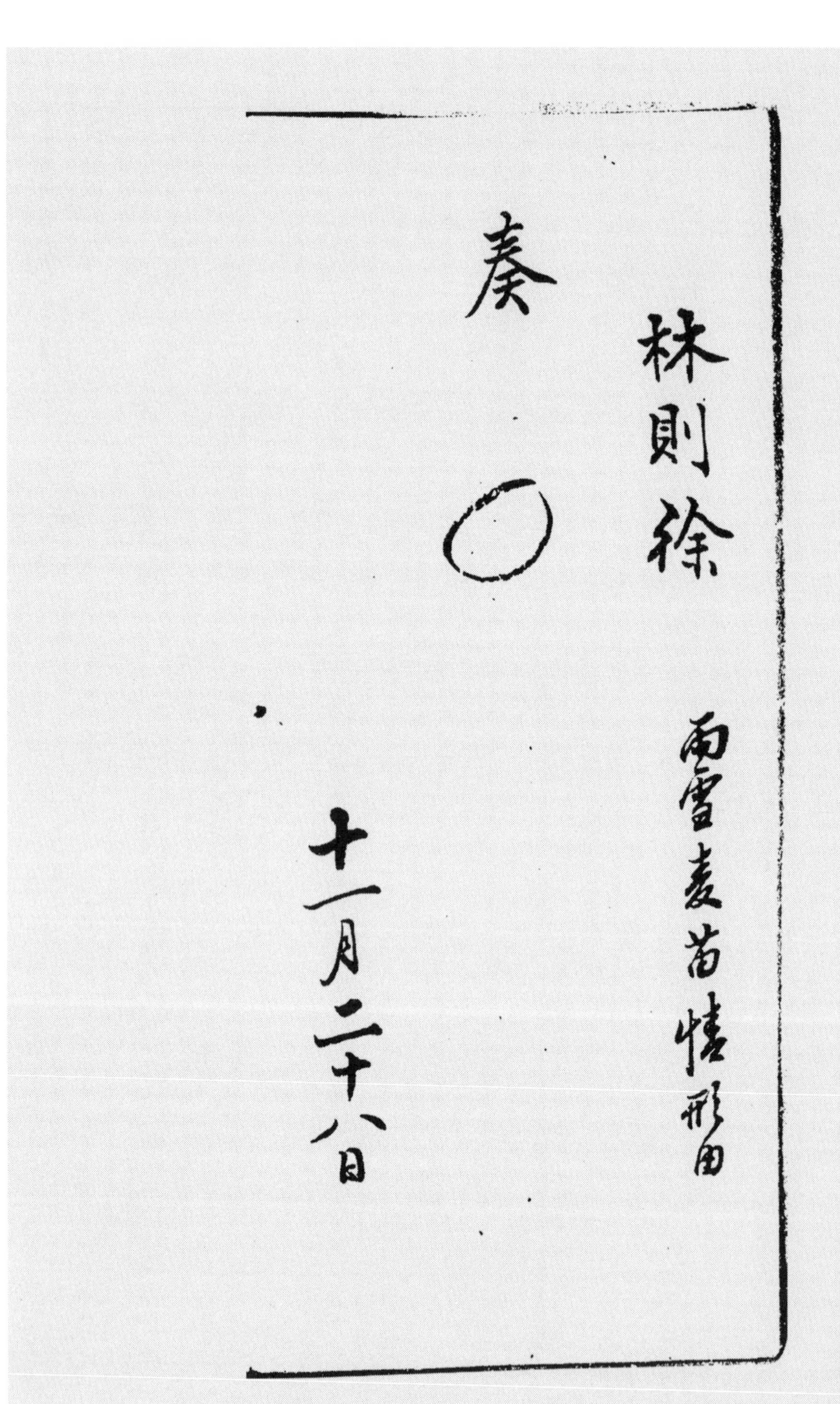
林則徐
奏
雨雪麥苗情形由
十一月二十八日

陕西巡抚林则徐奏摺　陕西省道光二十六年十月初至十一月初雨雪麦苗情形　道光二十六年十一月十五日

陕西巡抚臣林则徐跪

奏为恭报雨雪麦苗情形仰祈

圣鉴事窃照陕西各属九月中旬至十月初间雨雪田

禾情形业经臣恭摺

奏报在案自出奏以后严查各属所报十月内雨雪

惟初七日澄城宝鸡宜君三处得有微雨商州得

雪寸余十五六及十九日砖坪厅并白河紫阳洋

县微雨佛坪厅微雪余皆阴少晴多省城虽见

连阴旋复被风刮散至十一月初六日同云广布

极盼盈尺堪占傍晚时飘有雪花旋即变成小

雨干土甫经沾湿乃于戌亥之际倏又开晴以

致不成分寸因查是日各属是否得雪据

陝西巡撫林則徐奏摺　陝西省道光二十六年十月初至十一月初雨雪麥苗情形　道光二十六年十一月十五日

鳳翔府屬均有一二寸餘漢中府屬自寸餘
至二三寸餘不等商邠二州亦均一二寸餘而
西安府屬均四寸餘者惟藍田一縣同州府屬
則並此無之正在焦急間適奉前摺賫回欽奉
硃批覽奏實深廑念惟盼冬雪優霑以春疇事者
可望一得雪澤隨時奏報欽此跪讀之下仰見
聖主宵旰誠求無微不至且深愧庸陋無狀未能感
召和甘澍悚懍之餘倍殷焦盼幸近時各屬米食
自查禁囤積以後販運流通省城米價較前
月差減落閭閻差形安貼當足仰慰
宸懷現在督屬將養老病窮民並確查常平社倉實
貯麥穀撥於年前酌籌平糶又查勘二麥之種

陝西巡撫林則徐奏摺 陝西省道光二十六年十月初至十一月初雨雪麥苗情形 道光二十六年十一月十五日

一、二麥苗雖稚細，尚不枯焦，若臘前得有大雪滋

培，則春仍能生發；未經種麥之處，但得透沾臘

雪，亦可補種雜糧。此時望澤甚殷，民同為

急。容俟得有雪澤，即當隨時

奏報。林則徐將十月分各屬糧價敬繕清單恭呈

御覽。伏乞

皇上聖鑒。謹

奏。

道光二十六年十月二十八日奏

硃批：覽奏俱悉。欽此。

十一月十五日

二六　陝西巡撫林則徐奏摺　請准陝西省仍循舊章辦理銀錢出納事宜

道光二十六年十一月十五日

陝西巡撫林則徐奏摺　請准陝西省仍循舊章辦理銀錢出納事宜

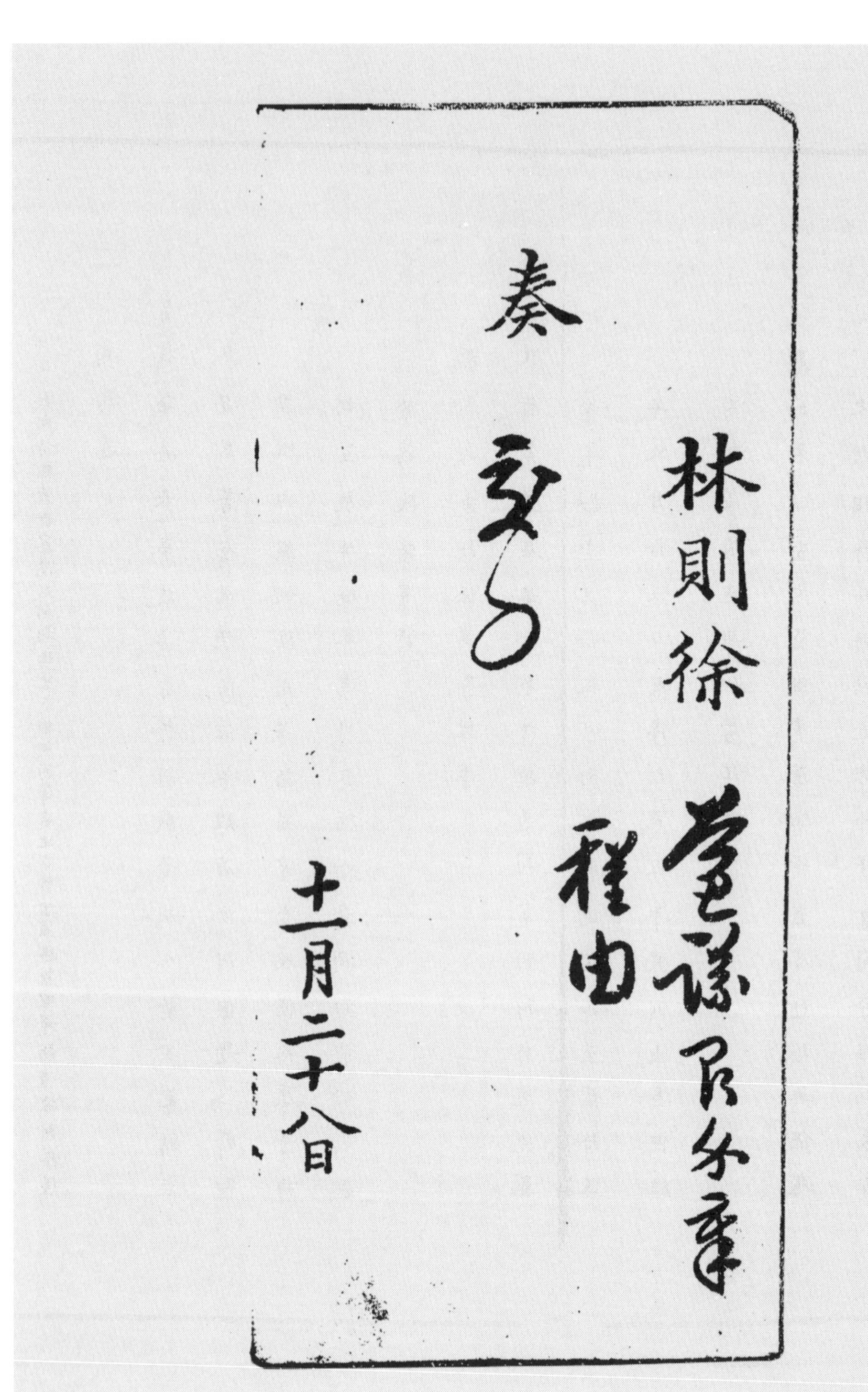
林則徐
奏
十一月二十八日

二六

陝西巡撫林則徐奏摺　請准陝西省仍循舊章辦理銀錢出納事宜
道光二十六年十一月十五日

陝西巡撫臣林則徐跪

奏爲遵

旨籌議銀錢出納事宜體察陝省情形據實具

奏仰祈

聖鑒事竊照前准部咨奉

上諭穆彰阿等奏遵旨會議御史劉良駒條奏銀錢

畫一章程一摺銀錢並重本係制用常經果能隨

時酌覈不使輕重相懸於國便民兩有裨益未可

輒稱窒礙不思設法變通著該督撫等各就地方情

形詳細體察悉心妥議具奏務使行之可以推行

不致滋弊毋得任聽屬員巧爲推諉稍存畏難

苟安之見僅以一奏塞責欽此又軍机大臣會同

陝西巡撫林則徐奏摺　請准陝西省仍循舊章辦理銀錢出納事宜
道光二十六年十一月十五日

戶部議覆內閣侍讀學士朱嶟條奏貴錢濟銀
一摺奉
旨依議欽此並抄錄各原奏咨行到陝當經前撫臣
轉飭司道暨各府州酌議籌議臣到任後復經
諄飭細加體察設法變通不許畏難推諉去後
該藩司道彙議覆稟會議具詳前來臣思銀錢
相輔而行初非於民而權操自上果能廣用錢鈔
則足於銀價獲之平惟變通本以濟時而制宜首須
因地查部議章程四條本以陝西列入陸路省分商同
已悉其與此東南各省一律可概而論今
查水路各省內河水路原與一律能通舟楫即
於一律先令試行然如陝省七府五直隸州所

屬九十二廳州縣之內錯處於南北兩山者計已
五十九處其道路崎嶇車輛尚不能通者亦三十
二處雖屬平原之地亦多用水路可達省垣
是以行旅往來非車即馱至馱載亦不能通
之處則須雇夫背負腳費愈繁若出諸
官則恐虧空之端若取諸民又恐攤派累之
弊是陸路之難以運錢實係限於地勢似不能
勉強而行也且陝省銀錢市價長落無常
且時竟與別省迥異如本年七月內臣甫到
西安省城每紋銀一兩可換制錢一千八百
餘文迨至九十月間每兩僅換錢一千二三百
文不等較前兩月頓減錢五六百餘文之多夥

人皆以為詫異，討詢其故，則全係藏款糧費
之附銀價必貶落，其理亦不可解。如果此後
銀若落價，似亦相宜，然又恐低昂日即，不能穩
料。且當陝省銀賤之際，鄰省銀價仍日昂而未
聞，各市儈販錢來陝買銀，以圖獲利，於兌換數
運費太大，不能販高銀。若以市儈詭詐，不能為其責令
其自為之，其勢自更不易。查前閱侍讀學士
朱嶟原奏，請將各庫銀錢視省分道時價為
準。今以陝省觀之，即已難以作準，蓋外省城現
支銀錢，各庫之銀偏貴，則領錢而回，其不能與議
定銀價相敵，如各州縣賠累，即難強以為是，且
地方衙門不同，錢糧多寡亦異，其各庫之所解而為

彼處之所領者錢之人非即解錢之人稍
有參差遂滋爭執似亦非上司所能強制
若論常年稅課原可銀錢並收但查陝省
額征商筏稅以及地畝牙當鹽茶磨鋪各
課每年共銀六萬八千五百餘兩內除鹽課
項下支給西安將軍養廉銀一千六百兩外
其餘皆應指部候撥此亦部款所云撥解
之數應照舊征銀不能改收者也以工程言
之近年應修各工概因經費短絀率多停
止即間有刻不可緩奏准辦理之工亦係
為數不多通年無幾或因庫有息款借
准支銷與其改用錢文仍不如加意撙節

之為有益也惟陝省留支項下有可以變通
用錢之處如文武各官養廉公費並各
屬額支夫馬工料及各關局額支收稅書
役口食等款俱可搭放錢文查道光二十三
年覆奏陝省減爐開鑄案內即已議准
凡養廉等項每議銀一兩內搭錢一百文抵
作銀一錢每年共搭錢三萬六百四十三串
三百六文共扣回庫銀三萬六百四十三兩三錢
六厘按季指部現仍遵行多年是變通
用錢之說陝省前辦已在他省之先其未經
搭錢者現扣六分平頭計每年扣銀亦在
二萬兩以上若再加搭錢文則減平一項將

竟抵不如數且即使此等款內再令減銀添
錢亦不過杯水車薪於大局仍無濟益
無論頃下未便再搭錢文則前據臣李星
沅先已奏蒙
恩俞自毋庸議當此權衡制用上廑
宵旰疇咨臣但有一得之愚斷不敢存苟安之
見惟就陝省情形細加體察實有難以
改易者亦有業已變通者應請仍循舊
章庶免轉生窒礙所有遵
旨籌議緣由謹據實恭摺覆
奏是否有當伏乞
皇上聖鑒訓示謹

陝西巡撫林則徐奏摺 請准陝西省仍循舊章辦理銀錢出納事宜
道光二十六年十一月十五日

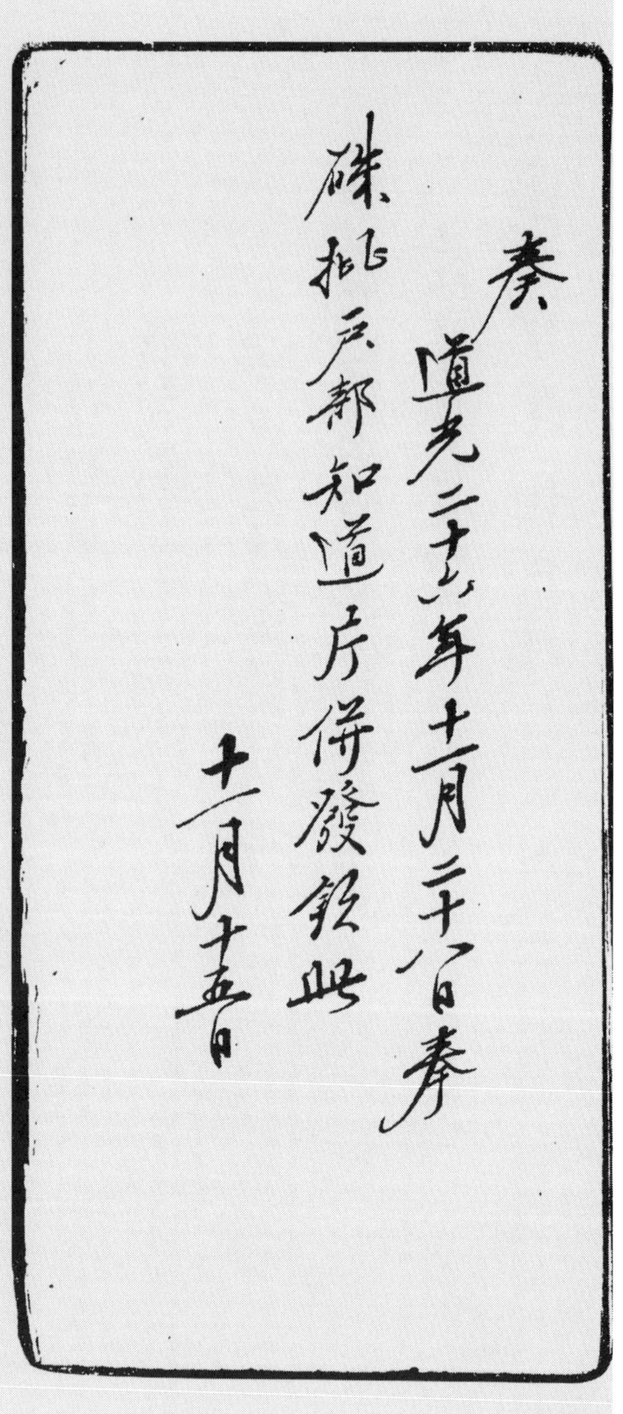
奏
道光二十六年十一月二十八日奉
硃批戶部知道片併發欽此
十一月十五日

陝西巡撫林則徐奏片

陝省行用銀錢之處與水陸可通省份不同應照舊例辦理

○又 硃批另有旨

再臣正在查檔間准陝甘督臣布彥泰咨錄欽奉

廷寄

上諭前因言者條陳銀錢兼用章程業經諭令剔款項搭

成搭放錢成務須妥議茲據覆奏得請照舊章應即撤令依議

辦理並交軍機大臣會同該部議奏其未經奏到者

河南陝甘雲南貴州各省及該督撫將通盤籌畫迅速議奏欽此

欽遵銀錢兼用于收稅並放之中作推行便利之計以濟民生

而裕國用是為至要且此次諭令知之每因欽此仰見我

皇上利弊周詳務使善計議之至意臣伏查析事宜

國計民生斷不能就地籌經以與多通省利於陝省

要係陸路與水路可通之省分情形實不相同且

一切收款多係搭撥之項更應照舊辦理其放款

陝西巡撫林則徐奏片　陝省行用銀錢之處與水陸可通省份不同應照舊例辦理

道光二十六年十一月十五日

陝西巡撫林則徐奏片　陝省行用銀錢之處與水陸可通省份不同應照舊例辦理

道光二十六年十一月十五日

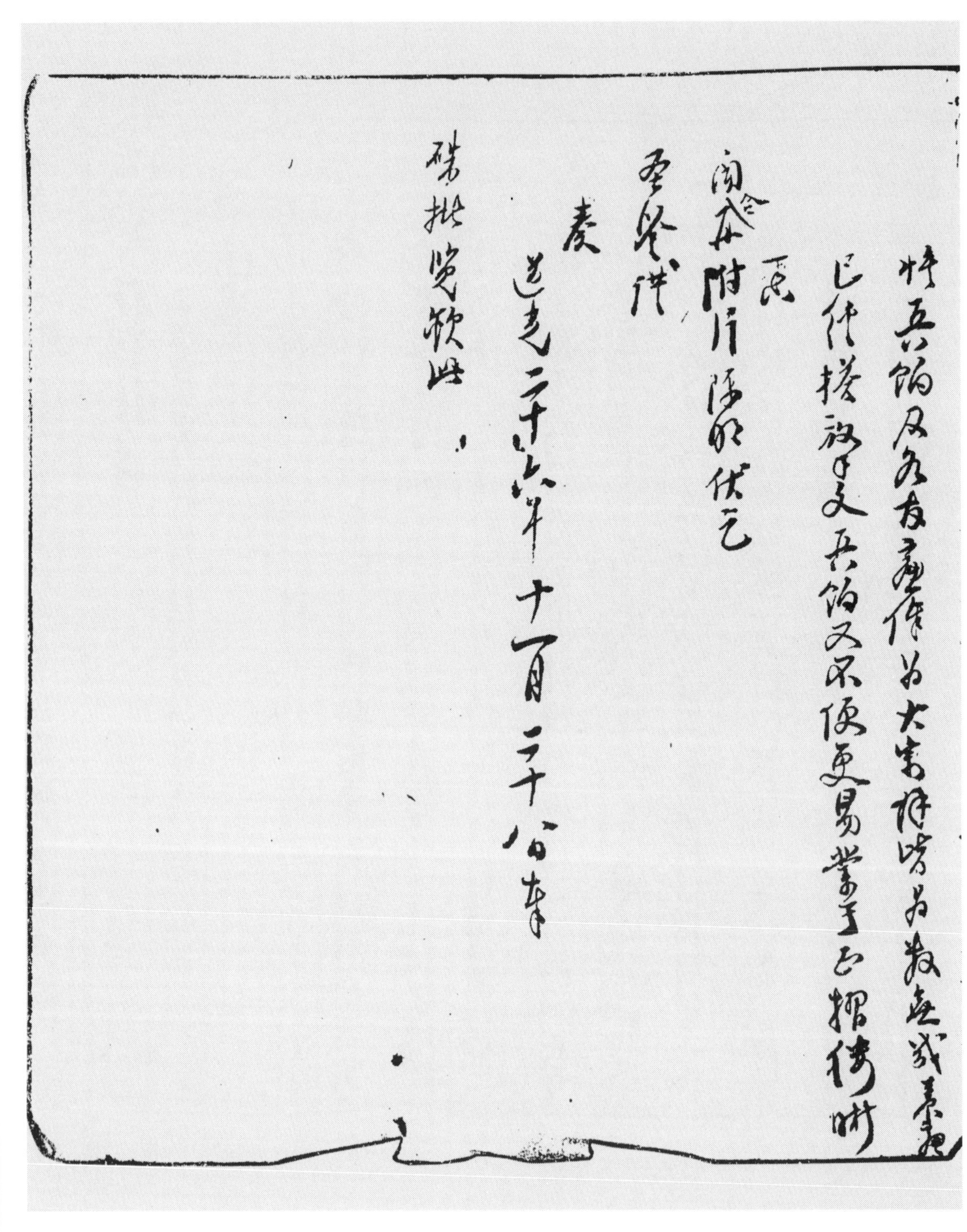

特兵餉及各省應俸均為大宗核計為數無幾奏銷

臣仍援照成案兵餉又不便更易業已另摺陳附

臣

謹合附片陳明伏乞

聖鑒謹

奏

道光二十六年十一月二十八日奉

硃批覽欽此

陝西巡撫林則徐奏摺　患病未愈懇請開缺調理並委令藩司楊以增護理巡撫印務

林則徐

請開缺調理由

奏

旨交睢○

十一月二十九日

二六

陝西巡撫林則徐奏摺　患病未愈懇請開缺調理並委令藩司楊以增護理巡撫印務　道光二十六年十一月十六日

陝西巡撫臣林則徐跪

奏為微臣自十月患病至今未痊現仍力疾辦公謹瀝

下情據實具

奏請將印務暫交新任藩司楊以增護理並懇

天恩俯准開缺調治以重職守事竊臣現年六十二歲

前數年在新疆並患鼻衄脾泄疝氣諸病疲屢

經醫治總未復原上年冬間蒙

皇上逾格恩施先降

諭旨回京旋復

命署陝甘總督臣懷感激不敢顧身適當軍務緊要

之時親歷甘涼西寧等處督籌剿辦本年三月

間因積勞之疾咳嗽失音舊疾並發當于卸署

二六　陝西巡撫林則徐奏摺　患病未愈懇請開缺調理並委令藩司楊以增護理巡撫印務　道光二十六年十一月十六日

皆蒙特授實附片瀝陳仰荷
聖慈賞假調治茲送在甘肅省城就醫並遵
旨兼辦番務前又蒙
恩補授陝西巡撫自顧蒲柳之身屢沐
鴻慈再造雖捐糜頂踵不足仰答
高深迨洮州番案辦畢謹即遵
旨來陝赴任于地方政務及文武鄉闈勉強支持隨
時辦理九月內感冒作嗽尚未就痊因十月武
闈監臨赴教場閱看馬步箭技勇等項連日
在空曠之地積受風寒以致咳嗽倍劇聲音不
開脾泄愈勤疝氣忽墜正思懇
恩賞假適藩司裕康因病出缺經臣奏請

陝西巡撫林則徐奏摺　患病未愈懇請開缺調理並委令藩司楊以增護理巡撫印務　道光二十六年十一月十六日

簡放，並委臬司唐樹義署藩篆，又仍設以及大局之

疾再瀆

聖聰，更請越俎護理，惟有力疾任事，仍照常問案批稿

摺文會同，並連次祈求雨雪，亦皆扶病親往，是

以至失音墜氣，不獨僚屬皆知，即民人亦共

相目擊，雖服藥已數十劑，而至今聲音稍

開，而脾泄病氣二症仍未起色，近日咳嗽又甚，

夜不能寐，並覺氣促神昏，醫家皆云血氣久虧，

一時痰（夾）雜風寒，不能受補，必須靜養多時，俟

能加服補劑，方可望痊，且因公事殷繁，恐有貽

誤，不勝焦灼等語，欽奉

上諭：陝西布政使著楊以增補授。欽此。查該司歷任

陝西巡撫林則徐奏摺　患病未愈懇請開缺調理並委令藩司楊以增護理巡撫印務　道光二十六年十一月十六日

湖北河南甘肅等省辦理諸務臣見其識正清
勤明敏諳練實為臣所不能及今蒙
聖主擢任陝西藩司向年得力該司事到
諭旨自必奏請進京謝
恩請
訓理應先令迅赴北上俟
陛見後再來新任無如臣久病在任已逾浹月過此
以往恐更難以支持而楊以增由甘進京必先
經過陝省臣已催其速來不過旬日內外可到
西安合無仰懇
皇上天恩俯念臣患病實情
准令楊以增先在陝西護理巡撫印務俾臣得以安

即調治庶免誤公未到以前臣仍將日行事件
力疾經理不敢稍有積壓至臣夙疾屢發由
于血衰氣弱一時實難速愈若先奏請
賞假俟假滿再請開缺轉恐公事耽擱職守虛懸
君父之前惟有據實陳請伏求
恩准臣開缺調理將陝西巡撫一缺另
賜簡放以專責成感激
聖慈倍篤既極欽感臣受
恩深重本不敢自有其身況蒙
畀任封圻尤夢想之所不到而陝西省分比年歷任各
處乃最為完善之區臣苟猶可支持正極心殷
報効奈精神甚形委頓設有貽誤則負

陝西巡撫林則徐奏摺　患病未愈懇請開缺調理並委令藩司楊以增護理巡撫印務　道光二十六年十一月十六日

恩深甚周心何安惟求
聖慈施俾得從容醫治現值嚴冬之際病軀難以
就近仍在陝省靜加調攝俟開春微挽赴南
省一帶尋覓舊曾見效之醫家加意診治儻蒙
恩庇幸獲就痊即當入京泥首
宮門懇求
賞給差使斷不敢自耽安逸仰負
生成所有激懇下忱謹繕摺具
奏伏乞
皇上聖鑒訓示臣不勝悚惶依戀之至謹
奏
道光二十六年十一月二十九日

二六　陝西巡撫林則徐奏摺　患病未愈懇請開缺調理並委令藩司楊以增護理巡撫印務

道光二十六年十一月十六日

硃批

依此

上諭　著照林則徐所請以米脂知縣歐陽山調補神木知縣等情

道光二十六年十一月二十八日内閣奉

上諭林則徐奏知縣人地未宜揀員對調一摺著照

所請陝西神木縣知縣准其以歐陽山調補所遺

米脂縣知縣員缺即以楊煦對調商南縣知縣准

其以雷德九調補所遺安塞縣知縣員缺即以吳

榮奎對調該部知道欽此

陝西巡撫林則徐題本　**咸陽知縣馬曉林病難供職請准解任調理**

陝西巡撫林則徐題本　咸陽知縣馬曉林病難供職請准解任調理
道光二十六年十一月二十八日

兵部侍郎兼都察院右副都御史巡撫陝西等處地方贊理軍務兼理糧餉臣林則徐謹

題爲患病難以供職稟請解任回籍調理事據兼

署陝西布政使唐樹義呈道光貳拾陸年拾

月初肆日據咸陽縣知縣馬曉林稟稱竊卑

現年肆拾伍歲係河南伊陽縣人由廩生中式

道光辛卯科本省鄉試舉人壬辰科中式進士

引

見奉

旨以知縣即用籤掣陝西拾貳年玖月到省

題補南鄭縣知縣拾陸年肆月初捌日到任

奏調白水縣知縣拾玖年貳月到任

奏調令職貳拾伍年癸月初叄日到任茲卑職因

陝西巡撫林則徐題本　咸陽知縣馬曉林病難供職請准解任調理
道光二十六年十一月二十八日

患怔忡病症屢次服藥總未見效現雖力疾辦
公誠恐精神不能周到未便戀棧稟懇詳請開
缺回籍調理等情到司據此除批飭委驗取結
俟至日另詳外合將該員患病緣由先行詳請
核
題等情到臣該臣看得官員患病例應解任調理
茲據署布政使唐樹義詳稱咸陽縣知縣馬
曉林於道光貳拾伍年柒月初叁日到任茲因
患怔忡病症屢次服藥總未見效現雖力疾辦
公誠恐精神不能周到詳請開缺等情前來臣
查該員年力壯強辦公勤慎今既患病詳請解
任應准其解任調理除飭委驗取結至日另行

補送並移咨河南巡撫知照外謹會同督臣布
彥泰合詞具
題伏祈
皇上聖鑒勅部議覆施行至所遺咸陽縣缺係要缺
容俟另行揀員調補合併陳明爲此具本謹
題請
旨

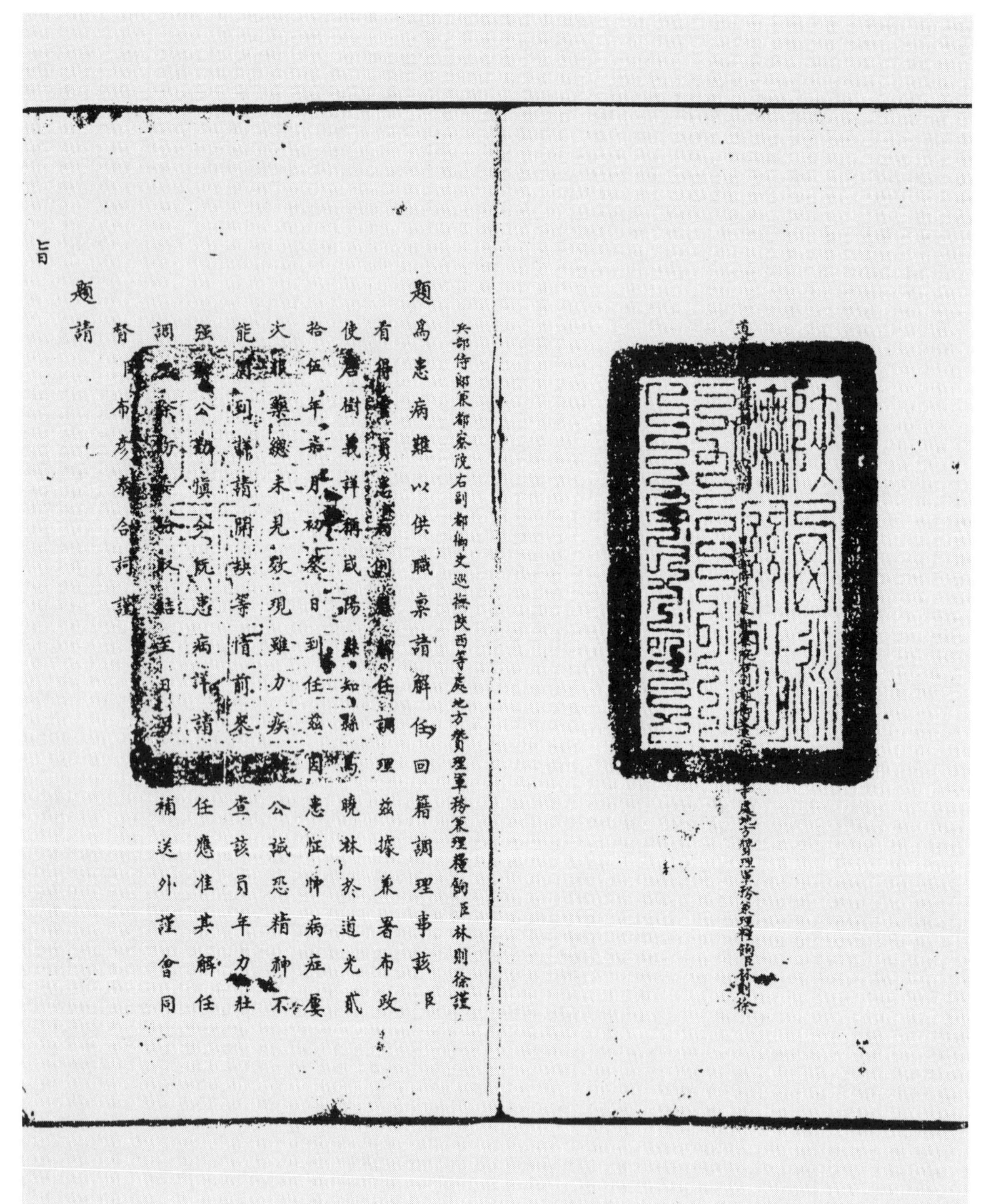

道[illegible]……[illegible]處地方贊理軍務兼理糧餉臣林則徐

兵部侍郎兼都察院右副都御史巡撫陝西等處地方贊理軍務兼理糧餉臣林則徐謹

題為患病難以供職稟請解任回籍調理事該臣

看得[illegible]員患[illegible]解任調理茲據兼署布政

使[illegible]樹義詳稱咸陽縣知縣馬曉林於道光貳

拾伍年[illegible]月初[illegible]日到任茲因患怔忡病症屢

次服藥總未見效現難力疾[illegible]公誠恐精神不

能[illegible]請開缺等情前來[illegible]查該員年力壯

強[illegible]公勤慎[illegible]既患病詳請[illegible]任應准其解任

調[illegible]補送外謹會同

督[illegible]布彥泰合詞謹

題請

旨

陝西巡撫林則徐題本　咸陽知縣馬曉林病難供職請准解任調理

道光二十六年十一月二十八日

二六

陝西巡撫林則徐題本 審擬宜川縣客民李士貴毆斃唐均萬私埋尸身一案

道光二十六年十一月二十八日

陝西巡撫林則徐題本 審擬宜川縣客民李士貴毆斃唐均萬私埋尸身一案

陝西巡撫林則徐題本　審擬宜川縣客民李士貴毆斃唐均萬私埋尸身一案

道光二十六年十一月二十八日

兵部侍郎兼都察院右副都御史巡撫陝西等處地方贊理軍務兼理糧餉臣林則徐謹

題為訪聞事據陝西按察使唐樹義呈據延安府

知府保岱申據宜川縣知縣姚洽詳稱道光貳

拾陸年陸月拾捌日卑職因公赴鄉訪聞縣屬

槐朴窯地方有客民李士貴毆傷唐均萬身死

私埋之事當即飭差密拏李士貴到案訊據供

認因唐均萬向伊索討借穀口角爭吵唐均萬

用柴棒向毆被伊奪棒毆傷唐均萬顖門身死

央允蕭秋兒幫同私埋袁家岔山半坡水沖坑

內等情不諱隨差拏蕭秋兒務獲一面帶領刑

作前詣勘得槐朴窯地方有李士貴住屋壹所

屋前里許有袁家岔荒山壹座半坡有水沖坑

壹道據李士貴指認即係埋屍處所飭令刨驗
並無屍軀詰據李士貴堅稱將唐均萬屍身埋
在該處卑職查該坑下即係山河陸月初伍初
陸初玖並拾伍拾柒等日連日暴雨恐係山水
陡發將屍沖入澗底除派多役沿河查撈外訊
據鄉約王鳳供年肆拾叁歲充當槐朴窯村鄉
約小的住處離這裏有拾多里路已死唐均萬
何時向李士貴索討借穀被李士貴打傷身死
私埋失屍小的實因住隔窵遠失於查察並沒
知情匿報的事是實據屍堂弟唐泳貴供湖北
通山縣人已死唐均萬是小的堂兄先年與小
的來案下桃子溝種地度日與李士貴素相認

識道光貳拾陸年貳月內李士貴借欠堂兄粟穀貳石包穀肆斗屢討沒還小的是知道的陸月初貳日晌午堂兄攜帶毛口袋壹條往李士貴家討要借穀數日沒回小的查訪聽說堂兄被李士貴打死私埋正要投約報驗已蒙案下訪聞把李士貴們拏獲小的就來案候訊的堂兄家裏再沒親屬求查屍驗究據干證韓自來供年叁拾陸歲小的向患癱病這李士貴同蕭秋兒都租小的房屋居住道光貳拾陸年貳月初貳日傍晚時候小的合李士貴蕭秋兒在家閒坐有已死唐均萬手拏毛口袋壹條來向李士貴討要借穀李士貴央緩唐均萬不依斥他

騙賴李士貴回罵唐均萬拾起地上柴棒向李士貴撲打李士貴閃避奪過柴棒回打致傷唐均萬顖門倒地小的與蕭秋兒連忙喝阻一同扶救沒效不一會唐均萬因傷身死李士貴起意埋屍滅跡囑蕭秋兒與小的隱瞞蕭秋兒合小的都因畏累允從李士貴就拏钁頭央蕭秋兒幫同把屍擡出他們怎樣埋在水沖坑內被水沖失小的沒有同去不知道實因素患癱病畏累隱瞞並沒受賄匿報的事是實據兇犯李士貴供年伍拾捌歲河南光山縣人父母俱故弟兄肆人小的行肆女人邱氏沒有子女先年來案下槐朴窯地方與蕭秋兒租住韓自來房

屋種地度日合已死唐均萬素識没嫌道光貳
拾陸年貳月內小的借欠唐均萬粟穀貳石包
穀肆斗言明遲日歸還過後屢討没給陸月初
貳日傍晚時候小的合蕭秋兒韓自來在家閑
坐唐均萬手拏毛口袋壹條來向小的討要借
穀小的央緩唐均萬不依斥罵小的騙賴小的
回罵唐均萬拾起地上柴棒撲打小的閃避奪
過柴棒回打壹下致傷他顖門倒地經蕭秋兒
們喝阻一同扶救没效不一會唐均萬因傷身
死小的畏罪起意埋屍滅跡央蕭秋兒韓自來
隱瞞小的就拏钁頭同蕭秋兒把屍擡往袁家
岔山半坡水沖坑內刨土掩埋各自回家今蒙

陝西巡撫林則徐題本 審擬宜川縣客民李士貴毆斃唐均萬私埋尸身一案 道光二十六年十一月二十八日

獲訊小的實因唐均萬索討借穀爭吵被毆奪
棒回毆適傷並非有心致死也沒起衅別故屍
身想是被水沖失柴棒已經燒燬求恩典各等
供據此隨在李士貴家起出毛口袋壹條據唐
泳貴認係伊兄攜帶之物當即給領正詳報間
旋於柒月初拾日據原役拏獲蕭秋兒到案訊
據撞屍人蕭秋兒供年叁拾柒歲湖北興國州
人父母俱故弟兄貳人小的行貳沒有妻子來
案下槐朴窯地方與李士貴祖住韓自來房屋
種地度日道光貳拾陸年陸月初貳日傍晚時
候小的合李士貴韓自來在家閑坐有已死唐
均萬手拏毛口袋壹條來向李士貴討要借穀

李士貴推緩唐均萬不依斥他騙賴李士貴回罵唐均萬拾起地上柴棒向李士貴撲打李士貴閃避奪過柴棒回打致傷唐均萬顖門倒地小的趕攏喝阻一同扶救沒效不一會唐均萬因傷身死李士貴起意埋屍滅跡囑小的們隱瞞小的同韓自來都因畏累允從李士貴就拏钁頭央小的幫同把屍擡到袁家岔山半坡水沖坑內刨土掩埋各自回家後聞李士貴被獲小的害怕出外躲避今被差獲到案小的實只幫同擡埋並沒在場幫毆逃後也沒行兇爲匪及知情容留的人唐均萬屍身想是被水沖失求施恩等供據此將該犯等收禁飭差查撈唐

均萬屍身務獲當將訪聞勘訊緣由錄供詳奉
批飭審解查撈唐均萬屍軀無獲例限已屆遵
提犯證覆加研訊除各供同前不敘外訊據兇
犯李士貴供年伍拾捌歲河南光山縣人父母
俱故弟兄肆人小的行肆女人卯氏沒有子女
先年來案下槐朴窯地方與蕭秋兒租住韓自
來房屋種地度日合已死唐均萬素識沒嫌道
光貳拾陸年貳月內小的借欠唐均萬粟穀貳
石包穀肆斗言明遲日歸還過後屢討沒給陸
月初貳日傍晚時候小的合蕭秋兒韓自來在
家閑坐唐均萬手拏毛口袋壹條來向小的討
要借穀小的央緩唐均萬不依斥罵小的騙賴

小的回罵唐均萬拾起地上柴棒樸打小的閃
避奪過柴棒回打壹下致傷他顖門倒地經蕭
秋兒們喝阻一同扶救没效不一會唐均萬因
傷身死小的畏罪起意埋屍滅跡央蕭秋兒幫
自來隱瞞小的就拏钁頭同蕭秋兒把屍擡往
袁家岔山半坡水沖坑內刨土掩埋各自回家、
今蒙獲訊小的實因唐均萬索討借穀爭吵被
毆奪棒回毆適傷並非有心致死也没起衅別
故屍身想是被水沖失柴棒已經燒燬求恩典
等供據此該宜川縣知縣姚洽審看得客民李
士貴毆傷唐均萬身死私埋失屍一案緣李士
貴籍隸河南光山縣蕭秋兒籍隸湖北興國州

均來阜縣槐朴窯地方租住韓自來房屋種地
度日已死湖北通山縣人唐均萬同伊堂弟唐
泳貴亦在縣屬桃子溝種地與李士貴素識無
嫌道光貳拾陸年貳月內李士貴借欠唐均萬
粟穀貳石包穀肆斗言明遲日即還過後屢索
未償陸月初貳日傍晚時候李士貴與蕭秋兒
韓自來在家閑坐唐均萬攜帶毛口袋壹條往
向索討借穀李士貴推緩唐均萬不依斥其騙
賴李士貴回詈唐均萬拾起地上柴棒撲毆李
士貴閃避奪棒回毆壹下致傷唐均萬顖門倒
地經蕭秋兒等喝阻一同扶救罔效移時殞命
李士貴畏罪起意埋屍滅跡央蕭秋兒韓自來

隱瞞蕭蕭秋兒等畏累允從李士貴隨取鐵钁同
蕭秋兒將屍擡至袁家岔山半坡水沖坑内刨
土掩埋致屍被水沖失即經卑縣訪聞先後獲
犯勘訊詳奉飭審查撈唐均萬屍身無獲遵提
覆鞫各供前情不諱詰非有心致死亦無起衅
別情案無遁飾查律載鬬毆殺人者不問手足
他物金刃並絞監候又例載毆殺人案内兇犯
起意埋屍滅跡其聽從擡埋之人在場並未傷
人止於聽從擡埋者照里長地鄰棄屍律杖陸
拾徒壹年各等語此案李士貴毆傷唐均萬身
死私埋失屍無傷可驗惟先後獲犯研訊各供
如一且有韓自來當場確證其唐均萬生前擒

陝西巡撫林則徐題本　審擬宜川縣客民李士貴毆斃唐均萬私埋尸身一案　道光二十六年十一月二十八日

帶口袋又經屍弟唐泳貴認明給領案無疑竇
應即照律問擬李士貴除私埋失屍輕罪不議
外合依鬬毆殺人者不問手足他物金刃並絞
律擬絞監候蕭秋兒訊止聽從擡埋並無幫毆
情事應依毆殺人案內兇犯起意埋屍滅跡其
聽從擡埋之人在場並未傷人止於聽從擡埋
者照里長地鄰棄屍律杖陸拾徒壹年例擬杖
陸拾徒壹年遞籍定地折責充徒鄉約王鳳失
於查察應照不應重律杖捌拾折責革役見證
韓自來訊因患癱病畏累隱瞞並無賄匿情事
應請免議李士貴借欠穀石如數追給口袋業
經給領兇器柴棒據供燒燬免起無干省釋是

陝西巡撫林則徐題本　審擬宜川縣客民李士貴毆斃唐均萬私埋尸身一案
道光二十六年十一月二十八日

否允協理合連犯解候審轉等情到府該延安
府知府保岱審看無異招解到司該陝西按察
使唐樹義審看相同具詳轉解到臣隨提犯親
訊據供與該縣府司所審無異該臣看得宜川
縣客民李士貴毆傷唐均萬身死私埋失屍一
案緣李士貴籍隸河南光山縣蕭狄兒籍隸湖
北興國州均來該縣槐朴窯地方租住韓自來
房屋種地度日已死湖北通山縣人唐均萬同
伊堂弟唐泳貴亦在縣屬桃子溝種地與李士
貴素識無嫌道光貳拾陸年貳月內李士貴借
欠唐均萬粟穀貳石包穀肆斗言明遲日即還
過後屢索未償陸月初貳日傍晚時候李士貴

與蕭秋兒韓自來在家閑坐唐均萬攜帶毛口
袋壹條往向索討借穀李士貴推緩唐均萬不
依斥其騙賴李士貴回詈唐均萬拾起地上柴
棒撲毆李士貴閃避奪棒回毆壹下致傷唐均
萬顋門倒地經蕭秋兒等喝阻一同扶救罔效
移時殞命李士貴畏罪起意埋屍滅跡央蕭秋
兒韓自來隱瞞蕭秋兒等畏累允從李士貴隨
取鐵钁同蕭秋兒將屍檯至袁家岔山半坡水
沖坑内刨土掩埋致屍被水沖失即經該縣訪
聞先後獲犯審認不諱詰非有心致死亦無起
衅別情此案李士貴毆傷唐均萬身死私埋失
屍無傷可驗惟先後獲犯研訊各供如一直有

韓自來當場確證其唐均萬生前攜帶口袋又經屍弟唐泳貴認明給領案無疑竇應即照律問擬應如該縣府司所擬李士貴除私埋失屍輕罪不議外合依鬬毆殺人者不問手足他物金刃並絞律擬絞監候蕭秋兒訊止聽從擡埋並無幫毆情事應依毆殺人案內兇犯起意埋屍滅跡其聽從擡埋之人在場並未傷人止於聽從擡埋者照里長地鄰棄屍律杖陸拾徒壹年例擬杖陸拾徒壹年遞籍定地折責充徒鄉約王鳳失於查察應照不應重律杖捌拾折責革役見證韓自來訊因患癱病畏累隱瞞並無賄匿情事應予免議李士貴借欠穀石如數追

給口袋棠經給領無干省釋理合具

題伏祈

皇上聖鑒勅下法司核覆施行再此案限期應以道

光貳拾陸年陸月拾捌訪聞之日起該縣由府

至省壹千零貳拾里除程限貳拾壹日又除封

印壹箇月扣至貳拾柒年貳月初玖日統限屆

滿合併陳明爲此具本謹

題請

旨

陝西巡撫林則徐題本 審擬宜川縣客民李士貴毆斃唐均萬私埋尸身一案

道光二十六年十一月二十八日

兵部侍郎兼都察院右副都御史巡撫陝西等處地方贊理軍務兼理糧餉臣林則徐謹

題為訪聞事。該臣看得宜川縣客民李士貴毆傷

唐均萬身死私埋[illegible]緣李士貴蕭秋兒

均[illegible]該籍隸[illegible]朴家地方祖住[illegible]自來房屋種地

唐日唐均萬同[illegible]堂弟唐泳[illegible]亦在縣屬桃子

溝種地，與李士貴素識無嫌。道光貳拾陸年貳

月內，李士貴借欠唐均萬粟貳石，包穀肆斗

言[illegible]月[illegible]還，過後[illegible]索未[illegible]陸月初貳日傍

晚時候，李士貴與蕭秋兒韓自來在家閒坐，唐

均萬攜帶毛口袋壹條往向索討借穀，李士貴

推緩唐均萬不依斥其騙賴李士貴回詈唐均萬拾起地上柴棒撲毆李士貴閃避奪棒回毆致傷唐均萬顖門倒地移時殞命李士貴畏罪起意埋屍滅跡央蕭秋兒韓自來隱瞞蕭秋兒等畏累允從李士貴隨取鐵钁同蕭秋兒將屍擡至袁家岔山半坡水沖坑內刨土掩埋致屍被水沖失經縣訪聞獲犯審認不諱李士貴依鬭殺律擬絞監候蕭秋兒杖徒謹

題請

旨

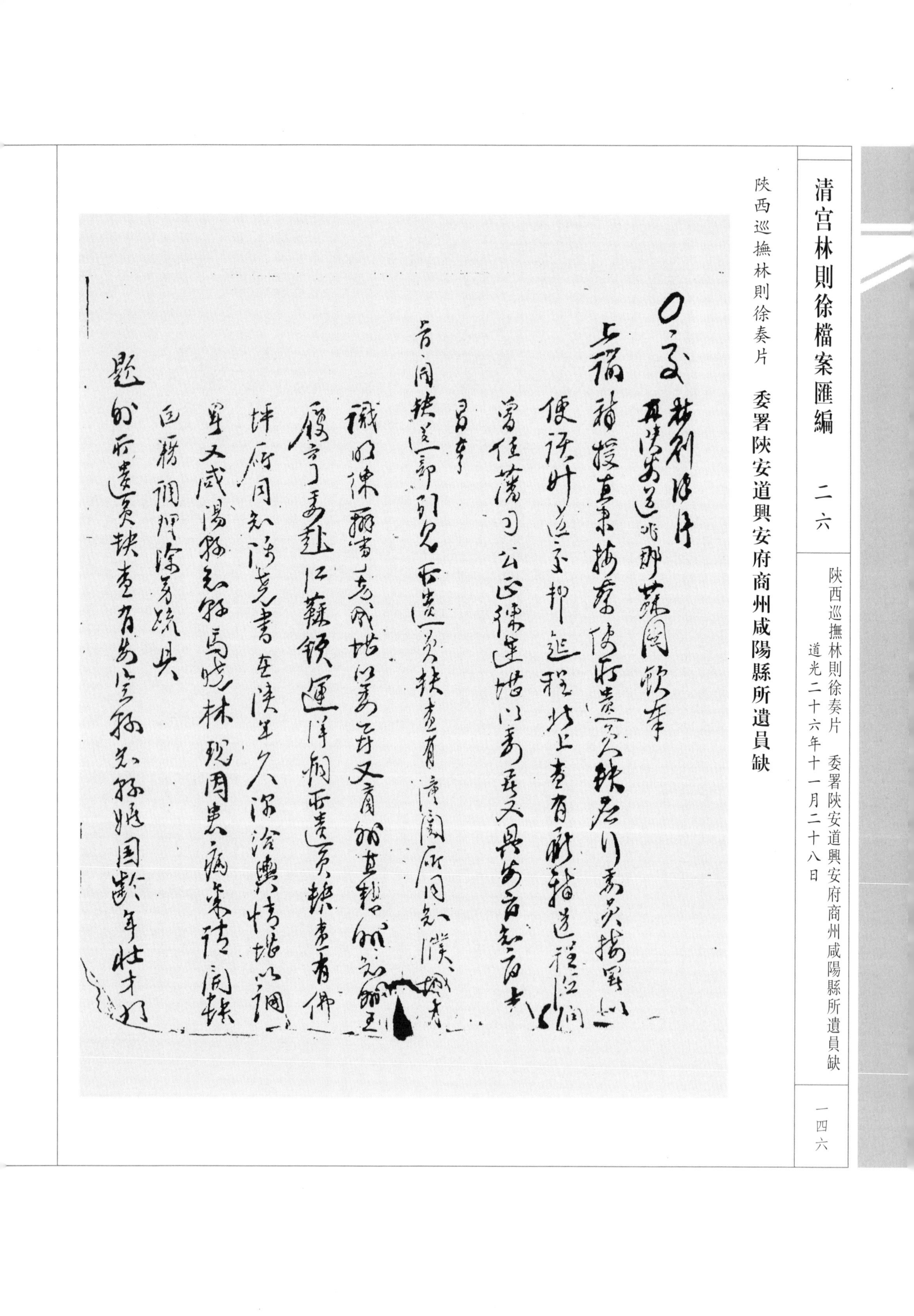

二六

陝西巡撫林則徐奏片 委署陝安道興安府商州咸陽縣所遺員缺

道光二十六年十一月二十八日

陝西巡撫林則徐奏片 委署陝安道興安府商州咸陽縣所遺員缺

陝西巡撫林則徐奏片 委署陝安道興安府商州咸陽縣所遺員缺 道光二十六年十一月二十八日

刑名請該道以調署擬議是否有當會詳前來

除分別檄飭遵照合併附片奏

聞伏乞

聖鑒謹

奏

道光二十六年十一月二十八日奉

硃批覽欽此

陝西巡撫林則徐奏片　**陝西省道光二十六年十月份收捐監生銀數**

奏

林則徐

〇

叓

監銀

十一月二十八日

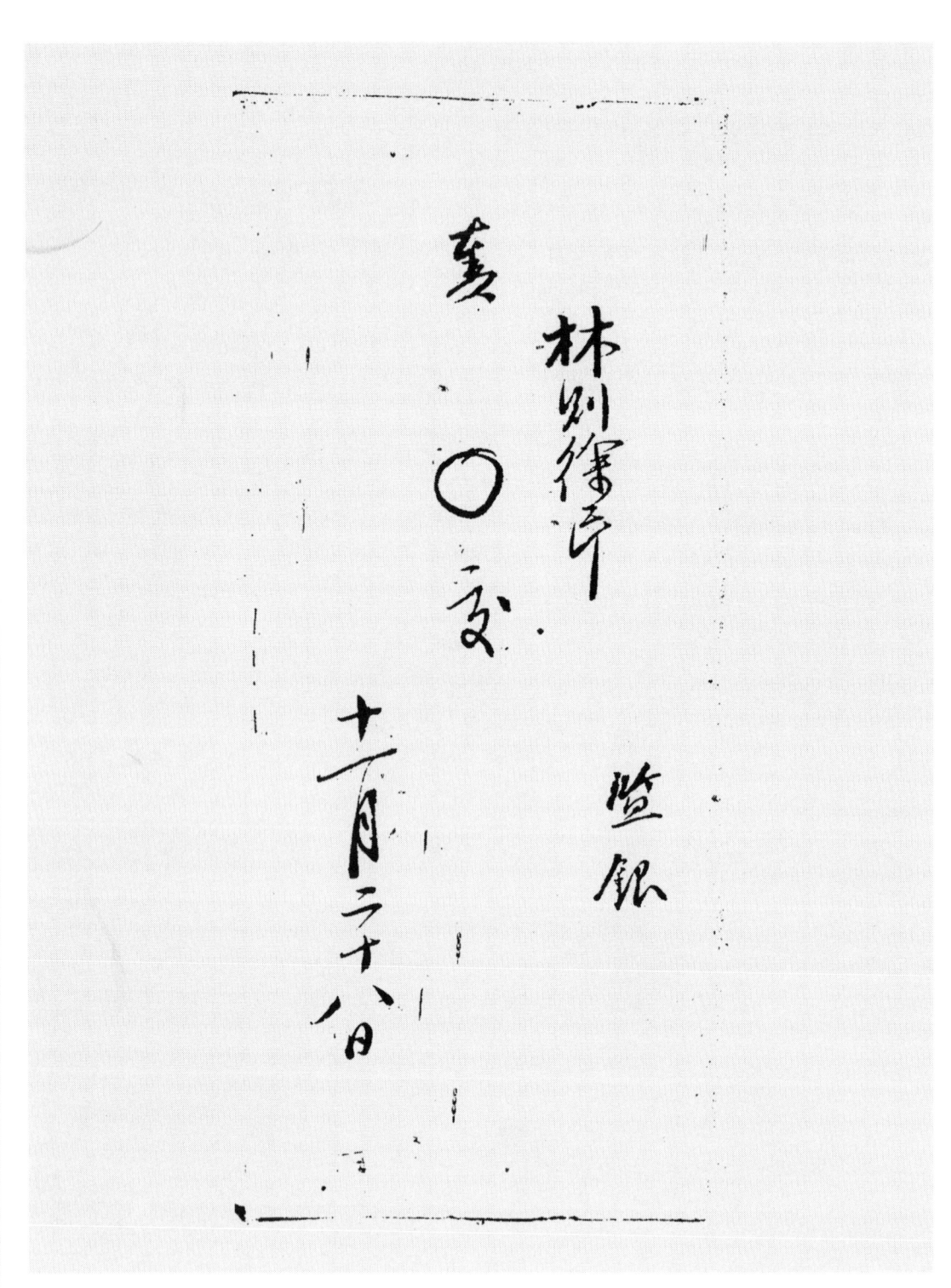

陝西巡撫林則徐奏片　陝西省道光二十六年十月份收捐監生銀數　道光二十六年十一月二十八日

再查陝西省收捐監生銀兩，截至道光二十六年九月底止，共存銀七千八百二十二兩，業經臣附片奏明在案。今十月分又報捐監生一十四名，收貯司庫銀一千五百一十二兩，連前共實存銀九千三百三十四兩，理合循例附片奏聞。謹奏。

道光二十六年十一月二十八日奉硃批：户部知道。欽此。

陝西巡撫林則徐奏片

恭謝天恩寬免監臨文闈未即時查出副榜填寫錯誤所得處分

林則徐片

再，臣於本科陝西鄉試，有副榜第十名硃墨

卷不符，核實擯革。

奏請更正，並請交部議處，茲准部咨欽奉

上諭：監臨官林則徐應得降一級留任處分，著加恩

寬免。等因。欽此。欽遵知照前來。臣跪讀之下，感激

悚惶尤難名狀。當即望

闕叩頭虔謝

天恩。伏念臣以監臨文闈，於主考發取副榜填

寫錯誤，未能即時查出，雖於事後擯革，而

疏忽實屬難辭，僅議降留，已覺從輕，迺復

仰荷

二六

陝西巡撫林則徐奏片　恭謝天恩寬免監臨文闈未即時查出副榜填寫錯誤所得處分

道光二十六年十一月二十八日

恩綸曲加寬貸，沐
鴻慈之逾格，銘蟻悃以依戴。所有微臣感悚下
忱，理合附片叩謝
天恩，伏乞
聖鑒。謹
奏。
道光二十六年十一月二十八日奉
硃批：知道了。欽此。

上諭　林則徐著賞假調理毋庸開缺並巡撫印務著楊以增護理

道光二十六年十一月二十九日内閣奉

上諭林則徐奏患病未痊懇請開缺一摺林則徐著賞假三箇月安心調理毋庸開缺陝西巡撫印務著楊以增護理不必來京請訓欽此

奏

布彥泰等

陝甘捐輸請展至明年六月由

文

〇

十二月二十二日

陝甘總督布彥泰陝西巡撫林則徐奏摺　籌劃番案經費請將陝甘現行捐輸展限至明年六月
道光二十六年十二月初五日

陝甘總督臣布彥泰
陝西巡撫臣林則徐跪
奏為遵
旨籌畫番案經久費用懇
恩俯准將現行捐輸展限辦理以資供備而應急公
恭摺覆
奏仰祈
聖鑒事竊於道光二十六年十月二十八日內閣奉
上諭林則徐奏陝西省現收捐輸銀兩請歸籌撥
俾甘肅等語著布彥泰通盤籌畫奏請撥解欽此臣
布彥泰遵即檄行甘肅藩臬兩司查明本年辦
理番案暨暫開捐輸支收銀兩確數並將以後
偶遇番務應如何籌備經費以期經久妥為會

陝甘總督布彥泰陝西巡撫林則徐奏摺　籌劃番案經費請將陝甘現行捐輸展限至明年六月　道光二十六年十二月初五日

議去後茲據藩司寶清署臬司郭夢齡詳議請
奏前來伏查臣等前因籌辦番務需用浩繁
奏請援照順天直隸東省各例陝甘兩省暫開捐輸
仰蒙
聖恩飭部議准定以本年年底截卯以示限制臣等
遵即檄行陝甘兩藩司於本年五月先後接准
部文之日收捐起截至十月底止統計陝甘兩省
已收捐輸銀九十四萬零是陝甘兩省以及外省
官紳士庶報効急公輸將恐後之忱頗形踴
躍現距截卯之期甚近具呈報捐者仍復尚多
之人而外省陸續報捐者仍絡繹而至查本
年辦理番務用款內派兵前往雍希葉布番族

查緝賊匪編審丁口款計用銀九千九百餘兩
剿辦黑錯寺滋事南番一款計用銀七萬一
千四百餘兩布彥泰帶兵出口查邊境及派兵
前往貴德緝捕滋事西番一款奏提經費銀一
十萬兩現在督飭經手委員造報約計尚有節
省不致溢數分釐以上通計需用經費銀一十
八萬一千餘兩雖現值冬令正沿河沿邊防守
喫緊之際以後有無續支並節省多寡尚難
豫定而約計本年番案需費不出十萬兩按現在
捐輸款內照數支發核餘尚多自應遵照部
議即於年底截卸局毋再請展限惟是經費
支絀之際捐輸既甚踴躍自宜廣爲招徠況陝甘

所有條處西陲原定捐限僅止半年東南遠省
及新疆等處奉文較遲迨捐生措資而來往往
動經數月現在遠省寄信到陝趕來報捐者
甚多若因限期過促猝令跋涉長途及至趕到
已經後時弗及上兌在後到捐生固由自誤而
殷報效未免向隅似宜量展登進之期俾遂急
公之願臣等往復函商意見相同合無仰懇
天恩俯念輿情踴躍
准予稍緩限期請自本年正月起展至六月底爲
截卯俾遠省官紳士庶兼得及時自効以廣
皇仁而裕邊疆經費似屬有裨如蒙
俞允即由臣等飛咨各省並通飭所屬一律遵照至

陝甘總督布彥泰陝西巡撫林則徐奏摺　籌劃番案經費請將陝甘現行捐輸展限至明年六月

道光二十六年十二月初五日

西番犬羊成性惟以劫掠為生數年以來蔓延已甚備以兵威亦宗過勢時斂跡若謂一勞永逸邊徼肅清實未敢云全在沿邊防守謹嚴庶可漸資綏靖即偶有蠢動而官兵備豫有素折之機先亦足以杜其奔突溯查從前每遇野番偷渡滋事悉由西寧辦事大臣就近一面派兵拱禦一面咨會督臣等辦事機便捷防勦亦得即時蕆事因偶遇調遣官兵先須籌畫經費往返函商動需旬日每值兵進賊遁兵撤復來其弊始於道光十八九年以後現查捐輸經費充裕設偶有徵調應請仍由辦事大臣就近酌辦以復舊制此次陝甘奏開捐輸原為辦理番案而

設法着現收銀兩自應兼籌陝甘備用第豫將之項即存庫作正款凡遇尋常搶案派兵緝捕以及防守要隘所需口餉經費皆須支給以有數之捐輸供無窮之費用將見日侵月朘漸就消磨偶值要需仍難足恃臣等通盤悉心籌議必須先時豫備方免遇事周章茲此捐輸銀兩充爲亟應供備久遠請於本年番案竣結之初酌提銀四十萬兩以七成留陝三成解甘發商按年一分生息計每年可獲息銀四萬兩彙解甘肅藩庫作爲常年番案經費隨時酌撥西寧道庫加謹封貯遇有尋常番案派兵捕追以及設卡巡防所需經費即由西寧辦事大臣覈定

二六

陝甘總督布彥泰陝西巡撫林則徐奏摺　籌劃番案經費請將陝甘現行捐輸展限至明年六月

道光二十六年十二月初五日

移道支發一面咨報督臣核覆行司備案年終
彙案造銷如有溢支濫用即責成承領經手之
員分賠倘邊防平靜仍有贏餘即存司庫俟辦
緊要之需再由司詳請報部收還原本如此設
有專款庶以後辦理番務不致動形掣肘而稽
務之項無至虛縻至其餘捐輸銀兩原為番務
而設亦請於截卯之後覈明成數照依臣林則徐
原議統行撥解甘肅藩庫加謹封貯遇有重
大事宜必須挪移
奏明方准動用以重公項而備不虞抑臣等更有請
者道光二十三年前督臣富呢揚阿勦捕西寧
番賊及修築會亭子將軍臺等城垣共需經費

陝甘總督布彥泰陝西巡撫林則徐奏摺　籌劃番案經費請將陝甘現行捐輸展限至明年六月

道光二十六年十二月初五日

銀廿二萬二千三百五十一兩零奏明由本省
自行捐輸在於從前藩司道庫並各養廉
內分作十年攤扣歸款計自是年九月起至廿
六年年底止已攤銀七萬四千一百一十七兩
零尚有未攤銀一十四萬八千二百三十四兩零
須扣至道光三十三年方能攤完又於道光
廿五年西寧番匪滋事經前署督臣鄧廷
楨奏明派兵勦捕所需經費銀六萬六千七百
兩零亦經
奏請捐輸後由本省籌捐還款查甘肅兵重差
繁民貧土瘠州縣公私全藉額設養廉從前盤
查案內曾經

陝甘總督布彥泰陝西巡撫林則徐奏摺 籌劃番案經費請將陝甘現行捐輸展限至明年六月

道光二十六年十二月初五日

奏明攤扣一成養廉彌補各屬年滿之款又每年
應攤考棚公費及新例減平支放更加以攤扣道光
二十三年番案經費州縣養廉領少扣多辦
公極形拮据遇事彌形掣肘其道光二十五年
續辦番案經費雖經前署督臣鄧廷楨
奏明由本省籌捐還款而甘肅地方苦瘠除攤扣
廉俸之外再無別項可籌且前項經費本係借
動藏平節省銀兩例應報交部庫勢難久懸今
若將此項經費與前次應攤之項同時並扣州縣
各官力有未逮誠恐轉啓流弊若俟初次番案
經費扣完之後再將此項接攤則展轉需時為期
太遠殊非慎重帑項之道臣等再四思維除

陝甘總督布彥泰陝西巡撫林則徐奏摺　籌劃番案經費請將陝甘現行捐輸展限至明年六月　道光二十六年十二月初五日

道光二十三年番案經費銀二萬二千三百
五十一兩零業經攤扣三分之一不敷請由捐
輸項下開銷仍照舊攤扣外所有二十五年續
辦番案經費銀一萬六千七百兩零為數亦
不甚多可否仰懇
皇上天恩准將此項費用銀兩在於捐輸項下作正開
銷毋庸再由庫存攤捐俾借項得以早還原款
並免州縣攤扣之繁出自
聖主慈施所有遵
旨籌畫番案經費擬將現行捐輸展限辦理緣由謹
會詞恭摺具
奏伏乞

皇上聖鑒訓示謹

奏

道光廿六年十一月廿二日奉

硃批該部議奏欽此

十二月初五日

陝西巡撫林則徐奏摺　**循例密陳現任司道知府各員考語**

林則徐　密陳各員考語由

奏

○

十二月初七日

陝西巡撫臣林則徐跪

奏為密陳司道知府考語仰祈

聖鑒事竊照司道府等官例應于年底

加具切實考語開單密

奏 臣仰蒙

聖恩簡畀陝西巡撫于本年七月初間到任半載以

來首以察吏安民為務業將未能稱職之員

奏請甄別在案其在省司道以下時常接見商

議公事藉可覘其心術性情即有外道府

臣已見者亦臣未見者各就其所辦公事回

加考覈並採訪輿論互相印證于各員

操守才具尚可得其大端兹届具奏之期除

陝西巡撫林則徐奏摺 循例密陳現任司道知府各員考語
道光二十六年十二月初七日

新授藩司楊以增陝安道恆克精額
均尚未到陝外謹將現任臬司道府謹就
臣愚昧之見出具切實考語敬繕清摺
呈
御覽伏乞
皇上聖鑒謹
奏
道光二十六年十二月二十日奉
硃批單留中欽此
十二月初七日

陝西巡撫林則徐清單

道光二十六年陝西省司道知府各員考語清單

二十六年
林則徐

謹將陝西省司道府各員出具切實考語敬繕
清單密呈
御覽
兼署布政使事按察使唐樹義年五十五歲貴州舉人
該司由縣府疊膺明保洊升今職曉暢吏治
洞澈民情兩次署理藩篆辦理裕如現值歉
年尤能悉心籌濟
督糧道張集馨年四十四歲江蘇進士
學問優長器識宏遠曾署臬司印務於懲奸
戢暴頗能認真道員中最為出色
鹽法道崇綸年四十三歲正白旗滿洲官學生
年富才明復能謹慎自持不蹈浮華之習曾

署臬篆讞獄亦甚虛心

潼商道常績年三十六歲鑲紅旗滿洲筆帖式

人本循謹到任甫經兩月政務尚須講求

署陝安道候補道程德潤年六十歲湖北進士

由藩司被議降捐歷署各缺巡道稽察咸周

精力亦健

延榆綏道萬保年五十四歲正黃旗滿洲筆帖式

北山距省較遠未經接見閱其稟陳公事似

有吏才

西安府知府徐楝年五十二歲直隸進士

樸直老成克勤克慎堪勝方面首劇之任

同州府知府李恩繼年五十六歲正白旗漢軍進士

吏治祗屬中才辦公尚能勤慎

鳳翔府知府白維清年五十五歲順天供事

在陝二十餘年一切均能諳熟

漢中府知府段大章年四十三歲四川進士

品地端醇雖在任甫及一年而南山情形皆

已了然於胸堪資表率

延安府知府保岱年五十四歲鑲藍旗滿洲筆帖式

在陝十年歷榆林漢中延安三府之任於南

北山自屬相宜

榆林府知府徐松年六十一歲順天進士

學優才練率屬嚴明遇事矢勤精力亦足以

副之似為通省知府之最

署興安府知府潼關同知濮城浙江監生年六十四歲

穩練安詳頗有識見在同知本為出色之員

署府尚未多時還須細加察看

陝西巡撫林則徐奏摺　請以余炳燾陞補定遠同知所遺渭南縣缺以延長縣王義樟調補

道光二十六年十二月初七日

請以余炳燾陞補定遠同知所遺渭南縣缺以延長縣王義樟調補

林則徐

請以余炳燾陞補定遠同知等由

奏

隨

旨交○

十二月二十一日

二六　陝西巡撫林則徐奏摺　請以余炳燾陞補定遠同知所遺渭南縣缺以延長縣王義樟調補　道光二十六年十二月初七日

陝西巡撫臣林則徐跪

奏爲揀員調補要缺廳員以重地方仰祈

聖鑒事。竊照漢中府定遠廳同知和建遠，新因捐輸

議敘，奉

旨簡陝西以知府不論雙單月補用，所遺定遠

廳同知係繁疲難兼三要缺，例應在外揀選

升調。查該廳地處南山，界連川甘二省，襟要

下，辦理不易，一切撫馭彈壓，務須老成精幹

練達之員，不足以資治理。臣與藩臬兩司[illegible]

樹義在于通省同知通判內揀選，加[illegible]處理

居心安詳，與人地未宜。特查有渭南縣知縣余炳

燾，年四十歲，浙江舉人，由[illegible]期滿奉

陝西巡撫林則徐奏摺　請以余炳燾陞補定遠同知所遺渭南縣缺以延長縣王義樟調補　道光二十六年十二月初七日

旨依知縣用，分發陝西

題署清澗縣知縣，道光十六年八月到任，試署期滿

實授。二十一年

大計卓異，調補渭南縣知縣，赴部引

見，奉

旨准其卓異回任，旋於是年十二月初任。該員幹練勤

明，不畏彊禦，兩次署理定遠一廳，情形熟悉，且係卓

異應升之員，以之陞補該廳撫民同知，實堪勝

任。其所遺渭南縣知縣，係衝繁難兼三要缺，

最為匪類出沒之區，應即揀員調補。隨飭司

在于通省知縣內逐加遴選，查有延長縣知縣

王義樟，年四十六歲，福建監即用知縣，簽掣陝

陝西巡撫林則徐奏摺　請以余炳燾陞補定遠同知所遺渭南縣缺以延長縣王義樟調補

道光二十六年十二月初七日

西補延長縣知縣，道光十九年四月到任。該員
守潔才卓，勞怨不辭，歷俸已久，滿三年，任
內因公處分，俱不積計，以之調補渭南縣要
缺知縣，實係人地相宜，核與定章尚屬相符。
東省未（？）合無仰懇
天恩，俯念地方緊要，准
以渭南縣知縣余炳燾陞補定遠廳同知，延長
縣知縣王義樟調補渭南縣知縣，洵於地
方有裨，如蒙
俞允，余炳燾由知縣請升同知，應俟部覆到日，給咨
送部引
見。王義樟係知縣調補知縣，衡缺相當，毋庸送部引

陝西巡撫林則徐奏摺　請以余炳燾陞補定遠同知所遺渭南縣缺以延長縣王義樟調補

道光二十六年十二月初七日

見至定遠遺缺另揀借署同知缺陝省現有應補人員
容另請補合併陳明所有揀員對調要缺同知
知縣緣由謹會同陝甘總督臣布彥泰合詞恭摺
具
奏伏乞
皇上聖鑒訓示謹
奏
道光二十六年十二月二十一日奉
硃批　欽此
十二月初七日

陝西巡撫林則徐奏摺　查明被旱之神木府谷葭州明春應酌借籽種口糧以資接濟

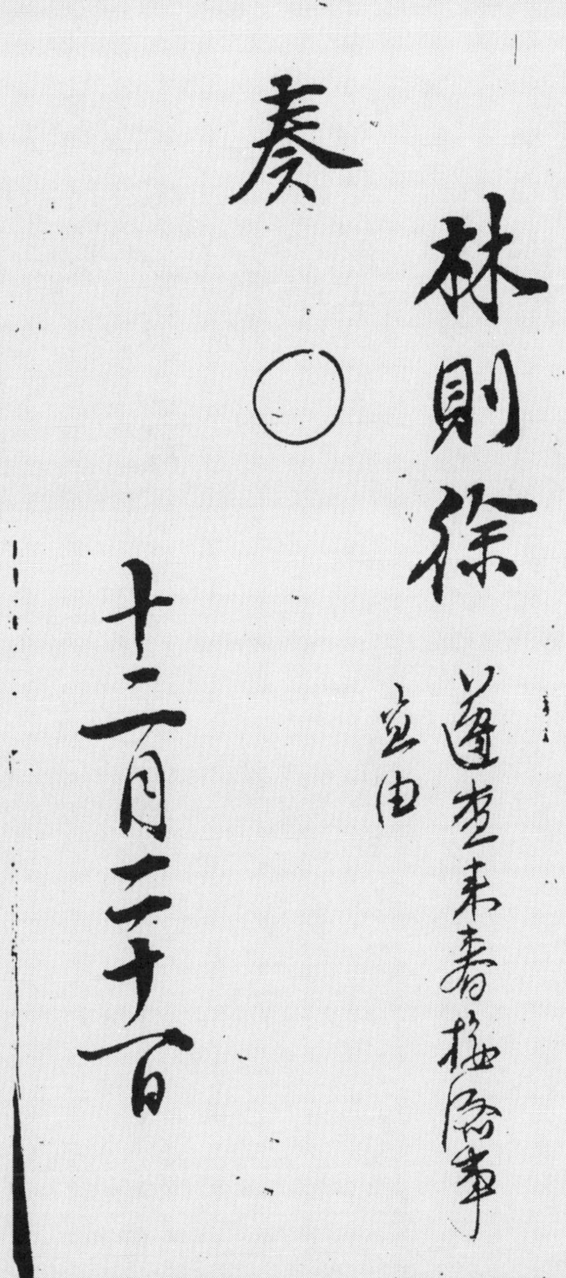
林則徐
遵查來春接濟事
由
奏○
十二月二十日

二六 陕西巡抚林则徐奏摺 查明被旱之神木府谷葭州明春应酌借籽种口粮以资接济

道光二十六年十二月初七日

陕西巡抚臣林则徐跪
奏为遵
旨查明来春应否接济事宜据实覆
奏仰祈
圣鉴事窃臣承准军机大臣字寄道光二十六年十月
初三日奉
上谕本年陕西神木府谷二县被旱已据该省奏明随
时抚恤即著来春应否接济之处一并查明具奏
等因钦此仰见我
皇上轸恤民艰痌瘝在抱之至意伏查本年神木府
谷二县被旱经臣奏蒙
天恩抚恤口粮展缓续征凡属黎庶莫不仰沐

陝西巡撫林則徐奏摺　查明被旱之神木府谷葭州明春應酌借籽種口糧以資接濟　道光二十六年十二月初七日

皇仁民聲感頌益復優渥矣

聖慈飭查未去應否接濟以通省兼屬蒙恩府村業

情形查明該三屬俱在北山土瘠民貧蓋藏甚少

本年業經據稱安民善策流離者設法資新

較厚匝相維繫本年夏收有五分長者青黃不接之

時邊地窮黎未免拮据自應量為接濟以蘇民

之年察在例者四千三村在本年秋禾被旱之後

以撥款

惠於屬各員協辦安當地方申指撥安插令各為

西湖口外三條北山廢荒之地連歲歉收停家結

形亟須量為調劑相應仰懇

天恩俯將神木府谷葭州三州縣於來春酌借籽種口

陝西巡撫林則徐奏摺 查明被旱之神木府谷葭州明春應酌借籽種口糧以資接濟 道光二十六年十二月初七日

籽以資接濟該州縣倉糧先已動碾存貯無多

請照慶州章程概行折色合併聲明所有遵

旨查明酌籌接濟緣由理合據實覆

奏伏乞

皇上聖鑒謹

奏

道光二十六年十二月二十一日奉

硃批應旨行欽此

十二月初七日

陝西省道光二十六年錢糧完解數目

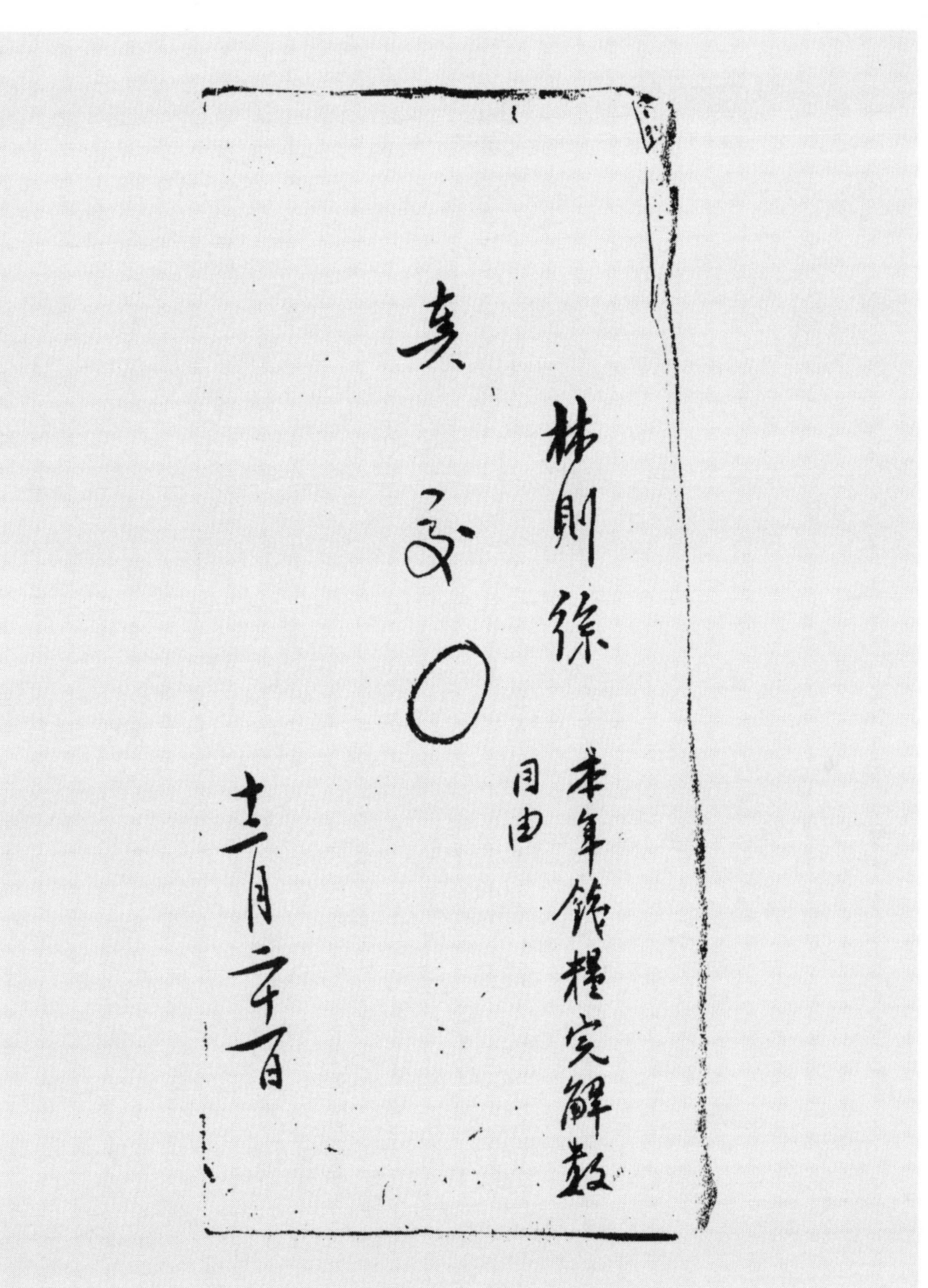
林則徐
本年錢糧完解數目由

陝西巡撫林則徐奏摺　陝西省道光二十六年錢糧完解數目
道光二十六年十二月初七日

陝西巡撫林則徐奏摺　陝西省道光二十六年錢糧完解數目
道光二十六年十二月初七日

陝西巡撫臣林則徐跪

奏為查明本年錢糧完解數目恭摺奏祈

聖鑒事竊照前准部咨令將新舊錢糧數目于十二月內先行奏明仍于次年四月內具題等因歷經遵辦在案茲據兼署藩司唐樹義詳稱道光二十六年分額征民屯更名起運並糧折等項除各屬留支外實應解司銀一百三十三萬九千三百三十七兩零自本年二月起至五月底止已完銀八十九萬四千四十八兩零業經

奏報在案其未完銀四十四萬五千二百八十九兩零自六月起至十一月底止陸續征完三十五萬七千六百九十一兩零均經解

貯司庫仍未完銀八萬七千五百九十八兩
零內除富平涇陽二縣因秋禾歉收將
應征銀一萬九千八百六十六兩零奏奉
上諭緩至道光二十七年麥後起征外實止
未完銀六萬七千七百三十一兩零統計
本年新舊錢糧已完九分三厘有餘等情具
詳
奏前來臣覆覈無異現仍嚴飭催征歸
于次年
題報計臣本年征解錢糧數目理合循例具
奏伏乞
皇上聖鑒謹

奏

道光二十六年十二月二十日奉

硃批戶部知道欽此

十二月初七日

陝西巡撫林則徐奏摺

陝西省道光二十六年十一月中旬至十二月初雨雪糧價情形

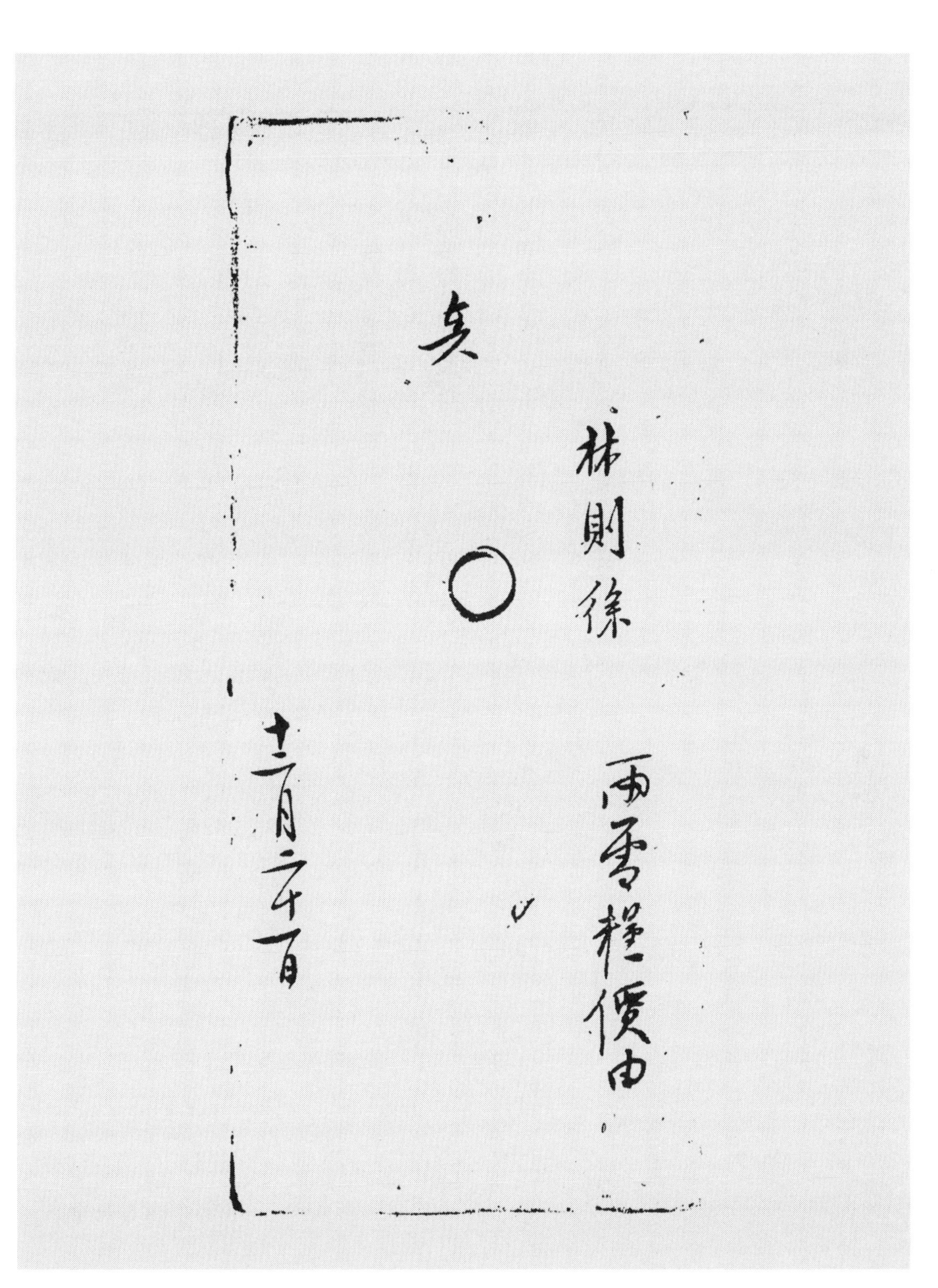

陝西巡撫林則徐奏摺　陝西省道光二十六年十一月中旬至十二月初雨雪糧價情形

道光二十六年十二月初七日

陝西巡撫臣林則徐跪

奏為恭報雨雪麥苗情形仰祈

聖鑒事。竊照陝西省十一月中旬暨十二月初旬

雨雪田禾情形，業經臣恭摺具

奏在案。茲查鳳翔府屬之寶雞、漢中府屬

之留壩、南鄭、洋縣、褒城、鳳縣、興安府屬之

磚坪、平利各廳縣，先後稟報於十一月十五、二

十及二十四五等日，或得微雨，或得雪一二寸不等。

惟臣查南山地方本年雨水不缺，現又得此雪

澤，土脈益形滋培。北山雖未得雪，而其氣

候本遲，只待春雨以資播種。惟西安、同

州、鳳翔、乾州等府州屬地處平原，一年之計

專在二麥。前因秋間被旱，麥亦未種齊，其已

種出土者極盼冬雪優沾，俾資根苗不枯，來
春始可長發。以臣次第詢司道府县，據咸寧
稟報省城于十二月初五丑刻得雪，繼續飄
灑至巳刻止，積地地平尺餘，附近州县亦俱普
被。是日得雪隨落隨融，積厚一二寸不等，各屬
足以藏此祥霙，在地麥苗根荄藉堪滋
潤。連日同雲密布，天氣陰寒，雪意尚濃，尤
冀接續渥沛，原未種之地開春亦可補植。
雜至各屬糧食，前經禁止囤積販運到處
流通，今又設法籌辦平糶，此後市價可望減
落，不致增昂，閭閻均屬安恬，堪以仰紓
宸念。除再飭查各屬得雪分寸彙入下月
奏報外，謹將十月分糧價敬繕清單恭呈

陝西巡撫林則徐奏摺 陝西省道光二十六年十一月中旬至十二月初雨雪糧價情形 道光二十六年十二月初七日

二六 陝西巡撫林則徐奏摺 陝西省道光二十六年十一月中旬至十二月初雨雪糧價情形

道光二十六年十二月初七日

御覽伏乞

皇上聖鑒謹

奏

道光二十六年十二月二十日奉

硃批覽奏均悉欽此

十二月初七日

陝西巡撫林則徐清單

陝西省道光二十六年十一月份糧價清單

謹將陝西省道光二十六年十一月分各屬糧價開具清單恭呈

御覽

計開

西安府屬價貴

大米每倉石價銀自一兩五錢八分至三兩五錢

較上月減一錢三分

小米每倉石價銀自一兩五錢八分至三兩七分

較上月減三錢三分

小麥每倉石價銀自一兩五錢八分至三兩

一錢一分

較上月減一錢八分

大麥每倉石價銀自一兩二錢六分至二兩

五分

較上月貴二錢

豌豆每倉石價銀自一兩六錢一分至三兩

二分

與上月相同

延安府屬價貴

大米每倉石價銀自一兩三錢七分至四兩

三錢三分

與上月相同

小米每倉石價銀自九錢至二兩五錢六分
與上月相同
小麥每倉石價銀自一兩一分至二兩五錢
二分
與上月相同
穈米每倉石價銀自一兩六分至二兩五錢
一分
與上月相同
豌豆每倉石價銀自八錢至二兩四錢六分
與上月相同
鳳翔府屬價貴
大米每倉石價銀自二兩九分至二兩八錢

八分
與上月相同
小米每倉石價銀自一兩八錢九分至二兩
二錢九分
較上月減三錢五分
小麥每倉石價銀自一兩三錢二分至二兩
三錢七分
較上月減二錢七分
大麥每倉石價銀自七錢至一兩四錢六分
較上月貴三錢七分
豌豆每倉石價銀自一兩一錢至一兩八錢
四分

較上月減四錢四分
漢中府屬豌豆黄豆價中餘俱價貴
大米每倉石價銀自九錢六分至二兩八錢
一分
與上月相同
小米每倉石價銀自七錢八分至二兩五分
較上月貴三分
小麥每倉石價銀自七錢六分至二兩二錢
與上月相同
大麥每倉石價銀自四錢五分至一兩一錢
六分
與上月相同

豌豆每倉石價銀自七錢二分至一兩四錢五分

較上月減二錢

黄豆每倉石價銀自四錢五分至一兩四錢七分

與上月相同

榆林府屬價貴

大米每倉石價銀自二兩二錢七分至三兩七錢四分

與上月相同

小米每倉石價銀自二兩一錢五分至三兩一錢

與上月相同
小麥每倉石價銀自二兩一錢至二兩六錢
八分
與上月相同
糜米每倉石價銀自二兩二錢三分至三兩
四分
與上月相同
豌豆每倉石價銀自一兩三錢二分至一兩
八錢四分
與上月相同
同州府屬價貴
大米每倉石價銀自二兩九錢七分至三兩

七錢九分
較上月貴八分
小米每倉石價銀自二兩四錢四分至三兩
三錢六分
與上月相同
小麥每倉石價銀自二兩三錢一分至三兩
二錢二分
較上月減一錢四分
大麥每倉石價銀自一兩五錢至二兩一錢
七分
較上月貴六錢四分
豌豆每倉石價銀自一兩九錢四分至二兩

六錢六分
較上月減一錢四分
興安府屬大米黄豆價賤餘俱價中
大米每倉石價銀自一兩三錢一分至一兩
九錢五分
與上月相同
小米每倉石價銀自八錢一分至一兩六錢
五分
與上月相同
小麥每倉石價銀自一兩二分至一兩七錢
八分
與上月相同

大麥每倉石價銀自四錢四分至九錢
與上月相同
豌豆每倉石價銀自七錢至一兩六分
較上月貴五分
黃豆每倉石價銀自七錢九分至九錢二分
與上月相同

商州屬大米價中餘俱價貴
大米每倉石價銀自一兩五錢四分至二兩
七錢一分
較上月貴一分
小米每倉石價銀自九錢九分至二兩四錢
一分

較上月貴七分
小麥每倉石價銀自一兩一錢至二兩二錢
六分
較上月減二分
大麥每倉石價銀自四錢四分至一兩三錢
二分
較上月減六分
豌豆每倉石價銀自五錢五分至一兩九錢
九分
較上月貴一分
邠州屬價貴
大米每倉石價銀自二兩八錢七分至四兩

二錢
較上月貴二錢八分
小米每倉石價銀自一兩五錢七分至三兩
八分
較上月貴一錢四分
小麥每倉石價銀自一兩五錢五分至二兩
八錢
與上月相同
豌豆每倉石價銀自一兩三錢九分至二兩
七錢三分
與上月相同
乾州屬價貴

大米每倉石價銀自二兩四錢六分至三兩一錢四分

較上月貴一錢四分

小米每倉石價銀自二兩二錢至二兩九錢

與上月相同

小麥每倉石價銀自二兩一錢九分至二兩七錢五分

與上月相同

大麥每倉石價銀自一兩一錢四分至一兩七錢五分

與上月相同

豌豆每倉石價銀自一兩九錢二分至二兩

五錢

與上月相同

鄜州屬價中

小米每倉石價銀自六錢二分至一兩五錢

四分

較上月貴五錢六分

小麥每倉石價銀自六錢二分至一兩六錢

一分

較上月貴六錢二分

豌豆每倉石價銀自四錢八分至一兩四錢

七分

較上月貴六錢四分

綏德州屬豌豆價中餘俱價貴
小米每倉石價銀自一兩五錢至二兩四錢
較上月貴一錢八分
小麥每倉石價銀自一兩五錢八分至二兩
四錢一分
較上月貴一錢七分
豌豆每倉石價銀自一兩至一兩六錢三分
與上月相同

覽

陝西巡撫林則徐奏摺 **查明陝甘學政王祖培延請幕友及出棚考試情形**

陝西巡撫林則徐奏摺　查明陝甘學政王祖培延請幕友及出棚考試情形
道光二十六年十二月初九日

陝西巡撫臣林則徐跪

奏為學政延請幕友及出棚考試情形循例奏

聞仰祈

聖鑒事竊照直省學政閱文幕友及考試聲名應由

督撫稽察具奏歷經遵辦在案查陝甘學政臣

王祖培於本年十月到任其衙署向在三原縣

臣僅於其過省時接晤一二次旋於十一月間

該學政出棚考試鳳翔一府現在接試乾州經

臣留心訪查關防均稱嚴肅其所延閱文幕友

六人查覈單開係順天舉人馬大鈞方鉞四川

舉人胡懋璋貴州拔貢張清理直隸增生孫近

宸湖北廩生王崇誥逐加暗訪尚皆謹慎能文

之士並無籍隸本省之人除再隨時訪查按試
各處有無弊竇外合將幕友姓名籍貫及現已
出棚考試情形循例恭摺具
奏伏乞
皇上聖鑒謹
奏

道光二十六年十二月　　初九　　日

陝西巡撫林則徐奏摺　彙報陝省第三次續捐番務經費請分別獎勵

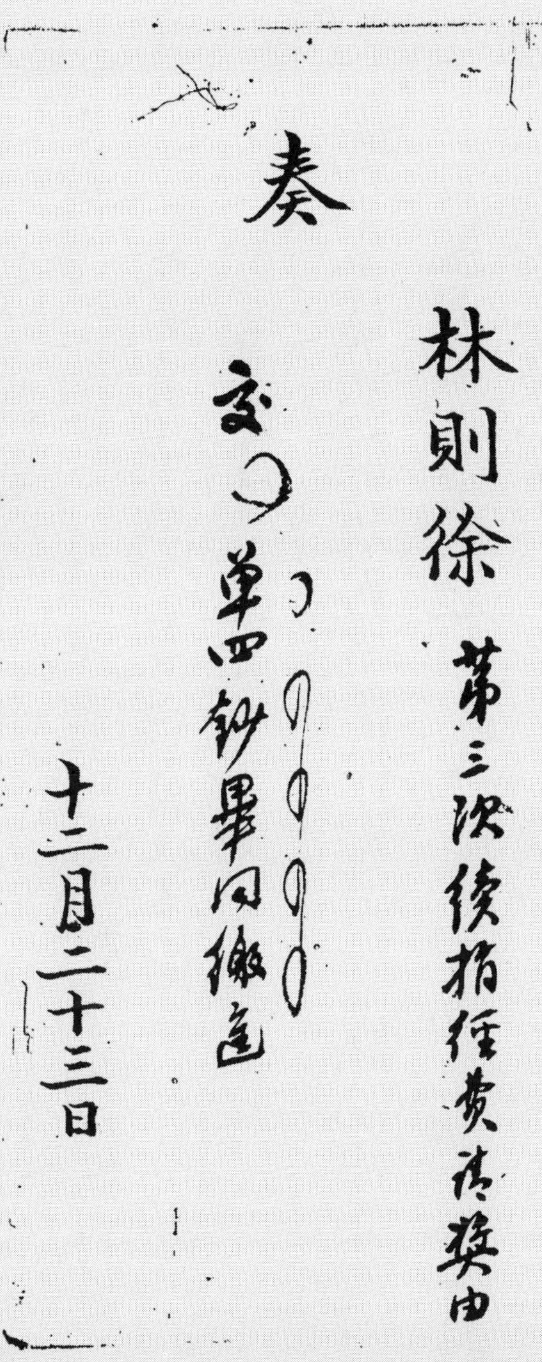

林則徐第三次續捐經費請獎由

奏

交單鈔畢同繳進

十二月二十三日

二六

陝西巡撫林則徐奏摺　彙報陝省第三次續捐番務經費請分別獎勵
道光二十六年十二月初九日

陝西巡撫臣林則徐跪
奏為彙報第三次續捐番務經費懇
恩分別獎勵以昭激勸仰祈
聖鑒事竊照戶部議准在陝甘捐輸番務經費擬照
順天府議敘之案按豫工事例銀數隨時請獎
等因奏奉
諭旨依議欽此行知到陝遵經在省設立捐局自本年
五月至九月共收銀七十八萬五千二百七十三
兩業經兩次
奏報請獎在案自奏之後復據本省外省報捐人
員先後具呈陸續捐輸截至十月底止共計收
銀六十二萬一千五百五十兩分貯司庫由司道

等覈明例案造具清冊會詳請
奏前來臣隨將該司道等冊造捐請議敘京官外
官文職武職各員並加捐議敘與豫工二卯事例
現行常例及順天府捐輸成案均屬相符惟冊
內應載捐生年歲三代及出身履歷並加捐改
捐各例案班次詳細聲明篇頁繁冗已將細
冊咨送軍機處暨吏兵二部查覈謹分別各
項名目繕具簡明清單四件恭呈
御覽合無仰懇
天恩俯准分別獎勵以遂其急公踴躍之忱於經費
內有裨益除俟第四次捐有成數再行
奏報外所有第三次捐輸番務經費分別請獎緣

陝西巡撫林則徐奏摺 彙報陝省第三次續捐番務經費請分別獎勵 道光二十六年十二月初九日

由謹會同陝甘督臣布彥泰合詞恭摺具

奏伏乞

皇上聖鑒訓示謹

奏

道光二十六年十二月二十三日奉

硃批該部議奏單四件併發欽此

十二月初九日

陝西巡撫林則徐奏摺

查明陝西省咨交京控案件並無逾限

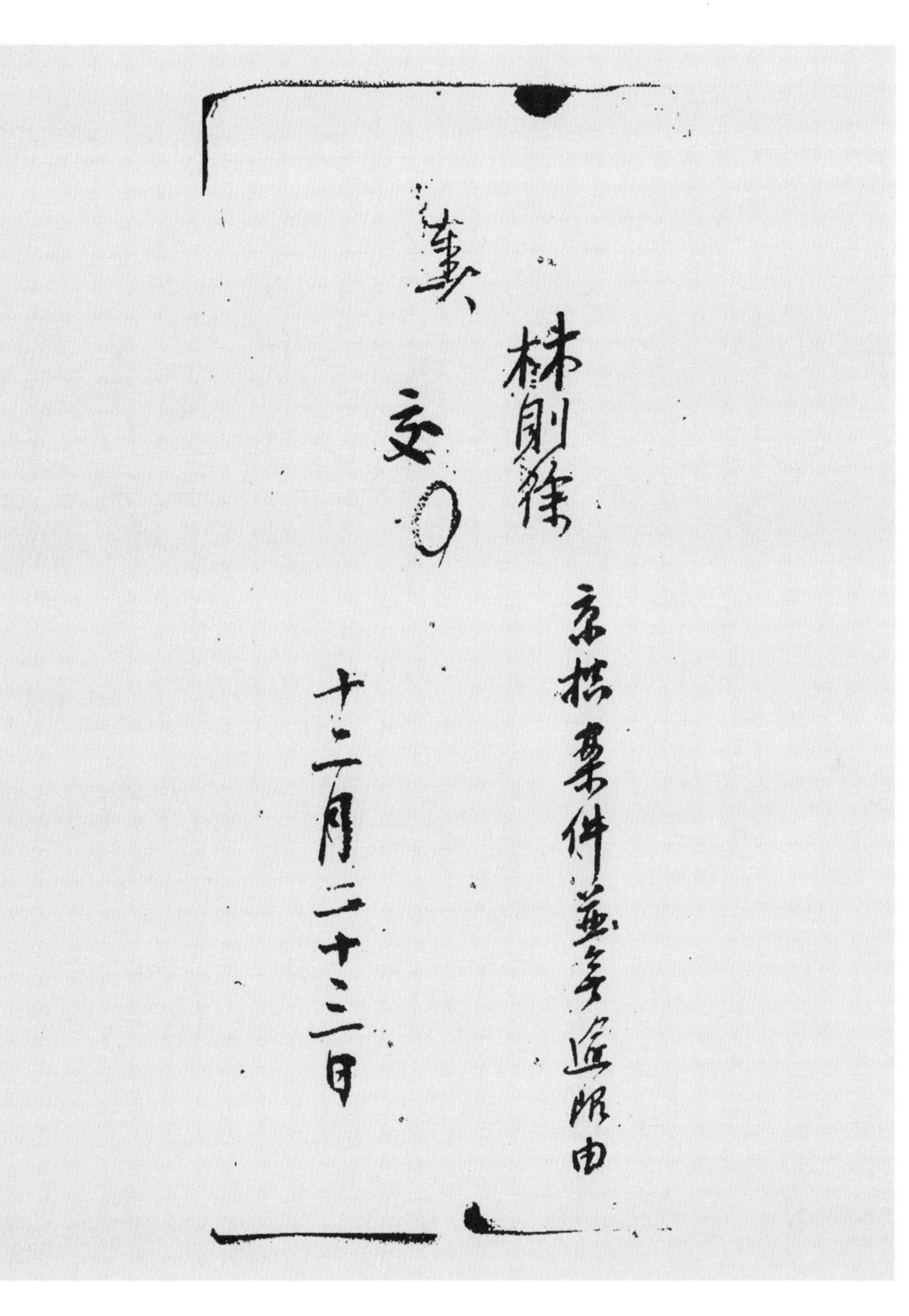
林則徐
京控案件並無逾限由
奏
交
十二月二十三日

陝西巡撫林則徐奏摺　查明陝西省咨交京控案件並無逾限
道光二十六年十二月初九日

二六

陝西巡撫林則徐奏摺　查明陝西省咨交京控案件並無逾限

道光二十六年十二月初九日

陝西巡撫臣林則徐跪

奏爲查明京控案件半年内咨交七起已結五起尚有二起未結亦未逾限循例彙

奏仰祈

聖鑒事竊照前准部咨欽奉

上諭各省京控咨交案件嗣後著該督撫將逾限未結之案每屆半年彙案請旨交部議處一次等因欽此欽遵在案查陝省京控各案自臣本年七月履任以來准部咨交者先後共有七起内積安縣民王日華宜川縣生員白其詰渭南縣民雷得友盩厔縣民郭琢坤華州生員劉廉五起均經提集人卷秉公審擬完結分別核咨

陝西巡撫林則徐奏摺　查明陝西省咨交京控案件並無逾限
道光二十六年十二月初九日

其盩厔縣監生張文翰一起因有貿易各字号
帳目牽控非三面會算將宕不能定截當將人
証發回該縣勒令清算并候算明覆訊即可截
結按計限期並無違逾又華陰縣民王夢鄉一
起甫於十月十九日接准刑部咨解到陝隨即飭
司行提人証卷宗解省隨飭承辦各員秉公
審擬依限辦理外所有查明咨交京控各案件並
無逾限緣由理合恭摺具
奏伏乞
皇上聖鑒謹
奏
道光二十六年十二月二十二日具

硃批該衙門知道欽此

十二月初九日

陝西巡撫林則徐題本

蒲城知縣張肇元病難供職應准解任調理

吏部議奏

題

兵部侍郎兼都察院右副都御史巡撫陝西等處地方贊理軍務兼理糧餉臣林則徐謹
題為病軀難以供職稟請開缺回籍調理事據兼
署陝西布政使唐樹義呈道光貳拾陸年拾貳
月初壹日據蒲城縣知縣張肇元稟稱竊卑職
現年伍拾玖歲係順天府寧河縣副榜道光肆
年由教習期滿引
見奉
旨以知縣用分發陝西玖年
題補洵陽縣知縣拾陸年
大計卓異引
見奉
旨准其卓異加壹級註冊回任候陞欽此旋經

陝西巡撫林則徐題本 蒲城知縣張肇元病難供職應准解任調理
道光二十六年十二月初九日

奏調蒲城縣知縣貳拾壹年肆月因患怔忡病症
開缺調理貳拾貳年正月病痊請咨赴部引
見奉
旨着照例坐補原缺欽此是年陸月到省貳拾伍年
拾月拾捌日奉委署理令職貳拾陸年伍月拾
玖日奉文坐補到任本應勉竭駑駘稍報涓埃
奈自陸月痢疾陡作致舊病怔忡復發夜不成
寐據醫家云非安心調理刻難痊愈月來力疾
辦公益形竭蹶何敢以病軀戀棧貽誤地方懇
請開缺回籍調理等情到司據此除批飭委驗
取結俟至日另詳外合將該員患病緣由先行
詳請核

題等情到臣該臣看得官員患病例應解任調理
茲據兼署布政使唐樹義詳稱蒲城縣知縣張
肇元於道光貳拾伍年拾月拾捌日到任本年
陸月痢疾陡作致舊病怔忡復發夜不成寐據
醫家云非安心調理刻難痊愈懇請開缺等情
前來臣查該員精力強健才具老成今既患病
詳請解任應准其解任調理除飭委驗取結至
日另行補送並移咨順天府府尹知照外謹會
同督臣布彥泰合詞具
題伏祈
皇上聖鑒勅部議覆施行至所遺蒲城縣缺係要缺
容俟另行揀員調補合併陳明為此具本謹

陝西巡撫林則徐題本　蒲城知縣張肇元病難供職應准解任調理
道光二十六年十二月初九日

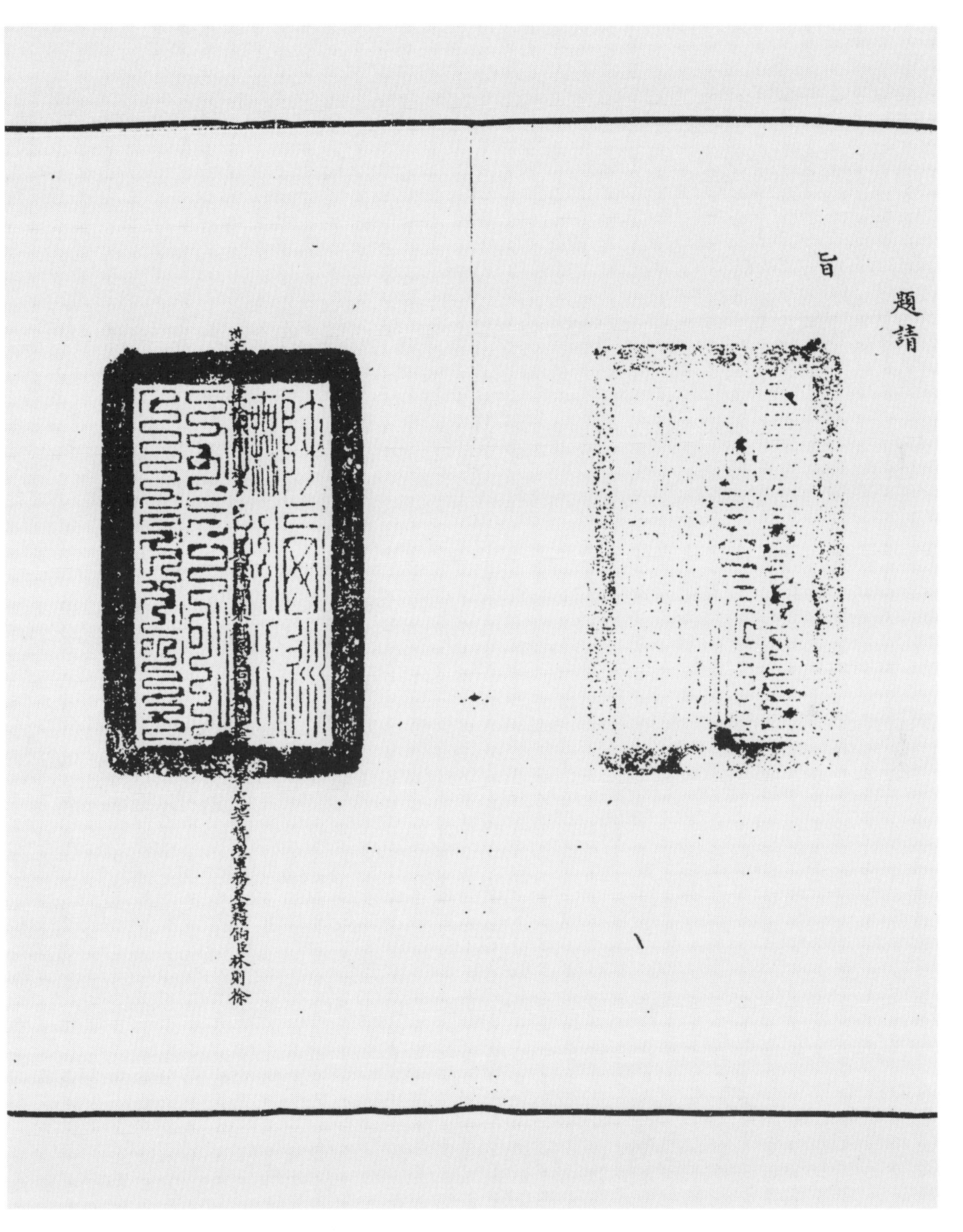

二六

陝西巡撫林則徐題本　蒲城知縣張肇元病難供職應准解任調理

道光二十六年十二月初九日

兵部侍郎兼都察院右副都御史巡撫陝西等處地方贊理軍務兼理糧餉臣林則徐謹

題爲病軀難以供職稟請開缺回籍調理事。該臣看得官員患病例應解任調理。兹據兼署布政使唐樹義詳稱：蒲城縣知縣張肇元於道光貳拾伍年拾月拾捌日到任，本年陸月痢疾陡作，致舊病怔忡復發，夜不成寐，據醫家云非安心調理刻難痊愈，懇請開缺等情前來。臣查該員精力強健，才具老成，今既患病，詳請解任，応准其解任調理。除飭委驗取結至日另行補送外，謹會同督臣布彥泰合詞謹

題請

旨

審擬醴泉縣民人南大慎等共毆南有柱身死一案（首缺）

奴是無服族弟向在南有柱家牧牛道光貳拾
陸年閏伍月拾陸日南滿娃去向小的與南種
玉說那日早上他在馬房炕上赤身躺臥南有
柱進去向他摸臀求姦他不依喊罵南有柱的
哥子南金柱往向查問把南有柱罵走他因被
辱不甘辭工回家央小的與南種玉幫毆出氣
小的與南種玉都各應允一同往找南有柱沒
遇拾捌日南滿娃探知南有柱在家因南種玉
外出就去通知小的並糾允南種玉的兄弟南
凝娃並族弟南潮娃同往幫毆小的攜帶木棒
南凝娃拏撅柄南潮娃攜帶木棍南滿娃空手
同到南有柱門首適南有柱手拏鐮刀出門工

作小的同南疑娃們向他嚷罵南有柱就用鐮
刀向南疑娃撲扎南疑娃用橛柄格落鐮刀回
毆他偏左顱門各壹下南有柱兩手拉奪橛柄
小的用木椿毆傷他右臂膊南有柱轉向小的
撲打小的閃到他身旁又用木椿打傷他左腿
肚南潮娃趕攏用木棍毆傷他右腿右臁肕倒
地南有柱在地滾罵並舉兩腳亂踢南滿娃拾
起鐮刀扎傷他兩肋默小的也用木椿連毆傷
他右胯左膝左臁肕是南金柱趕去勸散扶回
調治不料南有柱左臁肕傷重到拾玖日早身
死小的實止聽糾幫毆並沒預謀有心致死也
沒起衅别故及另有幫毆的人兇器木椿已蒙

起棨至南有柱右膝的傷想是倒地時擦的求
恩與等供據此該醴泉縣[illegible][illegible][illegible][illegible][illegible][illegible]得氏
人南大慎等聽許共毆南有柱身死一案緣南
大慎籍隸阜縣已死南有柱係其無服族兄同
村無嫌南殺娃南湖娃南滿娃均係南有柱無
服族弟南滿娃受雇在南有柱家牧牛道光貳
拾陸年閏伍月拾陸日早南滿娃在馬房炕上
赤身躺卧南有柱進内取草向其撲臂求姦南
滿娃不依喊駡經南有柱之兄南金柱聞鬧趕
至詢悉情由當將南有柱訓斥南有柱即行走
避南滿娃因被南有柱欺辱不甘辭工回家向
族兄南大慎南種玉告知央令幫毆洩忿南大

慎等俱各應允一同往找南有柱未遇捻捌日
南滿娃探知南有柱在家因是日南種玉外出
隨通知南大慎並許允南潮娃南凝娃同往幫
毆南大慎攜帶木棒南潮娃持木棍南凝娃攜
帶槭柄南滿娃徒手齊至南有柱門首適南有
柱手執鐮刀出門工作南大慎等向其嚷罵南
有柱即用鐮刀向南凝娃撲扎南凝娃用槭柄
格落鐮刀毆傷其偏左顖門南有柱兩手拉奪
槭柄南大慎用木棒毆傷其右臂膊南有柱轉
向南大慎撲毆南大慎閃至身旁又用木棒毆
傷其左腿肚南潮娃趕攏用棍毆傷南有柱右
腿右臁肕倒地南有柱在地滾罵擦傷右膝並

舉兩腳亂踢南滿娃拾起鐮刀扎傷其兩腳脥
南大慎亦用木棒連毆數下毆傷其右膝左膝
左膁肕經南金柱趕勸將南有柱扶回調治詎
南有柱左膁肕傷重延至拾玖日早殞命報驗
訊詳飭審遵提犯證覆鞫據供前情不諱詰非
有心致死亦無起釁別故及另有在場幫毆之
人復詰不移案無遁飾查律載同姓服盡親屬
相毆至死以凡論又例載非應許捉姦之人如
為本婦料往殺死圖姦未成罪人無論是否登
時俱照擅殺罪人律擬絞監候又律載斷罪無
正條援引他律比附定擬各等語此案已死南
有柱向無服族弟南滿娃調姦未成有犯凡南

全柱供證可憑南大慎等聽從南滿娃糾往將
南有柱共毆致斃實屬擅殺例無擅殺圖姦男
子未成罪人作何治罪明文自應比例問擬查
南有柱身受各傷惟南大慎最後所毆左膁肋
骨碎爲重委因此傷致死無疑南有柱係南大
慎無服族兄應同凡論南大慎應比依非應許

捉姦之人爲本婦糾往殺死圖姦未成罪人無
論是否登時照擅殺罪人律擬絞例擬絞監候
南潮娃南凝娃聽糾幫毆應照餘人律各杖壹
百南種玉雖未幫毆惟先經聽糾同往亦屬不
合應照不應輕律笞肆拾分別折責發落南滿
娃因被南有柱圖姦氣忿糾毆用鐮刀扎傷南

有柱兩胐肰應照例勿論南有柱圖姦南滿娃
未成罪有應得業已被毆身死應毋庸議無干
省釋屍棺飭埋兇器木棒隨招解驗是否允協
理合連犯解候審轉等情到府該西安府知府
徐棟審看無異招解到司該陝西按察使唐樹
義審看相同具詳轉解到臣隨提犯親訊據供
與該縣府司所審無異該臣看得醴泉縣民人
南大慎等聽糾共毆南有柱身死一案緣南大
慎籍隸該縣已死南有柱係其無服族兄同村
無嫌南巍娃南潮娃南滿娃均係南有柱無服
族弟南滿娃受雇在南有柱家收牛道光貳拾
陸年閏伍月拾陸日早南滿娃在馬房炕上赤

身躺臥南有柱進內取草向其摸臂求姦南滿娃不依喊罵經南有柱之兄南金柱聞鬧趕至詢悉情由當將南有柱訓斥南有柱即行走避南滿娃因被南有柱欺辱不甘辭工回家向族兄南大慎南種玉告知央令幫毆洩忿南大慎等俱各應允一同往找南有柱未遇拾捌日南滿娃探知南有柱在家因是日南種玉外出隨通知南大慎並糾允南潮娃南凝娃同往幫毆南大慎攜帶木椿南潮娃持木棍南凝娃攜帶镢柄南滿娃徒手齊至南有柱門首適南有柱手執鐮刀出門工作南大慎等向其嚷罵南有柱即用鐮刀向南凝娃撲扎南凝娃用镢柄格

落鏟刀毆傷其偏左顖門南有柱兩手拉奪極
柄南大慎用木椿毆傷其右臂膊南有柱轉向
南大慎撲毆南大慎閃至身旁又用木椿毆傷
其左腿肚南潮娃趕攏用木棍毆傷南有柱右
腿右臁肋倒地南有柱在地滚罵擦傷右膝并
舉兩脚亂踢南滿娃拾起鏟刀扎傷其兩胂肰

南大慎亦用木椿連毆數下致傷其右胯左膝
左臁肋經南金柱趕勸將南有柱扶回調治詎
南有柱左臁肋傷重延至拾玖日早殞命報驗
審認不諱詰非有心致死亦無起釁別故及另
有在場幫毆之人此案已死南有柱向無服族
弟南滿娃調姦未成有屍兄南金柱供證可憑

陝西巡撫林則徐題本 審擬醴泉縣民人南大慎等共毆南有柱身死一案 道光二十六年十二月初九日

南大慎等聽從南滿娃糾往將南有柱共毆致斃實屬擅殺例無擅殺圖姦男子未成罪人作何治罪明文自應比例問擬查男有柱身受各傷惟南大慎最後所毆左腿肕骨碎為重委因此傷致死無疑南有柱係南大慎無服族兄應同凡論應如該縣府司所擬南大慎應比依非應許捉姦之人為本婦糾往殺死圖姦未成罪人無論是否登時照擅殺罪人律擬絞例擬絞監候南潮娃南疑娃聽糾幫毆應照餘人律各杖壹百南種玉雖未幫毆惟先經聽糾同往亦屬不合應照不應輕律笞肆拾分別折責發落南滿娃因被南有柱圖姦氣忿糾毆用鐮刀扎

二六 陝西巡撫林則徐題本 審擬醴泉縣民人南大慎等共毆南有柱身死一案

道光二十六年十二月初九日

傷南有柱兩胳膊應照例勿論南有柱圖姦南
滿娃未成罪有應得業已被毆身死應毋庸議
無干省釋理合具
題伏祈
皇上聖鑒勅下法司核覆施行再此案限期應以道
光貳拾陸年閏伍月拾玖報官之日起該犯南
大慎於柒月貳拾陸日在監患病至捌月貳拾
玖日病痊除犯病壹箇月該縣至省壹百貳拾
里除程限叁日再除封印壹箇月扣至貳拾柒
年正月貳拾貳日統限屆滿合併陳明為此具
本謹
題請

陝西巡撫林則徐題本　審擬醴泉縣民人南大慎等共毆南有柱身死一案

道光二十六年十二月初九日

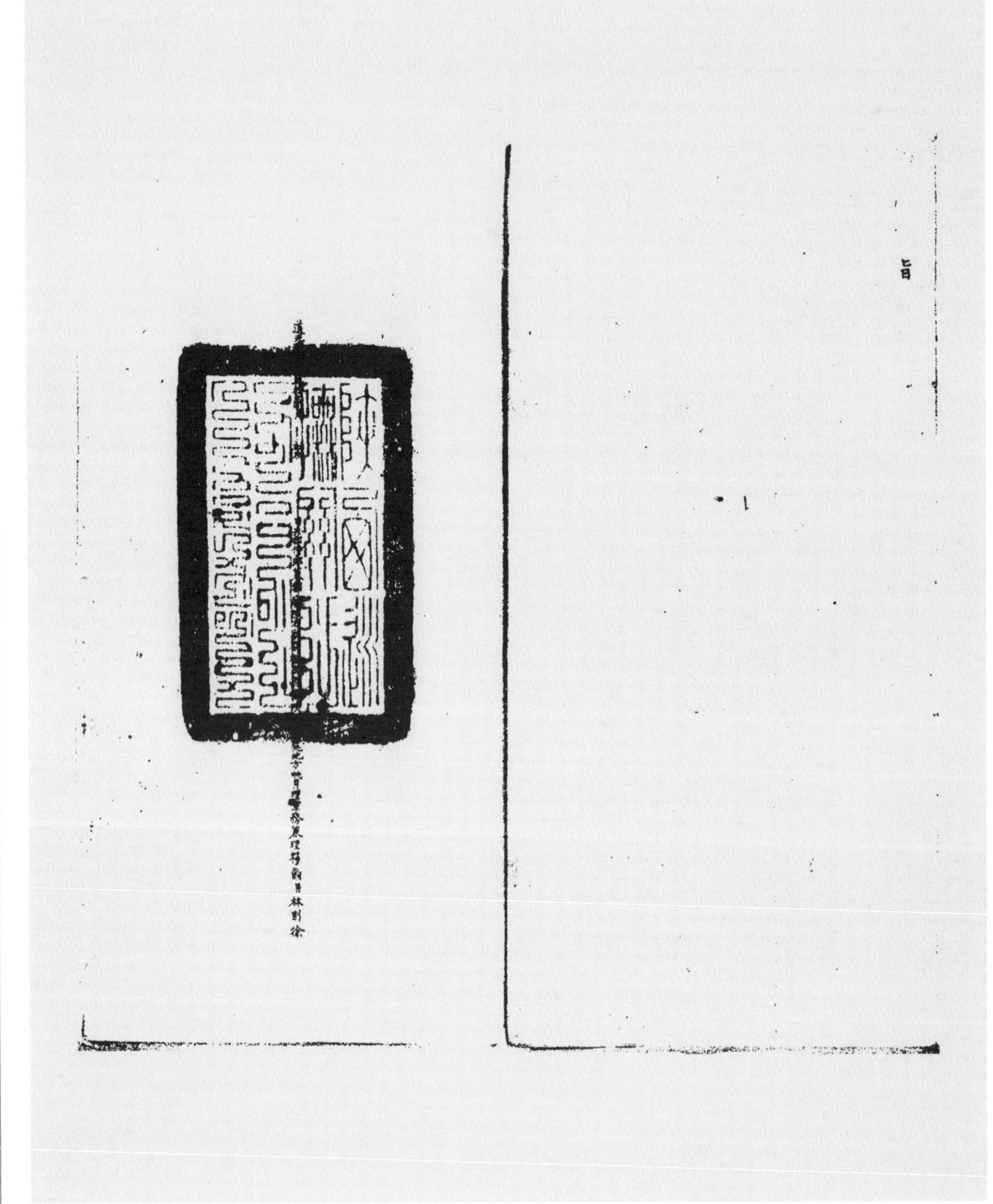

陝西巡撫林則徐題本　審擬醴泉縣民人南大慎等共毆南有柱身死一案

道光二十六年十二月初九日

兵部侍郎兼都察院右副都御史巡撫陝西等處地方贊理軍務兼理糧餉臣林則徐謹

題爲報明事該臣看得醴泉縣民人南大慎等聽

糾共毆南有柱身死一案緣南大慎南有柱係

其[illegible]南潮娃南滿娃

均[illegible]受雇在南有柱

家[illegible]拾陸日早南滿

娃[illegible]柱進內取草向

其[illegible]經南有柱之兄

南[illegible]將南有柱訓斥

南[illegible]慎南種玉告知

央[illegible]應允拾捌日南

滿[illegible]南大慎並糾允

南潮娃南凝娃同往幫毆南大慎攜帶木棒南

潮娃持木棍南凝娃攜帶掀柄南滿娃徒手齊

至南有柱門首適南有柱手執鐮刀出門工作

南大慎等向其嚷罵南有柱即用鐮刀向南凝

娃撲扎南凝娃用掀柄格落鐮刀毆傷其偏左

顖門南有柱兩手拉奪掀柄南大慎用木棒毆

傷其右背膊南有柱轉向南大慎撲毆南大慎

閃至身旁又用木棒毆傷其左腿肚南潮娃趕

攏用木棍毆傷南有柱右腿右臁肕倒地南有

柱在地滾罵赫傷右膝並𦙶兩脚亂踢南滿娃

拾起鐮刀扎傷其兩胳膊南大慎亦用木棒連

毆致傷其右胯左膝左臁肕至拾玖日早殞命

報驗審認不諱南大慎應比依應准許捉姦之

人爲本婦糾往殺死圖姦未成罪人無論是否

登時照擅殺罪人律擬絞監候謹

題請

旨

陝西巡撫林則徐奏摺　恭謝天恩賞假調理毋庸開缺
道光二十六年十二月十三日

陝西巡撫林則徐奏摺　恭謝天恩賞假調理毋庸開缺

奏
林則徐　謝賞假調理由
十二月二十六日

陝西巡撫林則徐奏摺　恭謝天恩賞假調理毋庸開缺
道光二十六年十二月十三日

陝西巡撫臣林則徐跪

奏為恭謝

天恩事竊臣賫摺差回欽奉

上諭林則徐奏患病未痊懇請開缺一摺林則徐著

賞假三個月安心調理毋庸開缺陝西巡撫印務

著楊以增暫行護理不必來京請訓欽此臣跪誦之下伏

地碰頭感涕悚惶莫能延立伏念臣前因病

深日久非一時計可醫痊若請多

賞假期致曠任之虞且倍難安寤寐是以瀝求開

缺實係不得已之下情茲猶仰荷

恩綸賞假三個月毋庸開缺是微臣計不敢冀希而

聖慈乃曲予優容

覆載寬宏並蒲柳殊常
仰植中和位育俾葵藿益切傾陽淪肌髓以難名莫
膏肓之救起乃已于十二月初十日將撫篆移交
楊以增接受惟有恪遵安心調理之
温諭不敢因
恩施逾格而遂息偃偷安不敢因急切求痊輒即
雜投藥劑以荷
鴻慈稍俟病症漸見減輕即未届三個月之期亦當擬
安具
奏以期仰副
聖主寬容体恤格外
生成之至意所有感激惶悚下忱謹繕摺恭謝

天恩伏乞

皇上聖鑒謹

奏

道光二十六年十二月二十六日奉

硃批知道了欽此

十二月十三日

大學士穆彰阿等奏摺　**議覆環城庫爾勒二處墾荒招民耕種事宜**

臣穆彰阿等跪

奏為遵

旨議奏事內閣鈔出道光二十六年十一月二十九

日喀喇沙爾辦事大臣書元奏招徠種地戶民

擬定章程以期經久一摺奉

硃批軍機大臣會同戶部議奏欽此欽遵鈔出前來

據原奏內稱竊查喀喇沙爾環城週圍並庫爾

勒北山根地方可墾官荒共計一萬三千五百

畝必須開挖渠道以資灌溉多招眷民而經久

遠奴才於前次被災地畝興修堤壩等工辦有頭

緒即謹遵前奏督率章京常壽等將渠道一律

挑挖深通派委筆帖式常有將所墾地畝劃明

界址丈量確實不准稍有含混影射以便分種
茲據稟報丈量應墾官荒共計一萬三千五百
畝業同戶民立定界址呈請撥地前來　奴才覆查
前次裁屯安戶撥田章程以一百畝為一分如
有認種二分者均聽其便必以二分為率不得
過二百畝之數此項自應照依成案辦理惟戶
民內有無身家以及人之良莠雖於招徠時訪
查來歷但恐尚有隱飾未及周知難保無日後
逃亡擱賦之弊且該戶民貧富不一將來徵收
課賦尤須照上屆成案設有承種之戶長以專
責成隨即在認種戶民內擇其家道殷實老成
可靠之人於每歲責成一人作為戶長令其承

總出具認種領狀其餘各户即歸各該户長名下出具認保甘結飭令試種二年至二十九年秋收起按畝照數交納如有擱欠等事即惟該户長是問現據該户長等僉稱小民等領種地畝業令試種二年即於此二年内定將分到之地概行墾種應納課賦自二十九年秋收後必率同各花户按限交納不敢稍有拖欠業經該户長等投具認保甘結備查並令該章京等議定分水章程務使均匀分撥以普樂利而弭競奪茲據該章京等禀報丈得環城現墾官荒三千六百畝按户授田共安插二十二户庫爾勒現墾官荒九千九百畝按户授田共安插五十

三户二共安插户民七十五户並將渠水督該
户長議定按以時刻澆灌專設渠長責令經理
分水事宜不致高下其手現於地内建蓋房屋
並置辦籽種農具不致有誤明春耕耘至二十
九年升科起每畝即照原奏以糧折銀按畝徵
收課賦銀七分五釐一年計應交納銀一千零
一十二兩五錢至安設户民事屬創始此後人
煙益繁良莠不等更恐有外來游民溷跡其間
所有彈壓稽查各事宜自應酌議章程以期經
久無弊茲斟酌議四條另繕清單恭呈
御覽所有認種花名四至户口另為造具細冊咨送
户部等語臣等伏查道光二十五年喀喇沙爾

大臣常清奏請續墾環城庫爾勒兩處官荒奉
旨命前任大臣全慶及林則徐前往履勘查得環城
可墾地三千六百畝庫爾勒可墾地九千九百
畝各就地勢議設大小水渠九道招民認種照
上屆栽屯安戶成案每畝收糧六升五合以糧
折銀每畝收銀七分五釐經 臣等議准奏奉
諭旨允行即交該大臣接辦令該大臣書元遵照前
奏督率承辦各員將水渠挑穵深通地畝劃明
界址每戶授田百畝或二百畝不等計地一萬
三千五百畝招民七十五家業經承總之戶長
投具認種各甘結復慮及人稠地遠日久弊生
頒執照以禁逃亡設渠長以均挹注所擬章程

四條臣等公同覈議分別准駁應令該大臣遵
照妥辦實力奉行以期經久謹將臣等會議緣
由並所覈章程四條另繕清單恭呈
御覽伏乞
皇上聖鑒訓示祗遵再此摺係戶部主稿合併聲明
謹
奏
道光二十六年十二月十八日
臣穆彰阿
臣潘世恩
臣賽尚阿
臣祁寯藻
本日奉
旨依議欽此

臣何汝霖
臣柏葰
臣賈楨
臣花沙納
臣李煌差
臣朱鳳標

大學士穆彰阿等清單　議覆喀喇沙爾招徠户民經久章程

謹將議覆喀喇沙爾招徠户民經久章程四條

恭呈

御覽

一所招之户民宜設户里甲長以專責成而資稽查也查喀喇沙爾自上届裁屯招户以來人煙益衆生齒日繁往來商賈輻輳此次續墾地一萬三千五百畝招徠户民七十五户爲數雖屬無多然僅止責令户長一人經管難保無不法匪徒以及游手好閒之人溷跡其間自應於户長外設立里甲數名方足以資稽查今擬於户民安插之後即以承種環城週圍地畝户民内設立里長一名甲長二名於承種庫爾勒北

山根地畝户民内設立里長二名甲長四名均
擇令年老誠實可靠之人承充幫同户長春耕
教種秋收催徵至陞科之年即責成該户長等
催收交納所有户内眷口及工人姓名造具清
册繕給門牌懸掛遇有形跡可疑及外來游匪
該里甲長即會同户長隨時呈報究辦儻容留
不法之徒滋生事端暨辦理有不公不妥之處
即將該户長並里甲長等一併按律治罪等語
查游手匪徒最為地方之害今議於户長之外
再設里長甲長幫同糾察是為除莠安良起見
仍應嚴飭該户長等秉公持正不得藉端滋擾
致干重究

一户民領種地畝宜發給執照以杜私相授受而
便於考覈也查現在招集户民均非本地之人
難保無久客思歸及搬移遷徙若不明定章程
勢必有得錢私行頂替以及輾轉典質情事將
來年深日久名册互異轉致無所稽考今擬於
户民安插之後每户照依成案由糧餉章京各
發給執照一張編列號數首載户民名姓年歲
籍貫註明種地若干畝每年交銀若干兩並將
地畝四至一一填註即令該户民收執若有遷
移接退等事即令户長帶同該户民赴糧餉局
衙門報明由糧餉章京查明底裏實係循良妥
分另行换給執照儻敢私相授受一經查出或

被告發除將私行接頂之户民治罪外並將該户長一併嚴懲等語　查貧民得地則衣食有資其私行頂替輾轉典質日久難保必無今議頒給執照以便查考立法頗為嚴密但不可假手吏胥免啟需索之弊

一開挖渠道宜設立渠長經理分水事宜以普樂利而弭競奪也查地畝全資渠水灌溉茲開挖大小渠九道之多渠界固自分明當夏秋水足之時並無爭競惟春夏之交禾苗待澤渠水在所必爭今擬於環城開渠三道設立渠長一名庫爾勒開渠六道設立渠長二名共設渠長三名經理分水事宜以種地之多寡分用水之等

差由渠長立定條規限以時刻俱各按時澆灌
俾上下游得以均勻灌溉免致時啟爭端惟渠
長若在戶民中挑選充當且各有己身認種之
田難保無高下其手之漸今請在於本處駐足
年久老成熟習水利之民内揀選承充責令將
渠水各按時刻分撥務期普資灌溉不至有水
旱失時收成歉薄之虞仍責成糧餉章京隨時
留心查察如該渠長果能認真出力始終平允
勤奮年終由本處大臣酌量獎勵儻或虛應故
事及分水稍有不公抑或別生弊端立即從嚴
究辦等語　查農田全資灌溉設渠長以分水
利必須揀選公正之人勤慎經理均勻分潤不

使稍有偏枯該大臣及章京等仍隨時訪察儻該渠長有不公之處或虛應故事即嚴行責革毋稍寬容

一庫爾勒北山根地方安插户民宜歸該處汛防官弁稽查以資彈壓而專責成也查環城週圍之户民一切事件該章京等易於稽查惟庫爾勒北山根地方距城二百餘里之遥且於回城附近又係南路來往通衢民回雜處更為緊要該處向無眷户僅係商旅貿易之人自此安插之後人煙日衆稽查保甲盤詰奸宄不可不歸於汛防官弁巡查彈壓如有錢債口角細故即責成該汛官就近了結儻有户婚田産錢穀刑

名一切事件非該汛官可以了結者應令隨時
稟送到城由辦事大臣交印務章京分別辦理
等語　查汛防官弁專司稽查緝捕不准管理
民情今庫爾勒地方距城雖遠現議設立里長
二名甲長四名均擇年老誠實之人充當該里
甲等與居民情誼聯洽遇有口角細故儘可隨
時排解不致釀成事端即或勸諭不從即聽其
赴城申訴不必歸汛防官弁了結以杜流弊而
肅官常

大學士穆彰阿等奏摺　**議覆環城庫爾勒二處墾荒挖渠酌展試種年限事宜**

臣穆彰阿等謹

奏為遵

旨議奏事内閣鈔出道光二十六年十一月二十九

日喀喇沙爾辦事大臣書元奏挑空續墾渠道

興工完工日期並酌展試種年限一摺奉

硃批軍機大臣會同户部議奏欽此欽遵鈔出前來

據原奏稱竊查前署喀喇沙爾辦事大臣常清

具奏查出環城週圍並庫爾勒北山根地方可

墾官荒共計一萬三千五百畝經前任大臣全

慶與林則徐奉

旨詳勘　（努才）亦隨同往查當將應開渠道公同相度並

酌擬寬深丈尺統計大小渠九道共長一萬一

千八百餘丈其應需工費常清原奏係請捐辦

全慶與奴才面商因地方瘠苦捐輸不易又恐有

科派歛費之弊故畧為變通撙節減估共需銀

二千二百餘兩奏請在於歷年收房地基租項

下普錢内照依市價動支八百餘串足敷工用

所有應辦事宜移交奴才聽候部議辦理嗣於二

十五年十月十九日接奉部議准行維時因有

本城被災地畝急需興修之堤壩等工難以同

時並舉是以據實懇請緩辦於上年十二月恭

摺奏

聞旋於本年二月接奉

硃批依議該部知道欽此欽遵在案茲於七月内將

堤壩渠道等工均已辦有頭緒所有續墾地畝
應行開挖渠道自當乘時挑挖以便明歲春融
責令戶民認種奴才不敢因交卸有期因循貽誤
於七月十六十八等日親赴環城之地並庫爾
勒北山根地方詳慎履勘查環城週圍可墾之
地三千六百畝庫爾勒北山根一帶官荒可耕
者九千九百畝二共一萬三千五百畝其應開
渠道丈尺並接挖中渠支渠及寬長深淺均照
前任大臣全慶與林則徐會同奴才勘明奏定情
形擇於七月二十八日興工照估如式挑挖所
有應需物料均照例價採買匠夫工價錢文逐
日按名發給亦不准騷擾民回奴才於環城仍不

時親往查驗惟庫爾勒北山根地方距城寫遠
　努不能往查即委主事職銜常有前往督辦務
期渠道一律疏通水勢暢流無滯足敷民田灌
溉之需茲據該章京等稟報渠工於十月二十
六日均已普律完竣呈請查驗前來　努親往環
城逐段履勘目擊丈量該渠在前年開濬北大
渠之南岸接挖中渠一道長一千四百五十八
丈寬七尺深五尺引入新墾之地又修做木閘
一座以資啟閉復於地內分挖支渠兩道一長
五百七十四丈一長六百九十二丈俱寬五六
尺深三四尺不等係隨地勢所宜一律深通勘
畢復親往庫爾勒北山根地方查驗得該處大

河南岸舊有龍口一處爲回莊引水之渠今又展寬龍口加工修築并安做連二木閘一座及另空大渠一道與回渠並排長五千四百五十五丈寬一丈深五六尺不等又於新墾之地分空支渠四道各長六七百丈至八百餘丈不等俱寬五尺深三四尺復於大渠下尾另空退水渠一道長四百八十四丈寬深與支渠相仿共計大小渠六道共長九千一百一十七丈渠口俱用木樁培釘實係開空深通可資灌漑兩處統計開空大小渠九道共長一萬一千八百四十一丈所有水渠木閘用過工料以及逐日發給工價麪斤撙節動用實用過庫存歷年新收

綢緞價值並房地基租項下普錢八百八十三
串八百五十八文照依市價每銀一兩折合普
錢四百文共折合銀二千二百九兩六錢四分
六釐數與原估相符並無浮冒亦未稍有草率
偷減查此項續墾地畝惟庫爾勒近接回城實
有民回交涉現已挑挖界渠環繞四址分明民
回庶不致有爭端至招集戶民認種地畝一節
據招戶之夷回章京常壽等於上年已由吐魯
番烏嚕木齊等處陸續招集七十五戶令於渠
道挖就即照辦過授田章程數計人數之多寡
按戶分撥地畝給照試種不致有誤明歲耕耘
查前署辦事大臣常清奏請試種一年如有成

效即行陞科惟現墾之地均係一片荒灘且距台市窎遠而招集之户多係内地出口貧民認種之後尚須建蓋房屋以資棲止並籽種農具等物均應自行備辦若僅試種一年即行陞科深恐民力不逮不免逡巡畏縮不可不詳加體察畧為變通以期久遠擬請此項續墾之地照烏嚕木齊鎮迪各屬新開地畝奏准之案俟試種二年照例奏請陞科庶民力可以稍紓而額賦得收實效臣等不敢因常清試種一年稍事遷就謹體察實在情形據實奏懇

恩施如蒙

聖慈俯允即請自道光二十七年起先行試種二年

至二十九年再行陞科每畝即照原奏以糧折銀按畝徵收課賦七分五釐此項工程係動用庫存款項自應另為造具細數清冊咨送户工二部覈銷等語　臣等伏查道光二十五年前任大臣全慶等奏勘得喀喇沙爾環城及庫爾勒兩處共可墾地一萬三千五百畝會同該處大臣常清相度地勢議於環城開設水渠三道庫爾勒開設水渠六道以資灌溉共估工料銀二千二百九兩六錢四分六釐在每年綢緞價值及房地基租錢項內動支奉

旨允准在案今該大臣書元查照前奏於本年七月督率興工均照奏定情形將兩處水渠如式挑

空至十月告竣該大臣親往查驗寬深丈尺委
係工堅料實水勢暢流其地雖與回莊毘連而
此界彼疆可無爭奪之患所需工料動用綢緞
價值及房地基租之普錢八百八十三串八百
五十八文折銀二千二百九兩六錢四分六釐
臣等覈與原奏數目並無浮多應准報銷又奏
稱夷回章京常壽等已由吐魯番等處招集眷
民七十五户分地試種不致誤來歲耕耘惟前
任大臣常清奏定試種一年即行陞科現在細
加體察所墾者一片荒灘所招者内地貧民且
安插之後各須建造房屋備辦籽種農具所費
不貲若令一年升科深恐民力不逮請照烏嚕

木齊鎮迪成案改為試種二年自道光二十七年起至道光二十九年　科臣等查常清原奏升科在一年之後立法不為不寬今該大臣改請展緩陳明民力不逮不得不畧為變通自係實在情形似應均如所奏辦理再查喀喇沙爾歲調經費銀一萬四千餘兩此案俟升科之後照原奏以糧折銀歲可收銀一千一十二兩五錢以之留充該處經費應即將內調餉銀如數扣減以昭覈實所有臣等會議緣由是否有當

伏乞

皇上聖鑒訓示祇遵再此摺係戶部主稿合併聲明謹

奏

道光二十六年十二月　十八　日

本日奉

旨依議欽此

臣穆彰阿
臣潘世恩
臣賽尚阿
臣祁寯藻
臣何汝霖
臣柏葰
臣賈楨
臣花沙納
臣李煌差
臣朱鳳標

上諭 著准余炳燾陞補定遠廳同知所遺渭南縣缺以王義樟調補

道光二十六年十二月二十一日內閣奉

上諭林則徐奏揀員升調要缺廳縣一摺著照所請

陝西定遠廳同知員缺准其以余炳燾升補照例

送部引見所遺渭南縣知縣員缺准其以王義樟

調補該部知道欽此

陝西巡撫林則徐奏片　白水縣等處拏獲各類人犯情形

林則徐片
再陝省刀匪最為閭閻之害前經督飭嚴緝
茲據渭南大荔蒲城等縣先後拏獲著名刀匪
多犯訊出搶劫雞姦及拒捕傷差情事分起
具奏蒙
聖鑒在案茲續據白水縣拏獲劉聯甲被搶[illegible]
犯何平心陳金兒二名蒲城縣拏獲在逃搶奪
之趙旺官等二名又拏獲逃兇屈崇五一名刀匪
姓大有等十一名大荔縣拏獲匪犯丁幅兒等
五名又逃兇馬靈州一名三原縣拏獲搶奪婦
女之姓帽娃子等二名又刀匪鄭子書等三名
南鄭縣拏獲用藥迷竊毒斃人命之逃犯戴孝
九一名臨潼縣拏獲搶奪案犯傅秉兒一名又

刀匪呂興貴等七名，渭南縣拏獲搶奪案犯王三保一名，又葛安烏仍潤拒捕傷差案內逸犯秦如泉等三名，又刀匪房王雲等十一名，富平縣拏獲刀匪黨計安等七名，涇陽縣拏獲刀匪趙興貴等二名，藍田縣拏獲刀匪苟石兒等四名，安塞縣拏獲刀匪王彥一名，以上取獲刀匪及搶奪各犯共百起，起出順刀、庫刀、鞭桿、腰刀、鏢鉤、桿鞭等項。此外又據各府州縣拏獲逸軍五十九名，逃從二十八名，徒流逃犯一百四十名，多係搶竊匪棍以及逃兇越逃軍流種種不法，亟須究治，且恐多首為匪，劉案尤多，雖切推求，均經隨時批飭嚴審從辦，查近年各屬僅

捕尚爲認真，祇恐數年以後各匪數尤易竄
聚，隱仍飭帶兵役梭巡查拏，毋稍鬆勁，以期弭息。
謹將各匪緣由理合附片陳明，伏乞
聖鑒。謹
奏。
道光二十六年十二月二十一日奉
硃批：所辦甚好。欽此。

陝西巡撫林則徐奏片

陝西省道光二十六年十一月份收捐監生銀數

林則徐片　監銀

奏

十二月二十一日

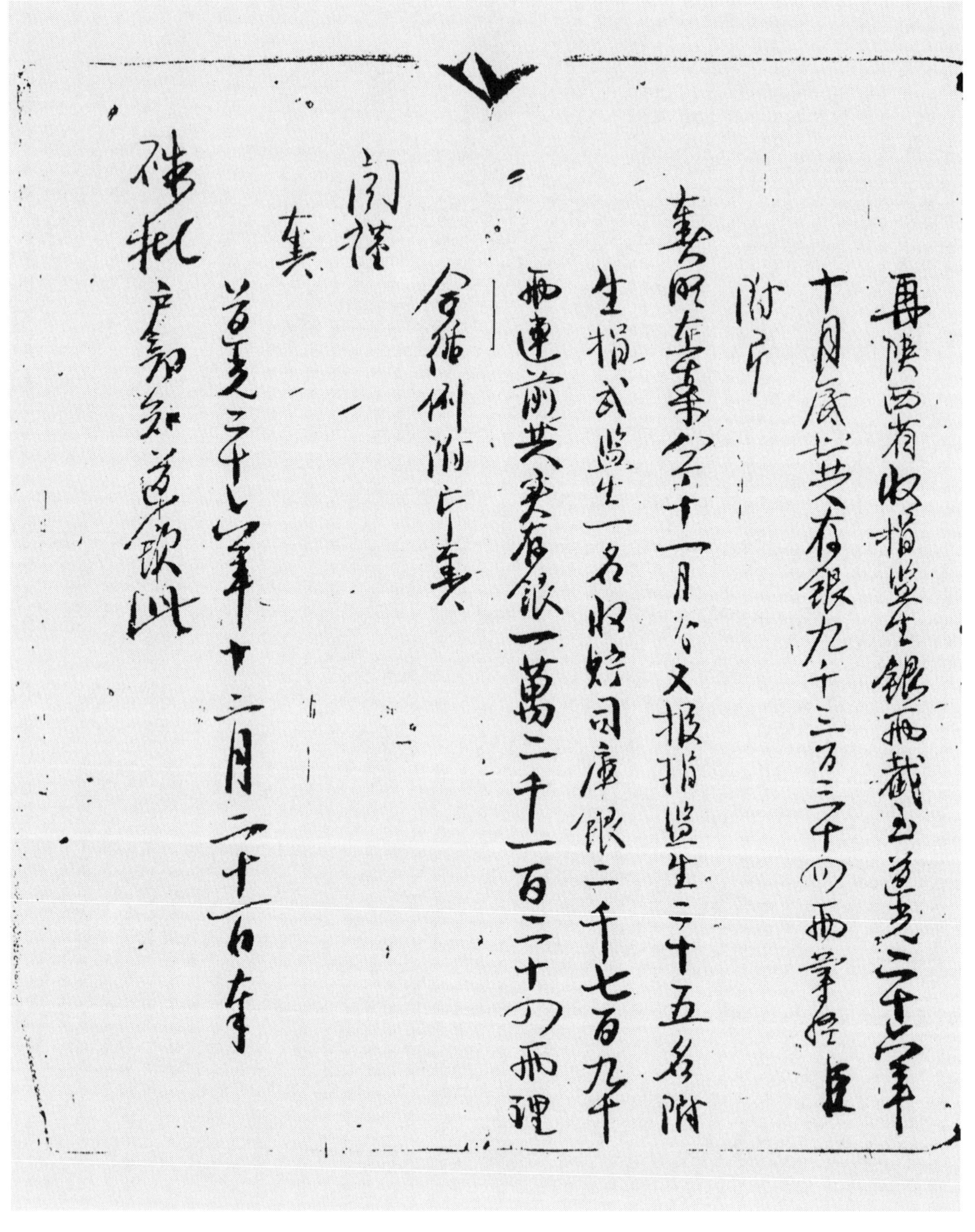
再陝西省收捐監生銀兩截至道光二十六年
十月底止共存銀九千三百三十四兩業經臣
附片
奏明在案今十一月分又報捐監生二十五名附
生捐武監生一名收貯司庫銀二千七百九十
兩連前共實存銀一萬二千一百二十四兩理
合併附片具
聞謹
奏
道光二十六年十二月二十一日奉
硃批户部知道欽此

陝西巡撫林則徐奏片 陝西省道光二十六年十一月份收捐監生銀數
道光二十六年十二月二十一日

陝西巡撫林則徐奏片　西安等處被旱收成歉薄現酌籌平糶及量撫極貧

林則徐片

再西安同州鳳翔乾州等府州屬本年夏秋被
旱收成歉薄業經臣將咸寧等府州分別應行
緩糧倉穀籌議請分別緩徵奏蒙
恩允在案惟此次被旱之區二麥多未播種即其已
種出者亦因久不得雨未能穩固無根本年
生計所關難免人心惶恐是以臣前經
奏明酌擬動碾平糶查西安等四府州屬現存常
平倉糧共有一百一十餘萬石向因久貯在倉
恐致霉爛故有推陳易新存七出三之例每年
各屬酌量出借秋收收納還倉今遇此歉年
擬令各屬寬予推廣並不拘限存七出三之數多

為借給以期民食有資但往細核情形有以出
借之例已宜行於常年若歉歲則須改出借
為平糶於貧民乃有實濟緣陝省常年出借惟
撥粟有恆產之戶秋後有糧收入者令其出借秋
還若隨時買食之貧民則恐其力不能還不肯
輕為借給此歷辦之情形也茲值歲歉價昂此
等買食貧民正憂食貴亟須籌之調劑不應轉
將倉貯糧石借與素有恆產之人然無定借給貧
民又恐有借無還徒致積為民欠故與其無業
借出不如照例平糶之為宜也第平糶有應杜
防之弊實亦有應要通之章程照例載奸商牙
蠹捏名零買囤積射利本應按律治罪然治之

於採買之後何路程之於未買之先臣與司道熟
商近值編查保甲之時即責令地方官將貧
民戶口確切查明分晰註冊凡應准平糶之戶
按其大小口數填給印單一紙令其憑單買糧
每一次准將五日之糧一併糶回隨於單內蓋
戳仍交該戶收執為下次買糧之據仍分別各
廠排日分糶周遍而復始如此辦理可免擁擠之
虞而囤積射利之徒亦不能希圖冒混矣其章
程有應妥商通盤籌出糶有額減價有數固應守
以限制又糶價錢文應由州縣易銀先解司道
存庫隨後發價買補亦需兩層轉移之道但亦
理若過於拘執恐更不易得因時為將查地方

官雖在得人然該州縣亦不可信即不可令其辦荒果其可信則既委其經手平糶亦即責其一手買運無論糧之多糶價之多減總以能發能收使原額倉糧顆粒無虧為止似不必節節請示以及一斛一運往返轉為滯礙之端且該州縣果能經理有方則初次糶得價本尚可齎向別處糧賤之區再行購買輾轉接運所濟更多是倉糧祇能供一次平糶之需而轉運更可收數次平糶之益其要歸於擇人妥辦而已至此外極窮之民以及老幼廢疾即使減價平糶彼亦無力買食其為艱窘困苦尤可矜憫

國家經費有常何敢遽行議賑惟有官為收養俾

矣。饑殍在途，現在西安省城收養者已有三四千人，市廛甚皆清靜。各屬亦令一體酌辦，並勸有力之戶自量出米穀，濟各村，使其受者知恩，予者見德，則卹貧即所以保富，而地方亦藉敉安恬，以期仰副

聖主軫卹窮黎之至意。所有酌籌平糶及量撫極貧緣由，理合附片陳明，伏乞

聖鑒。謹

奏。

道光二十六年十二月二十一日奉

硃批：所辦好。欽此。

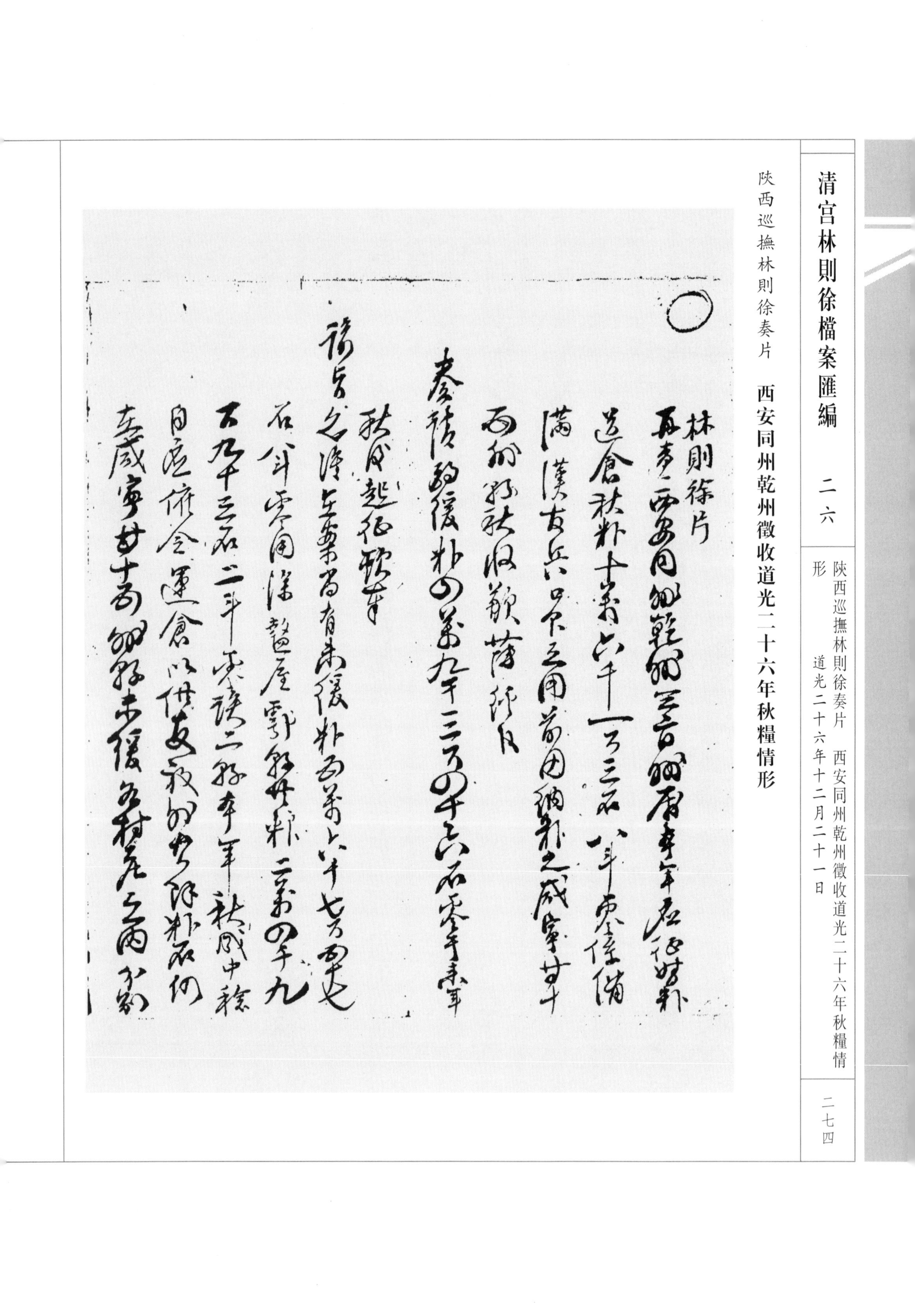

陝西巡撫林則徐奏片　**西安同州乾州徵收道光二十六年秋糧情形**

陝西巡撫林則徐奏片　西安同州乾州徵收道光二十六年秋糧情形

道光二十六年十二月二十一日

時刻實亦不敢預存成見之下有遲延征收情形

合先附片陳明伏乞

聖鑒謹

奏

道光二十六年十二月二十一日奉

硃批知道了欽此

陝西巡撫林則徐奏片

擬於初十日將巡撫關防賫交藩司楊以增護理

林則徐片

再臣因患病曾於十一月内專摺奏懇
聖恩開缺調理，請將陝西巡撫印務交新任藩司楊
以增護理，並聲明俟該司來到以前，臣仍力疾辦事。
近日以來，復添氣喘之症，夜不能寐，自覺難以支
持。茲楊以增業已行至咸陽，即可進省，擬於十
二月初十日將巡撫關防委員賫交該司護理，臣
卸事後仍在陝省延醫調治。合併附片陳明，伏祈
聖鑒。謹
奏。
道光二十六年十二月二十二日奉
硃批：善爲調理，餘責不宜亟也。摺留中。欽此。

陝西巡撫林則徐奏片

道光二十六年陝西境內查無行使小錢及私鑄之事

林則徐片

再，定例查禁私錢，應責成州縣隨時訪拏究辦，並於歲杪出具境內並無私鑄及行使小錢印結詳報，撫具奏一次，歷經遵辦在案。本年度前届届造，經藩司飭屬嚴禁，據各廳州縣先後稟報，在於境內隨時隨處嚴密稽查，並無行使小錢以及私鑄之事，並各出具印結，由司核詳請奏前來。臣覆查無異，除仍責令實力查防，毋得視為具文外，理合循例附奏，伏乞

聖鑒，謹

奏。

道光二十六年十二月二十三日奉

二六

陝西巡撫林則徐奏片　道光二十六年陝西境内查無行使小錢及私鑄之事

道光二十六年十二月二十三日

硃批
知道了
欽此

二六 陝西巡撫林則徐奏片 西安省城道光二十六年十二月十二及十三兩日得雪情形 道光二十六年十二月二十六日

陝西巡撫林則徐奏片

西安省城道光二十六年十二月十二及十三兩日得雪情形

林則徐片
再陝省冬旱多時節次設壇步禱經臣前摺奏
聞在案
硃批覽奏逴切欽此臣跪誦之下益盼祥霙屢
沛上仰
宵旰焦懷昨于十二月初四日西安同州等屬得雪一寸
另片已即奏明
奏報在案茲省城于本月十二日辰刻起微雪飄
灑午後雖見鋪漫至是晚丑刻積地約有寸
有餘十三日密霰紛霏勢猶未已察來雪意
廣布定卜優渥均霑當此夙麥蟠根深資
潤澤即從未播種及種後佳植之處亦可翻

陝西巡撫林則徐奏片　西安省城道光二十六年十二月十二及十三兩日得雪情形　道光二十六年十二月二十六日

秋旱起土於開春補種雜糧轉歉為豐大約

有神實賴我

皇上誠祈昭格致感雜名隨由後插種得以遍查

所有同日得雪情形彙摺具

奏外謹附片恭慰

宸懷伏乞

聖鑒謹

奏

道光二十六年十二月二十六日奉

硃批積釋殷懷欣慰

吏部尚書恩桂等奏摺　查照章程議覆林則徐請獎陝西官紳二次捐輸

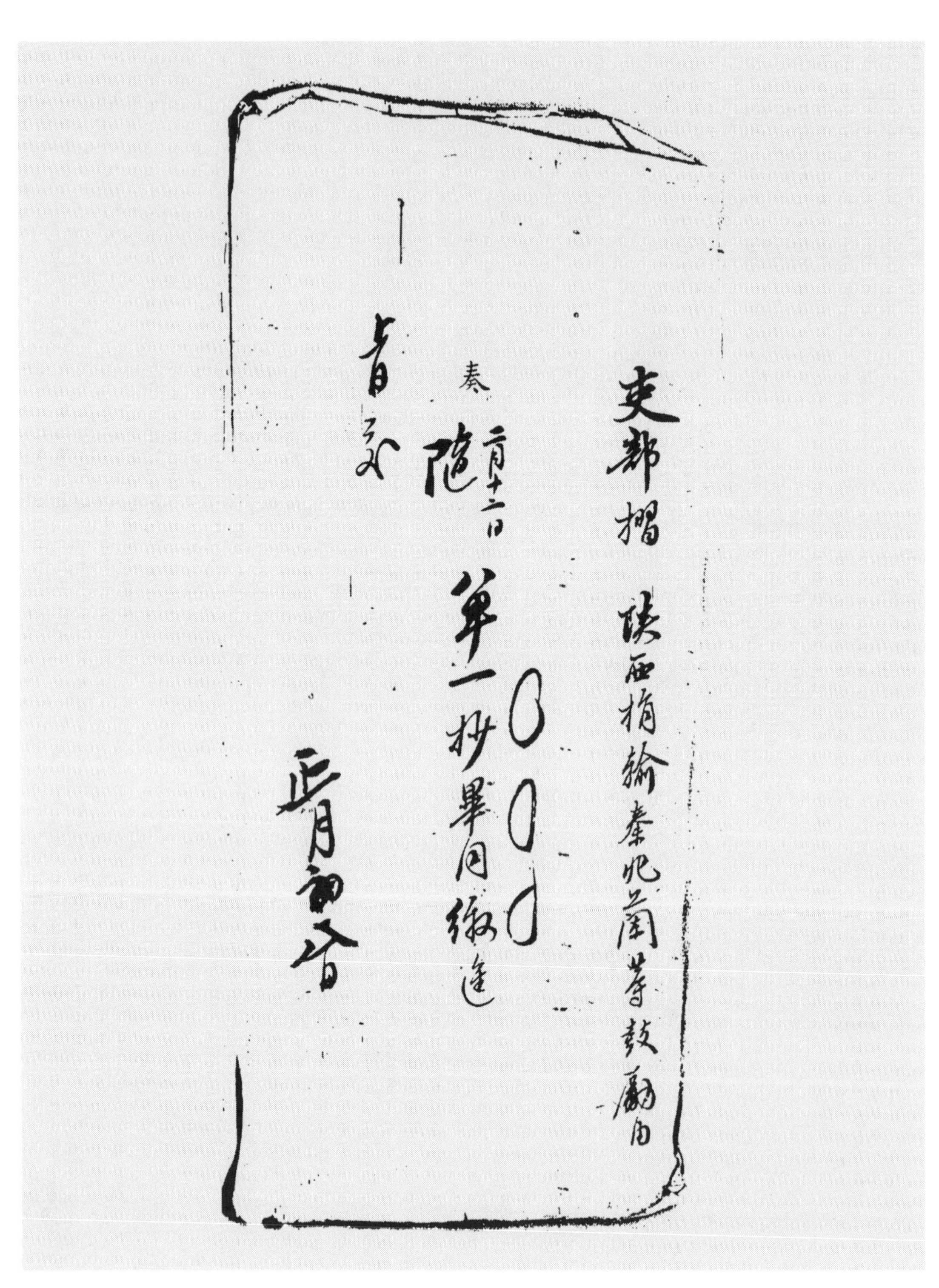

吏部摺　陝西捐輸秦兆蘭等鼓勵由

奏　隨　十二日　第一抄畢同繳進

旨

正月初八日

吏部尚書恩桂等奏摺　查照章程議覆林則徐請奬陝西官紳二次捐輸
道光二十七年正月初八日

吏部尚書臣宗室恩桂等謹
奏為遵
旨議奏事內閣抄出陝西巡撫林則徐奏稱前准戶
部議覆陝甘督臣布彥泰與臣會奏籌辦番務
經費請由陝甘兩省勸捐並外省人員一體准
在陝甘捐輸援照順天府議叙之案按豫工事
例銀數隨時請奬等因奏奉
諭旨依議欽此行知到陝當經前署巡撫布政使臣
裕康暨同司道在省設立捐局飭委西安府等
分司其事自本年五月初六日開局起至六月
十六日收銀一十七萬六千五百兩已於初次
奏報請奬在案嗣臣到任後與司道督率局員

各員臣將該司道等所造清冊逐加稽核與豫
工二卯事例現行常例及順天府捐輸成案均
屬相符惟冊內應將報捐各員年歲三代及出
身履歷並加捐改捐各例案班次詳細聲敘篇
頁不免繁多已咨送軍機處暨吏兵二部查核
謹分別各項名目繕具簡明清單四件恭呈
御覽合無仰懇獎勵謹會同陝甘總督臣布彥泰合
詞恭摺具奏等因於道光二十六年十月二十
八日奉
硃批該部議奏單四件併發欽此欽遵抄出到部查
奏定海疆捐輸章程內開士民捐銀二百兩以
上給予九品頂戴三百兩給予八品頂戴四百

兩給予鹽知事職銜八百兩給予縣丞職銜一千二百兩給予州判職銜一千六百兩給予按經職銜二千兩給予布經職銜二千四百兩給予通判職銜三千二百兩給予鹽提舉職銜四千兩給予同知職銜六千兩給予運同職銜八千兩給予知府職銜一萬二千兩給予道員職銜至現任候補候選京職及京銜人員准以京銜議敘如捐銀四百兩給予國子監典籍職銜一千二百兩給予司務職銜二千兩給予太常寺典簿職銜二千四百兩給予光祿寺署正職銜三千二百兩給予主事職銜四千兩給予員外郎職銜六千兩給予郎中職銜此內本有八

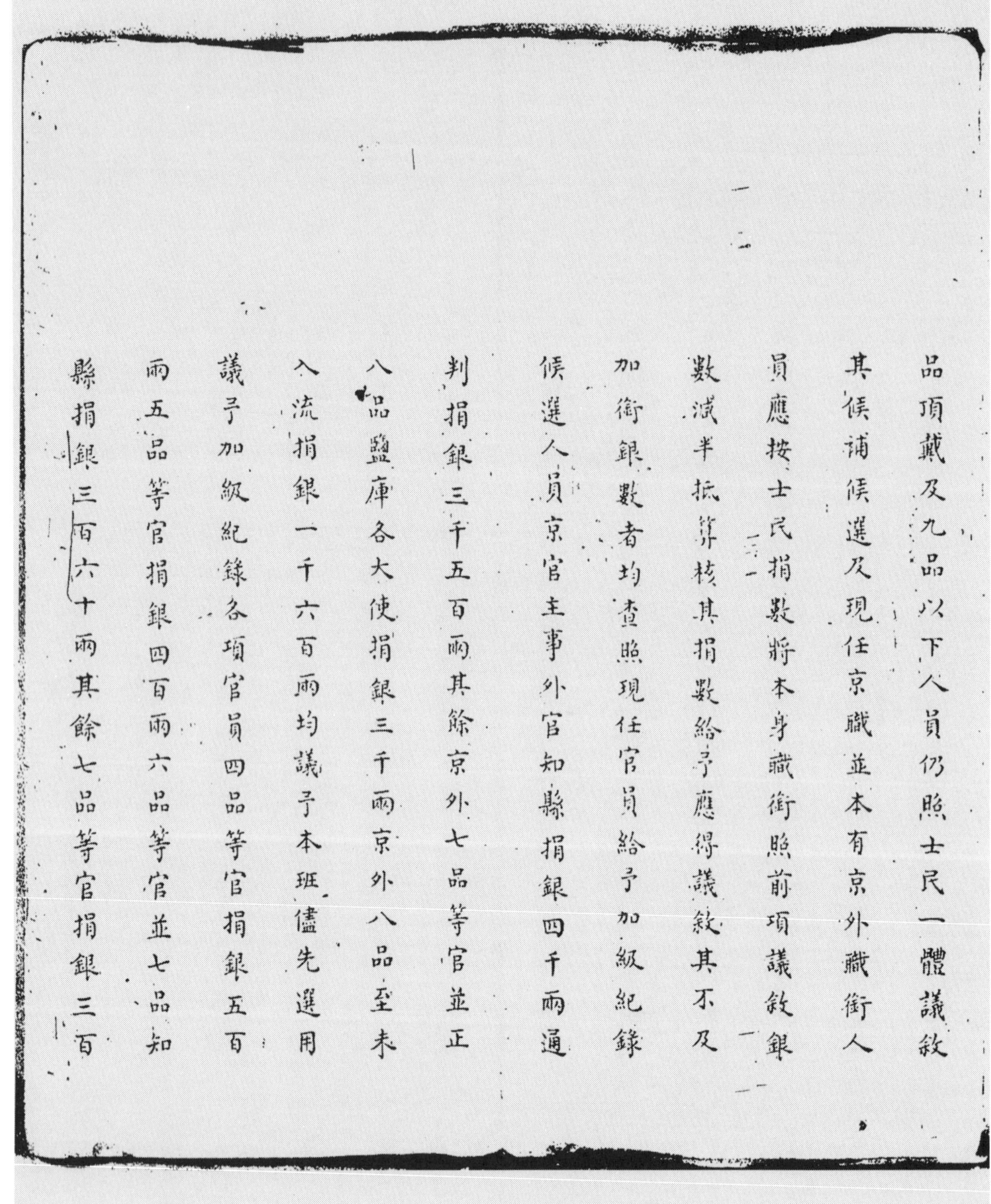

品頂戴及九品以下人員仍照士民一體議敘
其候補候選及現任京職並本有京外職銜人
員應按士民捐數將本身職銜照前項議敘銀
數減半抵算核其捐數給予應得議敘其不及
加銜銀數者均查照現任官員給予加級紀錄
候選人員京官主事外官知縣捐銀四千兩通
判捐銀三千五百兩其餘京外七品等官並正
八品鹽庫各大使捐銀三千兩京外八品至未
入流捐銀一千六百兩均議予本班儘先選用
議予加級紀錄各項官員四品等官捐銀五百
兩五品等官捐銀四百兩六品等官並七品知
縣捐銀三百六十兩其餘七品等官捐銀三百

二十兩八品等官捐銀二百八十兩九品至未入流等官捐銀二百四十兩均議予加一級捐數較多以次遞加不得過五級其有不及加級銀數者即給予紀錄四品等官捐銀二百五十兩五品等官捐銀二百兩六品以下各項官員捐銀一百五十兩均議予紀錄二次又豫工事例内開試用人員五品等官捐銀四千兩以上知縣捐銀三千兩以上其餘六七品等官捐銀二千兩以上八品等官捐銀一千五百兩以上九品至未入流捐銀一千兩以上均議予本班分缺間用現任人員九品至未入流捐銀五百兩以上擬加八品銜八品等官捐銀一千兩以上擬

加七品銜六品等官捐銀二千兩以上擬加五品銜五品同知捐銀五千兩以上擬加知府銜四品知府捐銀七千五百兩以上擬加道銜又定例紳士商民捐銀數十兩以上地方官奬以花紅扁額一百兩以上該省督撫奬以扁額俱由該督撫自行核辦各等語除原奏内聲稱降調編修胡林翼改捐内閣中書並捐陞知府分發貴州補用之處臣部業經另行奏明辦理註冊在案至捐職翰林院待詔王和菴捐職布政司理問高崑捐職鹽知事王恪捐職縣主簿郭世汾捐職縣丞柴逢年捐職未入流李鳴鶴捐職從九品林尚第張畳等據戶部查覆均無註

明捐年月日無憑檢查考職從九品陳紹棟係於何年月日考授職銜應令該撫查明聲覆到日再行核辦其餘各員據該撫林則徐奏稱陝西官紳二次捐輸番務經費核與豫工二卯事例現行常例及順天府捐輸成案均屬相符分別開單奏請獎勵欽奉

硃批該部議奏臣等謹查照海疆捐輸章程分別條款另繕清單恭呈

御覽是否有當伏乞

皇上聖鑒

訓示遵行再此摺係吏部主稿會同兵部辦理合併聲明謹

吏部尚書恩桂等奏摺　查照章程議覆林則徐請奬陜西官紳二次捐輸
道光二十七年正月初八日

奏

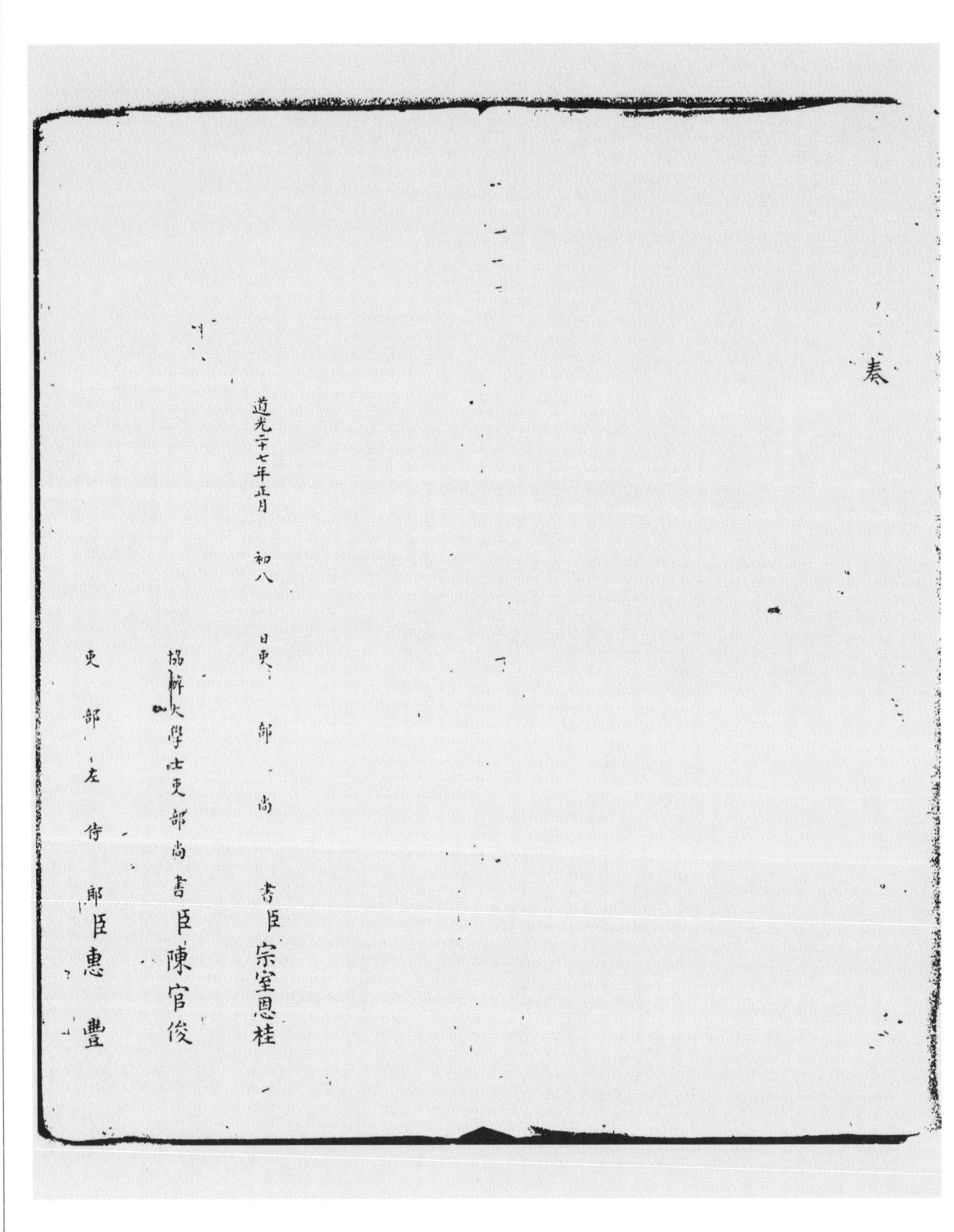

道光二十七年正月初八日吏部尚書臣宗室恩桂
協辦大學士吏部尚書臣陳官俊
吏部左侍郎臣惠豐

吏部左侍郎臣季芝昌

吏部右侍郎臣福濟

吏部右侍郎臣侯桐

大學士管理兵部事務臣卓秉恬

兵部尚書臣文慶

兵部尚書臣何汝霖

兵部左侍郎臣覺羅德厚

兵部左侍郎臣孫瑞珍

兵部右侍郎臣瑞常 假

署兵部右侍郎臣黃琮

陝西巡撫林則徐奏摺　恭謝天恩賞賜御書福字
道光二十七年正月十五日

陝西巡撫林則徐奏摺　恭謝天恩賞賜御書福字

林則徐　謝賞福字恩由

奏○

正月二十八日

陝西巡撫林則徐奏摺　恭謝天恩賞賜御書福字

道光二十七年正月十五日

陝西巡撫臣林則徐跪

奏為恭謝

天恩事。竊臣齎摺差回接到

恩賞

御書福字一方。臣謹即跪迎至署，恭設香案，望

闕叩頭祗領。欽惟我

皇上泰祉延洪，

履端介景，

誕膺多祜，用敷錫厥庶民。

祗逢蕃釐，俾得照于絕徼，欣值三陽之肇啟，益欽

茀福之攸同，乃

羲畫親題

賜書陽左个而
堯文光被祥偕紫氣東來臣正愧棄材特蒙
頒賜穀旦方照韓長瞻
九五福以陳疇
化寓拜颺所頌
億萬年之
受祉欽承微臣感佩下忱謹繕摺恭謝
天恩伏乞
皇上聖鑒謹
奏
道光二十七年正月二十八日奉
硃批知道了欽此
正月十五日

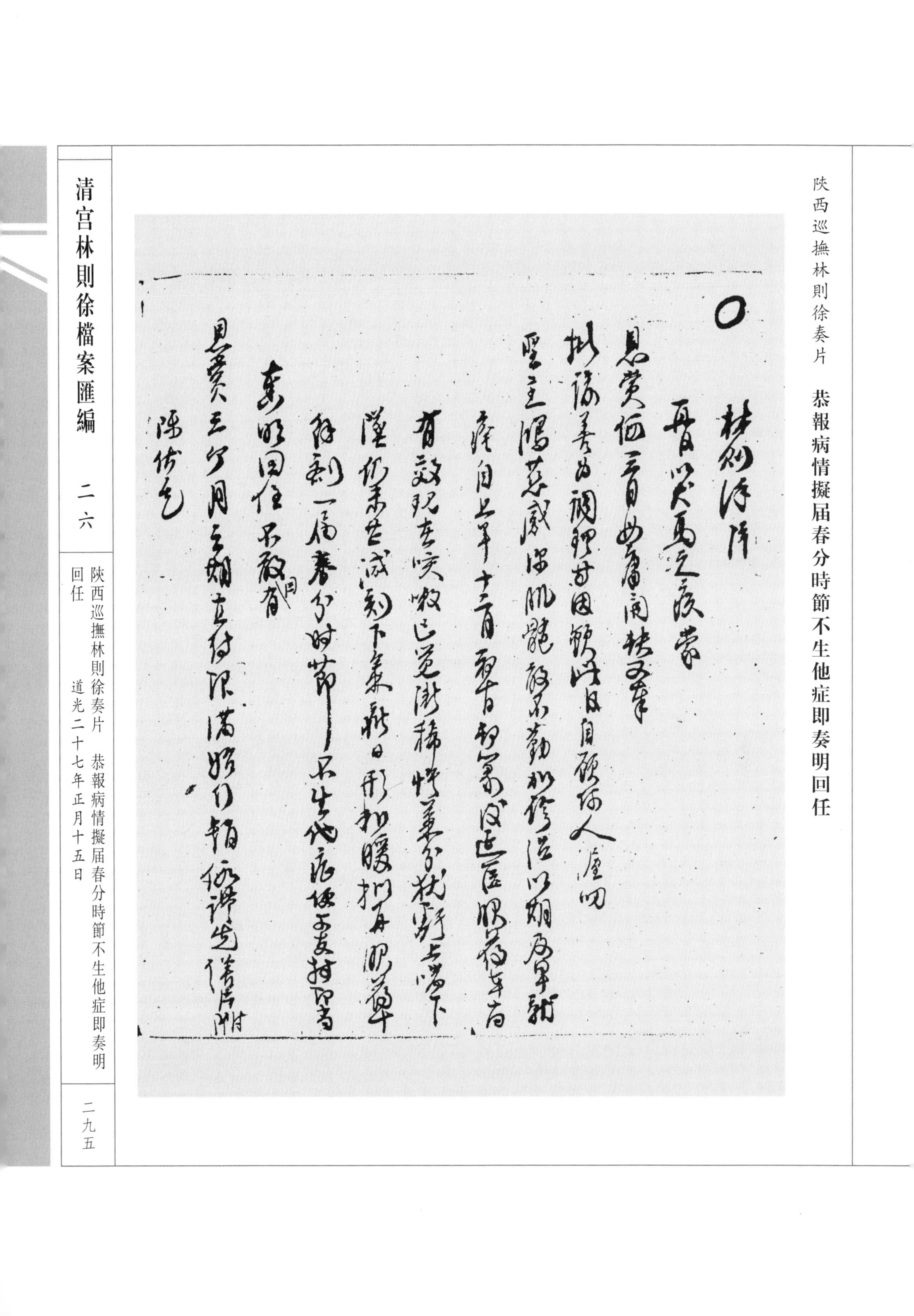

陝西巡撫林則徐奏片

恭報病情擬届春分時節不生他症即奏明回任

陝西巡撫林則徐奏片　恭報病情擬届春分時節不生他症即奏明回任

道光二十七年正月十五日

陝西巡撫林則徐奏片　恭報病情擬届春分時節不生他症即奏明回任

道光二十七年正月十五日

聖鑒謹

奏

道光二十七年正月十五日奉

硃批一俟痊可即接印任事欽此

陝甘總督布彦泰陝西巡撫林則徐等奏摺

籌劃陝甘庫儲捐輸經費四十萬兩仍請發商生息並餘款抵解

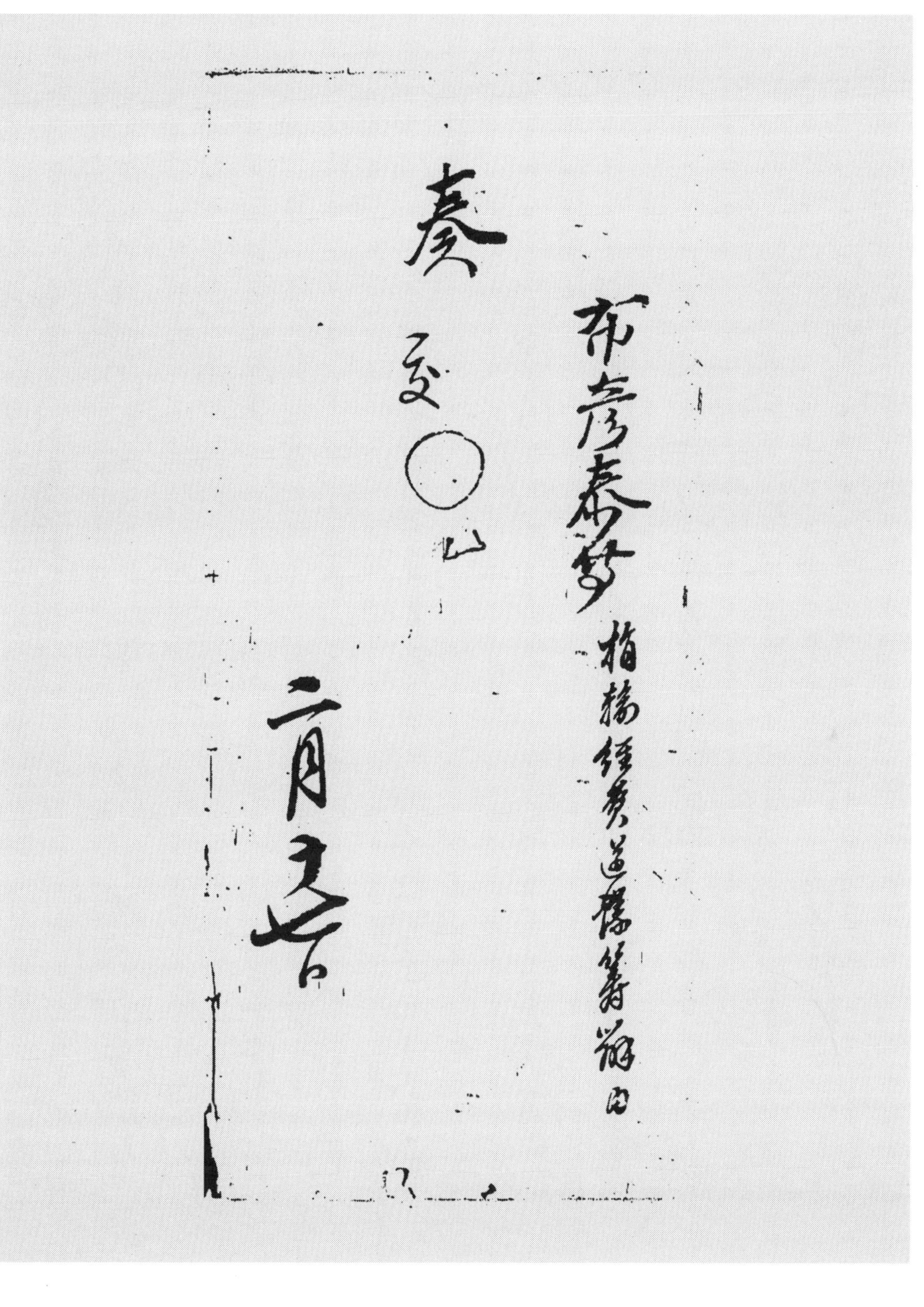

陝甘總督布彥泰陝西巡撫林則徐等奏摺　籌劃陝甘庫儲捐輸經費四十萬兩仍請發商生息並餘款抵解

道光二十七年正月二十八日

以布彥泰同林則徐楊以增銜

奏為陝甘捐輸經費遵部議再行籌畫撥款抵解恭摺奏

祈

聖鑒事竊准戶部咨稱議奏陝甘捐輸省案經費應

准請予展限兩月扣至二十七年二月底一律截

止所捐下兩屆為數無幾擬令湊足七十萬兩

分貯陝甘兩省藩庫　擬將分貯以資儲備其

所請提用四十萬兩發商生息並節庫因常

年設兵捐運緣為籌計俾發商兩年獲息不敷

獲息四萬兩設遇急需而藩庫下難以趕辦

收回似宜實存在庫　提用較為便易應令該撫

移知查照議將該省續急借所運解一萬兩等

飭商按季入奏咨其二十一月以後所收捐下及銀限
內續收下兩均歸撥部撥用稽考甘肅所有歸
完減五　下六萬六千七百兩一起即奏咨撥部
庫內捐積追又附片奏稱陝西第三次捐輸
收下六年銀兩除現經收令湊歸陝甘兩省
藩庫分計數撥有留存扣抵其此項內扣下
三十萬兩作為收買商米之用並即奏咨解赴
天津道庫交納內捐追俟奉到具奏奉
旨依議欽此咨到日甘肅遵即將陝西省已奏請
用向知照裁減甘三省後續解捐輸下十萬兩
分作三起均于四月內起程赴天津道庫交
納不致捐有積壓分其設定以七十萬兩分明

二六

陝甘總督布彥泰陝西巡撫林則徐等奏摺 籌劃陝甘庫儲捐輸經費四十萬兩仍請發商生息並餘款抵解

道光二十七年正月二十八日

陝甘藩庫一節查甘省捐局三次奏撥甘收下
十二萬一千八百餘兩僅足歸部撥之原借減平
銀數尚不敷存貯之數自應即由陝省撥借
解甘並陝西藩庫存貯之項協兵糧案撥部
仍照原案指款存儲遇有重大要宜必須動撥
奏明方准動用以重公項而備不虞八排現准部議照
今日甘省緩急情形通盤籌畫詳加酌核再以
奏西道即佳速籌商從長計議不致停頓目前
陝省寒苦當以當務為甘省最緊要之端爾查至
廿不知辦過若干次數果有一勞永逸之法
為人臣果絕其根株必不肯將就一時仍貽後
聖主如該省東甘接濟既不勝數插

帳又並無定居且無恒業以資生但恃搶奪為長
技搶一處則一處被其欺戕遲一年則一年倍見鴟
張如有關顧不到之時防範未周之地彼即狼奔
豕突無惡不為即如前年鎮番業生上年
賊擾循貴此半無從理仍從非嚴防不謹勦擊
擇肝賊東來則分兵堵遮賊退去則令兵蹤勦
匪不特要期破獲究不致稍任竄擾縱如此亦祇
則須有常年額支之經費有臨事急需之經費
所謂臨事者如遇大股抗拒必須多用兵威兼上
年前辦理撫寺之類即部議所云存庫提
用款為便者亦即如甘省撥所云必須
奏明方准動用者是也若常年派出防兵防河及

陝甘總督布彥泰陝西巡撫林則徐等奏摺　籌劃陝甘庫儲捐輸經費四十萬兩仍請發商生息並餘款抵解

道光二十七年正月二十八日

分係撥還之各兵款共銀真存實不敢輕動迨查
按例只准不另借以分彼之累腹有款始能更
籌從前以是計之即經年安然無事亦須豫
兩上下之數係常以無已之支若再取撥藩庫
存留之項自然日見減少且該年之中又難保
無緊要急需奏請動用之款則每年須遞一年不久
即歸還者甘肅何從預有籌此數年內未必不可
敷衍而為久遠之計似生息一項概不可無即如
前據西安請捐捐項提出四十萬兩發商生息
作為民捐以接濟每年獲息四萬兩原係
特此數計斷不能再有加多然每年以二萬兩為撥
防及撥還兵差不下之需仍以二萬兩歸本則二

陝甘總督布彥泰陝西巡撫林則徐等奏摺　籌劃陝甘庫儲捐輸經費四十萬兩仍請發商生息並餘款抵解

道光二十七年正月二十八日

二十年後奉已歸之息抵發之全甲等各款
陝省籌畫彌補耗似尚不虞之需查陝省捐
輸自第三起共
奏三次又有續收部下二十九萬餘兩頃計截至二
月底止陸續呈捐者尚屬不少核數總有盈餘
合無仰懇
皇上天恩俯念邊境防堵在在皆須設備所有歲撥
籌請提下四十萬兩生息一項仍求
恩准辦理庶兩藩庫存貯之款可期永遠存留不
至日久清耗實於邊務有裨惟現據兩省司道稟
稱查近年陝甘商力亦甚疲乏之處須將生息分
數酌量減輕以示寬容臣等察看各省情形屬實

而創核辦設倘有裨公事并拂輿情其自十
一月以後至停限期內所收捐銀除發商生息外
自應遵照部議全行報撥但查甘省地連關外
每年所需兵餉四百餘萬兩悉由江浙豫東等
省及長蘆兩淮撥解前奉部議途遠陸運維艱
若將捐輸銀款抵解他省協甘之餉似可稍省輾
轉運之煩而各省應解甘餉銀又可即為
就近滙撥此一轉移間於
部項並無出入而甘省運費節省實多似一舉而
數善備焉臣等通盤籌畫彼此札商意見相同
是否有當謹合詞恭摺具
奏伏乞

陝甘總督布彥泰陝西巡撫林則徐等奏摺　籌劃陝甘庫儲捐輸經費四十萬兩仍請發商生息並餘款抵解

道光二十七年正月二十八日

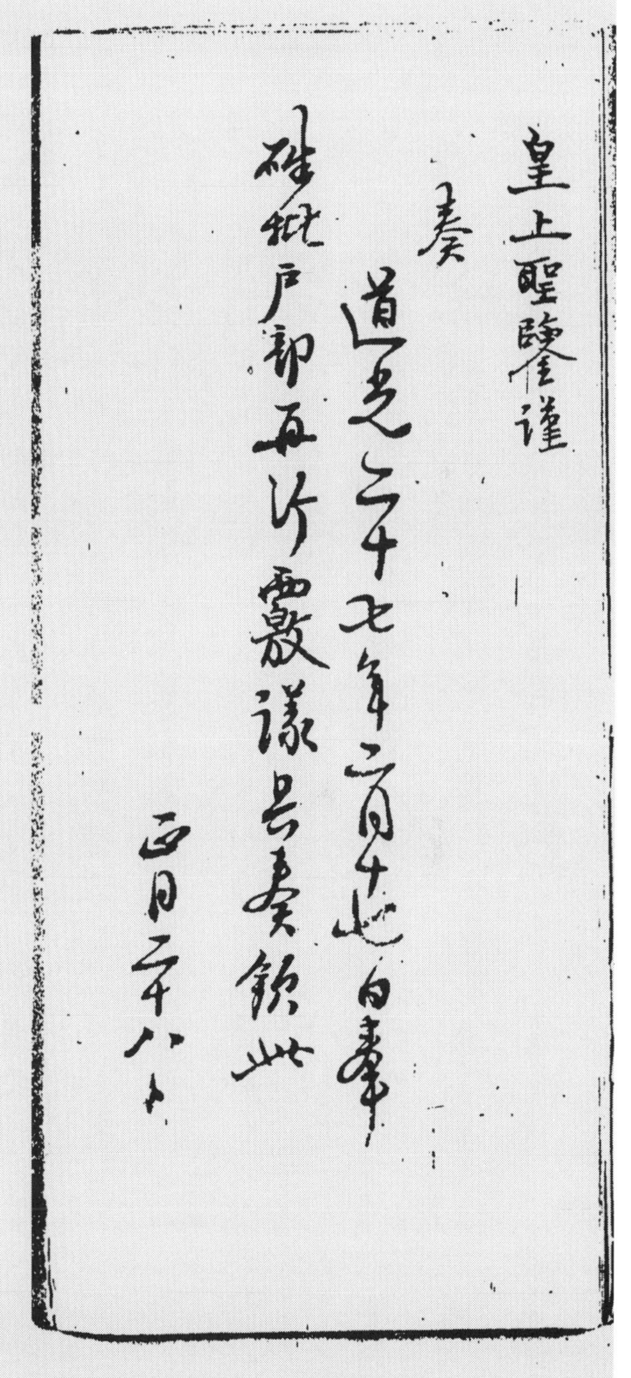

皇上聖鑒謹

奏

道光二十七年二月十四日奉

硃批户部再行覈議具奏欽此

正月廿八日

上諭　**林則徐請奬官紳捐輸著照部議奬勵秦兆蘭等人**

道光二十七年二月十二日内閣奉

上諭前據林則徐奏官紳捐輸經費懇請奬勵當交該部議奏兹據該部查照章程開單呈覽該官紳等踴躍輸將自應分別加恩以昭激勸捐職布政司經歷秦兆蘭著以郎中不論雙單月選用並分部行走仍給予隨帶加五級候選主事蔡秉鈞著分部行走監生陶彦壽著以主事不論雙單月選用捐職通判趙鳳棲著以兵馬司指揮用並加一級揀發兵馬司副指揮吳毓麟候選兵馬司副指揮張汝琦均著遇缺即選舉人汪全誥著以内閣中書不論雙單月選用並分發行走舉人劉華海著以内閣中書雙月選用大挑二等舉人候選小

京官廉廣著歸本班儘先選用監生恩慶著以八
品筆帖式插班間選監生恩祿順恩惠恩俊秀貴
珊鍾福均著以八品筆帖式補用揀發兵馬司吏
目陳品著遇缺即補仍留揀發差委湖南永順府
知府姚華佐著以道員留於湖北補用並加一級
隨帶一級山東青州府知府李廷揚著以道員不
論雙單月選用河南下北河同知張昀著以道員
不論雙單月選用仍在任候選户部郎中載取知
府王炳勳著以知府分發陝西歸候補班補用河
南淅川廳同知以知府用葉法著開缺以知府留
於河南歸候補班補用坐補四川馬邊廳同知彭
以增著免其坐補原缺以知府仍留四川補用通

判銜揀選舉人梁恭辰著以知府分發浙江補用
仍留隨帶一級坐補貴州石阡府知府保齡著俟
服闋後免其坐補原缺歸部選用浙江烏程縣知
縣捐足候選知府盧琳著開缺仍以知府不論雙
單月歸部選用刑部學習郎中譚盛偉著以知府
雙月選用仍在部候選山西試用同知王茂壎著
以直隸州知州分發直隸補用河南湯陰縣知縣
以直隸州用程廷鏡著開缺以直隸州知州仍留
河南歸候補班補用工部員外郎鄂恒著以直隸
州知州不論雙單月選用仍在任候選山西介休
縣知縣徐大勳著以直隸州知州在任候升先換
頂帶吏部司務截取同知程祖壽著以同知分發

浙江歸候補班補用南河候補同知沈勲著遇缺
即補筆帖式廣麟廣順均著以同知不論雙單月
選用分發陜西知州葉椿齡著仍留陜西歸候補
班補用兵馬司指揮孟傳璵著以知州分發直隸
歸捐班前先用筆帖式延禧著以知州分發陜西
補用雙月候選知州徐振翱著不論雙單月選用
候選主事張舒翹著以鹽運司運副補用鹽提舉
銜南河候補通判曹象曾南河試用通判賞加升
銜曹文振均著遇缺即補仍留原銜南河候補通
判婁鼎黄海安均著遇缺即補南河試用州同王
伯平著以通判仍留南河遇缺即補南河試用州
判陳嗣良著以通判分發東河遇缺即補同知銜

上諭　林則徐請奬官紳捐輸著照部議奬勵秦兆蘭等人
道光二十七年二月十二日

東河試用通判阿芳著改歸河南地方補用仍留
原銜筆帖式成弼著以通判分發湖北補用俊秀
方慶椿著以通判分發南河補用浙江金華府通
判育淳著賞加同知銜監生海興著以通判不論
雙單月選用兩淮儘先運判梁寶森著遇缺即補
仍賞加同知銜兩淮儘先運判張雲卿沈炳均著
遇缺即補兩淮候補鹽大使洪國柱著以運判仍
留兩淮補用湖北試用知縣候升知州吳璟著遇
缺即補仍俟補缺後以知州升用山東候補知縣
文頴吳奏言姚景崇牛翰鈔石用熙黃虎臣均著
遇缺即補黃虎臣並留加一級候選知縣沈巢生
周貽纓均著分發山西照棟發人員例歸候補班

補用陝西大挑試用知縣鄧廷鏸田惠中均著歸
捐班前先用陝西大挑試用知縣程炳然著歸大
挑班分缺間用山西大挑候咨知縣萬鼎勷沈家
振均著免其候咨分發原掣山西歸本班補用四
川試用知縣封允濂山東試用知縣陳櫄均著歸
議敘班補用陳櫄並著加一級俊秀周琦著以知
縣分發廣東儘先補用四川試用知縣范涑清著
歸捐班前先用四川試用知縣沈之林著俟服闋
後仍留四川歸捐班前先用分發知縣洪貞謙著
分發河南歸捐班前先用並留紀錄三次主事岱
保著以知縣分發河南補用通判銜候選知縣延
豫著分發河南補用仍留原銜候選通判陸觀濂

著以知縣分發陝西補用候選知縣易繼曾著分發陝西補用候選知縣張泉著俟服闋後分發江西補用候選知縣徐灼著分發四川補用候選內閣中書白映庚著以知縣歸捐班前先選候選知縣呂贊陽王嘉穀師映垣均著歸捐班前先選並紀錄二次候選知縣陳偉著歸捐班前先選監生孟傳玘著以知縣不論雙單月選用試用教諭高晉觀著遇缺即選仍在省試用增生崔景附生錢世哲均著以復設教諭遇缺即選並分發試用候選教諭王震瀛張希孟附生賀鵬展侯存信均著以復設教諭遇缺即選就職教諭劉毓藻著不論雙單月歸捐輸班儘先選用揀選舉人改就教職

白玉珍大挑二等舉人楊孚民曾金波均著以教
職本班儘先選用儘先選用訓導劉進昌著遇缺
即選仍在省試用並加二級紀錄一次試用訓導
傅泰翀張朝澤黃兆奎張媚川均著遇缺即選仍
在省試用廩貢生劉宗漢附貢生劉映斗劉虔附
生王體猷賀鵬程張兆瑞均著以復設訓導遇缺
即選並分發試用候選訓導劉正陽著遇缺即選
並加一級紀錄二次試用訓導楊長珩候選訓導
張師載王家駇申詰廩生吳金鑑附生馬雲程均
著以復設訓導遇缺即選舉人李金庚著俟服闋
後以復設訓導儘先選用附生羅上煊著以復設
訓導儘先選用並分發試用歲貢生就職訓導梁

資始常自警王魁衡均著歸本班儘先選用試用訓導史佩珩著歸捐班前先選仍在省試用附生李昭著以復設訓導歸捐班前先用附生汪玉鳴田維硯蒙獻祥陸棨詒增生杜煊鄧尉均著以復設訓導不論雙單月選用並分發試用附生江懋齡著以復設訓導雙月選用俊秀彭濱著以布政司經歷分發山西補用陝西試用布政司理問杜霖著遇缺即補其議敘加級紀錄准其註銷東河候補州同陶福升著遇缺即補監生趙書雲著以州同分發東河遇缺即補南河試用州判陳壽春著以州同仍留南河遇缺即補陝西候補州同高世瑄著儘先補用並留加一級俊秀李廷棟著以

州同分發南河補用南河試用州判陳嗣興著遇
缺即補並加州同銜南河試用縣丞張立勳著以
州判仍留南河遇缺即補直隸試用直隸州州判
洪奎垣著歸捐班前先用候選縣丞孫業袠著以
州判分發南河補用東河即補從九品姜篪著以
州判分發河南補用山西朔州吏目徐成勲著以
州判雙月在任候選增監生姚輔著以鹽運司經
歷分發兩淮補用候選鹽大使李琇著分發廣東
補用俊秀吳榮鼒著以鹽大使分發兩淮補用俊
秀曾上庚著以鹽大使遇缺即選山東試用府經
歷王壬熙著以運庫大使仍留山東補用山東候
補府經歷衛恩試用府經歷縣丞張增學直隸試

用府經歷徐辰告江蘇試用府經歷胡文齡安徽試用府經歷張錫穀均著遇缺即補候選府經歷沈玉清著分發安徽遇缺即補附生陳其昌著以府經歷分發湖南遇缺即補直隸試用府經歷陳紹惠著儘先補用候選主簿劉治著以府經歷分發安徽儘先補用候選府經歷朱俊著以府經歷分發山西歸捐班前先用四川試用府經歷翟怡曾著改發雲南補用候選未入流吳儼著以府經歷分發貴州補用監生童埏著以府經歷分發山東補用俊秀鍾榮覲著以府經歷分發福建補用監生謝自立著以府經歷不論雙單月選用山西寧武府訓導甯登雲著開缺以縣丞分發陝西遇

缺即補福建候補縣丞秦維根南河試用縣丞蕭
用衔孫鐸安徽試用縣丞張奇炳四川試用縣丞
巫攀衢均著遇缺即補童生張志仁著以縣丞分
發甘肅監生趙書彝著以縣丞分發東河俊秀熊
舒濬著以縣丞分發湖南均遇缺即補廪生杜延
柱著以縣丞分發河南儘先補用並加一級北河
候補縣丞汪度著儘先補用山西試用布政司照
磨鄭敦仁著以縣丞仍留山西儘先補用安徽休
寧縣巡檢張漣著以縣丞仍留安徽分缺間用在
任候升議敘候選縣丞樊文達著分發山東歸議
敘班補用並加一級議敘候選縣丞沈鈞著分發
湖北議敘候選縣丞朱澧著分發南河均歸議敘

班補用陝西試用訓導李綬著以縣丞分發南河補用候選縣丞崇禮著分發湖北補用候選縣丞陳楷著分發貴州補用候選縣丞石建勳著分發甘肅補用候選未入流屠承光著以縣丞分發直隸補用附生徐崑著以縣丞分發四川補用俊秀張丙臨著以縣丞分發湖南補用候選縣丞胡長芝譚枚張殿球均著遇缺即選胡長芝仍留加四級譚枚仍留紀錄二次監生王輔勳著以縣丞不論雙單月選用俊秀趙集成著以縣丞雙月選用湖北試用布政司照磨坐補巡檢胡秉楨著免其坐補以布政司照磨留於湖北遇缺即補兩淮候補鹽知事徐吉林著俟服闋後仍留兩淮遇缺即

補分發鹽知事劉沅著分發兩淮補用南河試用
縣主簿袁啓昀吴鳳儀王如春均著遇缺即補江
蘇試用從九品姚德彰著以縣主簿分發南河遇
缺即補四川試用縣主簿周澐著歸捐班前先用
候選從九品吴繼志著以府照磨分發安徽遇缺
即補四川候補州吏目尤瀚著遇缺即補候選州
吏目杜作霖著分發四川候選州吏目白珩著分
發山東候選州吏目陳向榮著分發山西監生温
可嶠著以州吏目分發陝西均著遇缺即補直隸
候補州吏目葉守貞著儘先補用候選從九品朱
棨著以州吏目分發甘肅俊秀王堯辰著以州吏
目分發安徽均著儘先補用俊秀孫基著以州吏

目分發四川分缺間用直隸試用州吏目汪錫騆著歸捐班前先用歸部坐補原缺州吏目曹履端著俟服闋後仍發河南坐補原缺候選州吏目許鵬程著分發直隸補用俊秀陳琛陳榦均著以州吏目遇缺即選四川候補布政司照磨張長齡著以按察司司獄道庫大使分發湖北遇缺即補俊秀趙蕤著以按察司司獄分發河南補用俊秀郭崑生著以按察司司獄分發陝西補用俊秀黃增著以按察司司獄道庫大使不論雙單月選用俊秀吳炳煊著以布政司倉大使不論雙單月選用候選從九品陳逢恩著以府倉大使分發省分補用俊秀楊聲達著以巡檢分發安徽遇缺即補議

欽候選典史陳義著分發廣東歸議敘班補用江蘇候補從九品袁鍾琳直隸試用從九品柏增書四川試用從九品湯臣鳩均著遇缺即補候選從九品孫芝慶著分發陝西遇缺即補廣東試用從九品徐鈞爍南河試用從九品韓儀亮均著遇缺即補監生歐陽尚鴻著以從九品分發湖南遇缺即補俊秀程啓泰宋組同均著以從九品分發湖北遇缺即補候選從九品黃自新俊秀車煥華均著以從九品分發湖北儘先補用湖北試用從九品張兆蘭著分缺間用陝西分缺間用從九品徐春祺著改發浙江分缺間用南河試用從九品黃春麟著分缺間用湖北試用從九品梁捷著歸捐

班前先用俊秀姚夢山著以從九品分發湖北歸捐班前先用候選從九品路鍌著分發湖南歸捐班前先用四川試用從九品王元潮著歸捐班前先用北河試用從九品錢塏著俟服闋後仍留北河歸捐班前先用議敘候選從九品張式炳著分發陝西議敘候選從九品張濲著分發雲南均歸議敘班補用候選從九品熊兆興著分發四川仍歸豫工頭卯補用候選從九品裘恩溥著分發江西候選從九品林鍾著分發四川均歸新例補用候選從九品左珩著分發河南補用分發從九品陳繼瑞准其將紀錄二次註銷分發河南補用候選從九品婁業仕著分發安徽補用候選從九品

章益清著分發江蘇補用俊秀汪昱惇著以從九品分發江蘇補用候選從九品姚九州著分發江西補用監生胡承風俊秀楊岷山沈浩均著以從九品分發江西補用俊秀蔣立崧著以從九品分發湖北補用俊秀梅元珩著以從九品分發四川補用附生楊代標俊秀張兆連均著以從九品分發省分補用候選從九品謝國璉楊長薰嚴麗正馮之晉唐恒吉莊岳崧樊承嘉童澍瀾附生孟永泰未滿吏童漢臣俊秀劉達誠均著以從九品遇缺即選謝國璉並加一級俊秀汪彥直著以從九品儘先選用附生劉光簡未滿吏吳葆頤俊秀李旣昌沈亦銓馬潤趙孝基張凱元均著以從九品

不論雙單月選用附貢生黃修鑑著以從九品雙月選用候選未入流鮑師釗著分發奉天遇缺即補直隸試用未入流陶珍著遇缺即補九品頂帶曲紀官著以未入流分發直隸遇缺即補山東候補未入流章體仁高一枝均著遇缺即補俊秀何梅楫著以未入流分發山東遇缺即補河南候補未入流吳承恩官戟森顧守埁張金荃葉建章宣均著遇缺即補監生張杰著俟服闋後以未入流分發河南遇缺即補四川試用未入流章昇芬著遇缺即補候選未入流黃澧粟裕年均著以未入流分發四川遇缺即補候補未入流余承晉著仍留山西遇缺即補候選未入流徐廷文著分發陝

西遇缺即補候選未入流陳煦祺著分發湖南遇
缺即補候選未入流萬筠著分發東河遇缺即補
試用未入流阮聯奎馮源均著仍留山東儘先補
用試用未入流班士升著仍留四川儘先補用試
用未入流宋華生著仍留山西儘先補用候選未
入流宋球著分發直隸儘先補用試用未入流錢
堃著仍留東河儘先補用試用未入流沈錫齡蔣
罕均著仍留直隸歸捐班前先用試用未入流查
有任著仍留湖南歸捐班前先用候選未入流葛
鏞著分發湖南歸捐班前先用試用未入流朱榮
溥著仍留江西歸捐班前先用候選從九品于承
恩俊秀鄭組成監生費兆藩均著以未入流分發

陝西歸捐班前先用江西委用未入流陳大銜著改發山西仍歸委用班補用候選未入流沈鐙著分發奉天歸議敘班補用候選未入流邱才渙著分發廣東歸豫工二卯補用候選未入流謝金墉著分發江蘇補用候選未入流章鴻著分發江西補用候選未入流楊彝芳著分發山東補用俊秀張鍾奇著以未入流分發山東補用候選未入流章光翰著分發四川補用候選未入流劉紹昌著分發甘肅補用俊秀武宴著以未入流分發河南補用俊秀張貽瑞著以未入流分發山西補用俊秀婁淳著以未入流分發福建補用俊秀蔡雯著以未入流分發陝西補用候選未入流章煥章王

盛育監生袁文鏢俊秀羅振家均著以未入流分
發省分補用候選未入流孫康生張以緒王雲藩
倪煥潘獻壽宋家勛監生孔昭文魯宏音未滿吏
劉圻益陳世彥俊秀薛光霖敬承綸鮑師錡洪書
麟均著以未入流遇缺即選候選未入流史德蔭
俊秀余廷保均著以未入流插班間選候選未入
流徐揚俊秀李朝泰李朝貴陳元杰王鍾麟杜名
經任鉞均著以未入流不論雙單月選用陝西定
邊縣知縣彭瑞麟前任四川温江縣知縣蔡繩武
均著賞加知州銜東河候補通判李彥森著賞加
鹽提舉銜南河候補縣丞郭樹墉著賞加布政司
理問銜河南南汝光道劉濚著賞加一級浙江温

州府知府徐瀛著賞加四級廣東瓊州府知府林
鴻年著賞加一級四川馬邊廳同知姜吉兆著賞
加二級山東德州知州汪封渭著賞加隨帶一級
山西吉州知州陳棻著賞加一級陝西渭南縣知
縣佘炳燾著賞加隨帶二級江蘇即補知縣張學
襄著賞加隨帶一級陝西藍田縣知縣劉達泉華
陰縣知縣孫治河南沈邱縣知縣嚴圻林縣知縣
康仲方山西即補知縣李鴻疇均著賞加二級直
隸靈壽縣知縣馮章四川中江縣知縣徐縉均著
賞加一級議敘縣丞方壯猷著准其將縣丞註銷
賞給同知職銜附生李敦愚俊秀劉堃均著給與
布政司理問職銜俊秀杜堃憲著給與州同職銜

上諭 林則徐請奬官紳捐輸著照部議奬勵秦兆蘭等人
道光二十七年二月十二日

監生郝樹元著給與縣丞職銜監生張際春著給與按察司照磨職銜監生徐師恭著給與縣主簿職銜已滿吏王璧潤林倬堂郭如衡石慶玉喬啓元石通玉劉錦春彭景泰未滿吏譚積筠董百齡郭雄藩俊秀劉五彩等三十七名均著給與從九品職銜捐職州同榮光著註銷原銜以八品筆帖式儘先選用捐職都司李三捷著註銷原銜以同知不論雙單月選用並加一級紀錄二次三等侍衛盧殿標著以遊擊雙月選用仍留大門上當差三等藍翎侍衛溫發魁著以營守備雙月選用仍留大門上當差記名以營守備用之驍騎校東城著以營守備歸本班雙月用江西把總劉尚魁著

以營千總仍留本省遇缺拔補記名外委沈堃著以河營千總仍留東河遇缺即補試用衛千總劉延簪著仍留漕標遇缺即補即選衛千總李昇平著分發漕標遇缺即補候補衛千總蕭靈芝著儘先補用候選衛千總廖友志著儘先選用即補外委伍仕麒著以營千總分發四川本省拔補守兵周廷槐著以巡捕營千總拔補武舉雷生甲著以衛千總分發漕標試用俊秀王靖江著以衛千總不論雙單月用監生海瑞著以門千總雙月用監生牛建勲著以把總分發本省拔補武生熊兆琦俊秀張木林游德顏黃殿昇均著給與營千總職銜捐職翰林院待詔王和菴著以員外郎不論雙

單月選用並分部行走捐職布政司理問高崑著以光祿寺署正不論雙單月選用並分發行走捐職鹽知事王恪著以鹽知事分發省分補用捐職縣主簿郭世汾著以縣主簿分發河南儘先補用捐職縣丞柴逢年著以府照磨分發陝西遇缺即補捐職未入流李鳴鶴著以府照磨分發四川補用捐職從九品林尚第著以未入流遇缺即選捐職從九品張壘著給與布政司經歷職銜議敘從九品陳絡棟著儘先選用該部知道單併發欽此

陝西巡撫林則徐奏摺　銷假回任接印日期並謝恩
道光二十七年二月十五日

奏

林則徐接印謝恩由

二月廿七日

二六 陝西巡撫林則徐奏摺 銷假回任接印日期並謝恩

道光二十七年二月十五日

陝西巡撫臣林則徐跪

奏為恭報微臣接印任事日期叩謝

天恩仰祈

聖鑒事竊臣前因患病未痊

奏懇開缺調理並請將陝西巡撫印務交新任

藩司楊以增護理旋蒙

恩旨賞假三月毋庸開缺欽此

鴻慈之渥感佩難名自上年十二月卸篆以

延醫調治漸次見效復經附片

奏明欽奉

硃批一俟痊可即接印任事欽此謹又加服清

肺補中之劑仰邀

二六

陝西巡撫林則徐奏摺　銷假回任接印日期並謝恩

道光二十七年二月十五日

聖主福庇咳嗽業已就痊雖中氣仍虛不時
下墜而精力尚可支持僅蒙
高厚生成何敢久稽職守現距銷假業已屆月亟
應銷假接印准護理撫臣楊以增於二月十
五日委員賚送巡撫關防暨
王命旗牌等項移交前來臣謹恭設香案望
闕叩頭祇領任事一切地方應務臣第盡心籌辦
惟有益加黽勉以期仰答
恩慈除另摺奏謝
題報外所有回任接印日期並感激下忱理合
繕摺具
奏叩謝
天恩伏乞

皇上聖鑒謹

奏

道光二十七年二月二十七日奉

硃批知道了欽此

二月十五日

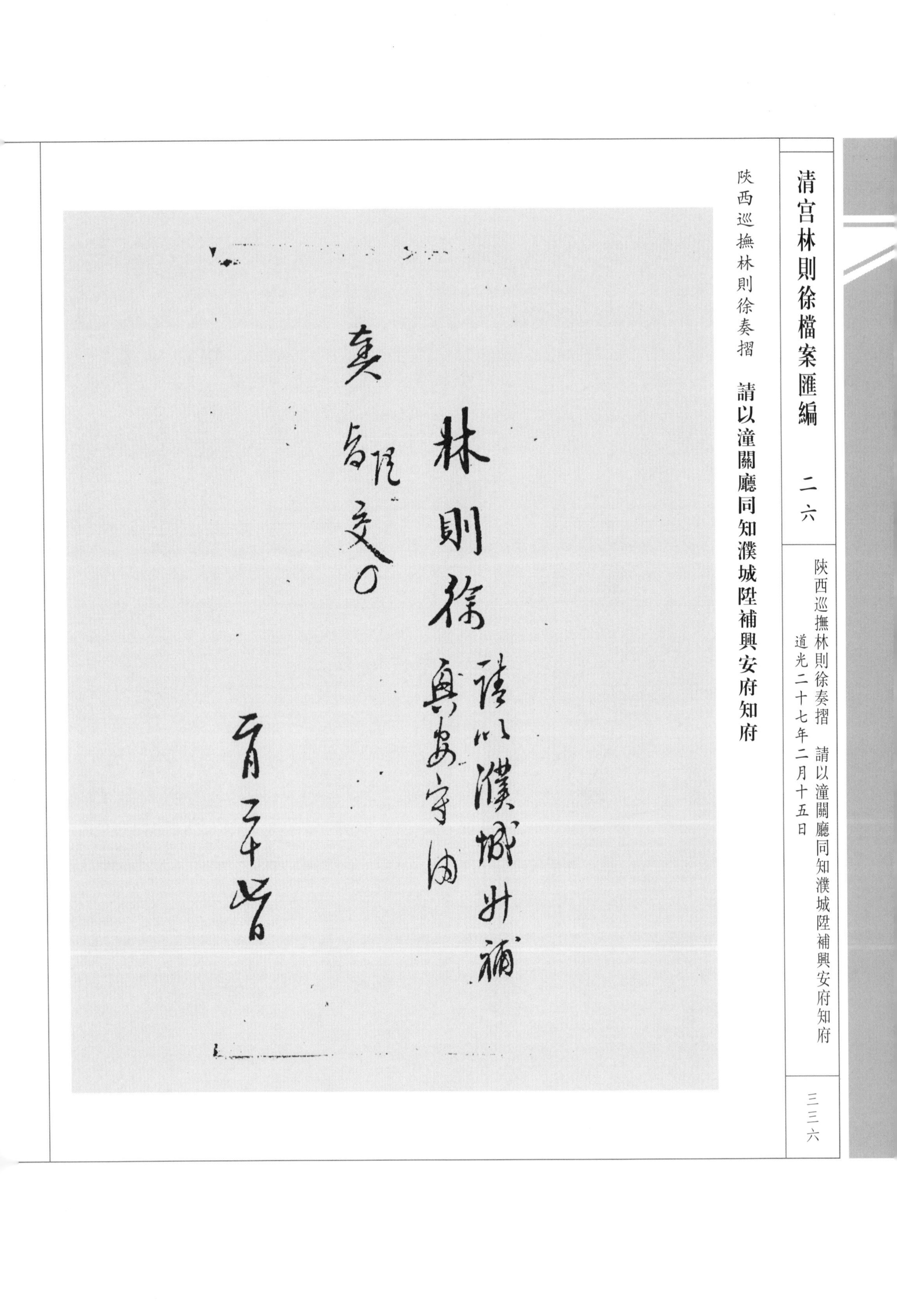

陝西巡撫林則徐奏摺　**請以潼關廳同知濮城陞補興安府知府**

林則徐　請以濮城升補
興安守由

奏　旨[illegible]交〇

陝西巡撫臣林則徐跪

奏爲揀員陞補南山要缺知府恭摺具

奏仰祈

聖鑒事竊照興安府知府吉昌性情急躁難膺表率

之任經臣奏奉

上諭吉昌著開缺送部引見等因欽此所遺員缺係繁疲

難兼三要缺例應在外揀員陞調查該府管轄

二廳六州地處南山邊陲老林界連川楚五方

雜處良莠不齊一切彈壓撫綏全在均因得要

能精明強幹熟悉情形之員始克勝任當經嚴

據臣楊以增與兼署臬司唐樹義在於通省同

知直隸州內逐加遴選查有潼關廳同知濮城

年六月歲滿江蘇捷例附監生捐納縣丞分發
北河借補寶坻縣管河主簿，嘉慶二十三年
承辦
盛京灤河橋工出力保奏，以應陞之缺陞用。福稚
知縣，嗣丁母憂，起復後仍赴原籍，留交河南委
辦理水利局務，保奏奉
旨以河工同知陞用。道光六年補授南河捕同知，
七年派赴喀什噶爾辦理善後事宜，保奏奉
旨賞戴花翎，差竣赴部引
見。奉
旨准大學士接因董墨依隨方知府，嗣因失察鏈鹿枷
民蕭老大於蕭降二級調用，十四年捐復一級

以知州用選授陝西隴州知州十五年正月到
任十六年調赴萬年縣查辦事件十七年九月
回任陞補潼關廳同知赴部引
見奉
旨准其陞授二十一年八月到任二十四年
大計卓異赴部引
見奉
旨濮城准其卓異加一級仍註冊回任候陞欽此十
二月回任該員才識明練辦事勤能在陝年久
歷署同州延安興安等府篆務辦理秋審上年
冬間委署興安府篆至今已逾三月備悉南山
情形且係卓異應陞人員以之陞補興安府知

該員堪勝任，係屬同省調，例免核計名缺，除
官飭令定缺接署。茲署藩司度樹義詳經藩臬
楊以增核明移咨前來，相應照例揀陞，專摺具
奏，仰懇
皇上天恩，俯念要缺緊要，
准以潼關廳同知濮城陞補興安府知府，於邊疆要
缺實有裨益。如蒙
俞允，該員卓異引
見未周三年，毋庸再行送部引
見。所遺潼關廳同知員缺，係衝繁難要缺，容俟揀
員另請陞調，合併陳明。謹會同陝甘總督臣布彥
泰合詞恭摺具

陝西巡撫林則徐奏摺　請以潼關廳同知濮城陞補興安府知府
道光二十七年二月十五日

奏伏乞
皇上聖鑒訓示謹
奏道光二十七年二月二十七日奉
硃批　欽此
二月十五日

陝西巡撫林則徐奏摺　陝西省道光二十七年正月份雨雪糧價情形　道光二十七年二月十五日

奏○

林則徐　雨雪麥苗情形由

有[illegible]旨

陝西巡撫臣林則徐跪

奏為恭報雨雪麥苗情形仰祈

聖鑒事竊照陝西省上年十二月分雨雪情形業

經護理巡撫布政使臣楊以增恭摺

奏報在案茲查各屬自臘月報雪之後惟漢中府

屬之定遠廳榆林府屬之府谷縣並興安府屬

安康平利白河洵陽等縣於本年正月初十

五并二十三等日先後雨雪一二三寸此外俱尚

亢晴在南山一帶年前積雪未消土脈亦尚滋

潤西安同州鳳翔乾州等府州屬地處平

原冬春之間狂風時作臘內雖曾得雪乃幾

次被風刮散存積無多地土乾仍與去歲秋冬

相仿屢經護撫臣 等設壇步禱正切虔盼間幸
於二月初七八兩日省城得雨二寸有餘西同鳳
乾及邠州鄜州等屬亦據稟報同日得雨或一
二寸或三四五寸不等然土乾已久尚盼大沛甘
霖茲復於十二日省城得雨二寸十三日又得雨
三寸有餘合計三次所得約及一尺以上似
已深透雖省外各屬尚未報到而察看陰
雲廣布遠近亦可均沾俟報齊再行具
奏臣查久旱之後獲此甘霖實於地麥苗可期暢茂
長發即未種之地亦可翻犁農功大有轉機四
野黎民同聲歡慶惟上年秋種麥本少現在甫得
透雨節即候已屆清明只能播種秋糧直至八九

陝西巡撫林則徐奏摺　陝西省道光二十七年正月份雨雪糧價情形
道光二十七年二月十五日

月間始得收獲今歲青黃不接較往年
尤甚日正長是以各屬平糶捐賑各事宜仍
難中止自臣上年
奏明飭屬議定章程之後復經護撫臣楊以增隨
時督飭自臘月以來地方官勸諭紳富或散糧
食或散銀錢各保各村所濟已屬不少目下開
倉平糶者亦經陸續稟報其日期之久暫則
各隨時斟酌機宜第上忙錢糧現在正值開徵有
無其應量為展緩之處容臣督同司道詳加體察勘
明覈辦所有通省市糧價值除興安綏德
三府州屬稍有增減餘均與上月相同理合恭
摺具

奏並繕正月分糧價清單敬呈
御覽伏乞
皇上聖鑒謹
奏
道光二十七年二月二十二日奉
硃批知道了欽此

二月十五日

陝西巡撫林則徐清單

陝西省道光二十七年正月份糧價清單

謹將陝西省道光二十七年正月分各屬糧價
開具清單恭呈
御覽
計開
西安府屬價貴
大米每倉石價銀自一兩五錢八分至三兩
五錢
與上月相同
小米每倉石價銀自一兩五錢八分至三兩
七分
與上月相同
小麥每倉石價銀自一兩五錢八分至三兩

一錢一分
與上月相同
大麥每倉石價銀自一兩二錢二分至二兩
五分
與上月相同
豌豆每倉石價銀自一兩六錢一分至三兩
二分
與上月相同
延安府屬價貴
大米每倉石價銀自一兩六錢七分至四兩
三錢三分
與上月相同

小米每倉石價銀自九錢八分至二兩五錢六分

與上月相同

小麥每倉石價銀自一兩一錢四分至二兩五錢二分

與上月相同

蓧米每倉石價銀自一兩六分至二兩五錢一分

與上月相同

豌豆每倉石價銀自八錢至二兩四錢六分

與上月相同

鳳翔府屬豌豆價中餘俱價貴

大米每倉石價銀自一兩八錢至二兩八錢八分
與上月相同
小米每倉石價銀自一兩四錢五分至二兩一錢五分
與上月相同
小麥每倉石價銀自一兩三錢二分至二兩一錢五分
與上月相同
大麥每倉石價銀自七錢至一兩二錢
與上月相同
豌豆每倉石價銀自一兩一錢至一兩六錢

二分

與上月相同

漢中府屬大米豌豆黄豆價中餘俱價貴

大米每倉石價銀自九錢六分至二兩六錢

八分

與上月相同

小米每倉石價銀自九錢至二兩五分

與上月相同

小麥每倉石價銀自七錢四分至二兩二錢

與上月相同

大麥每倉石價銀自四錢五分至一兩一錢

六分

與上月相同
豌豆每倉石價銀自六錢七分至一兩四錢
五分
與上月相同
黃豆每倉石價銀自四錢八分至一兩四錢
與上月相同

榆林府屬價貴
大米每倉石價銀自二兩四錢至三兩七錢
四分
與上月相同
小米每倉石價銀自二兩一錢九分至二兩
六錢二分

與上月相同
小麥每倉石價銀自二兩五分至二兩四錢
二分
與上月相同
蘼米每倉石價銀自二兩七分至二兩六錢
六分
較上月貴四分
豌豆每倉石價銀自一兩三錢二分至一兩
八錢四分
與上月相同
同州府屬價貴
大米每倉石價銀自二兩六錢五分至三兩

八錢二分

與上月相同

小米每倉石價銀自二兩二錢二分至三兩
一錢五分

與上月相同

小麥每倉石價銀自二兩二錢七分至三兩
七分

與上月相同

大麥每倉石價銀自一兩四錢至二兩一錢
七分

與上月相同

豌豆每倉石價銀自一兩八錢三分至二兩

六錢六分
與上月相同
興安府屬大米黄豆價賤餘俱價中
大米每倉石價銀自一兩三錢一分至一兩
八錢三分
與上月相同
小米每倉石價銀自八錢一分至一兩三錢
九分
較上月減一錢七分
小麥每倉石價銀自一兩二分至一兩五錢
五分
較上月減八分

大麥每倉石價銀自四錢五分至九錢一分
與上月相同
豌豆每倉石價銀自七錢至一兩六分
與上月相同
黄豆每倉石價銀自七錢至九錢二分
與上月相同

商州屬大米價中餘俱價貴
大米每倉石價銀自一兩八錢至二兩七錢
一分
與上月相同
小米每倉石價銀自一兩二錢一分至二兩
四錢一分

與上月相同
小麥每倉石價銀自一兩五錢五分至二兩
二錢六分
與上月相同
大麥每倉石價銀自七錢至一兩三錢二分
與上月相同
豌豆每倉石價銀自七錢七分至一兩九錢
九分
與上月相同
邠州屬價貴
大米每倉石價銀自二兩八錢七分至四兩
二錢

與上月相同
小米每倉石價銀自一兩九錢七分至二兩
七錢三分
與上月相同
小麥每倉石價銀自一兩九錢至二兩七錢
一分
與上月相同
豌豆每倉石價銀自一兩七錢六分至二兩
四錢三分
與上月相同
乾州屬價貴
大米每倉石價銀自二兩二錢五分至三兩

一錢四分
與上月相同
小米每倉石價銀自二兩一錢至二兩九錢
與上月相同
小麥每倉石價銀自二兩一分至二兩七錢
五分
與上月相同
大麥每倉石價銀自一兩二分至一兩七錢
五分
與上月相同
豌豆每倉石價銀自一兩七錢四分至二兩
五錢

與上月相同

鄜州屬價中

小米每倉石價銀自六錢二分至一兩五錢

四分

與上月相同

小麥每倉石價銀自六錢二分至一兩六錢

一分

與上月相同

豌豆每倉石價銀自四錢八分至一兩四錢

七分

與上月相同

綏德州屬豌豆價中餘俱價貴

小米每倉石價銀自一兩五錢至二兩六錢六分

較上月貴二錢六分

小麥每倉石價銀自一兩三錢九分至二兩四錢一分

與上月相同

豌豆每倉石價銀自一兩至一兩六錢三分

較上月減四錢三分

覽

陝西巡撫林則徐題本　**病愈回任接印任事日期**

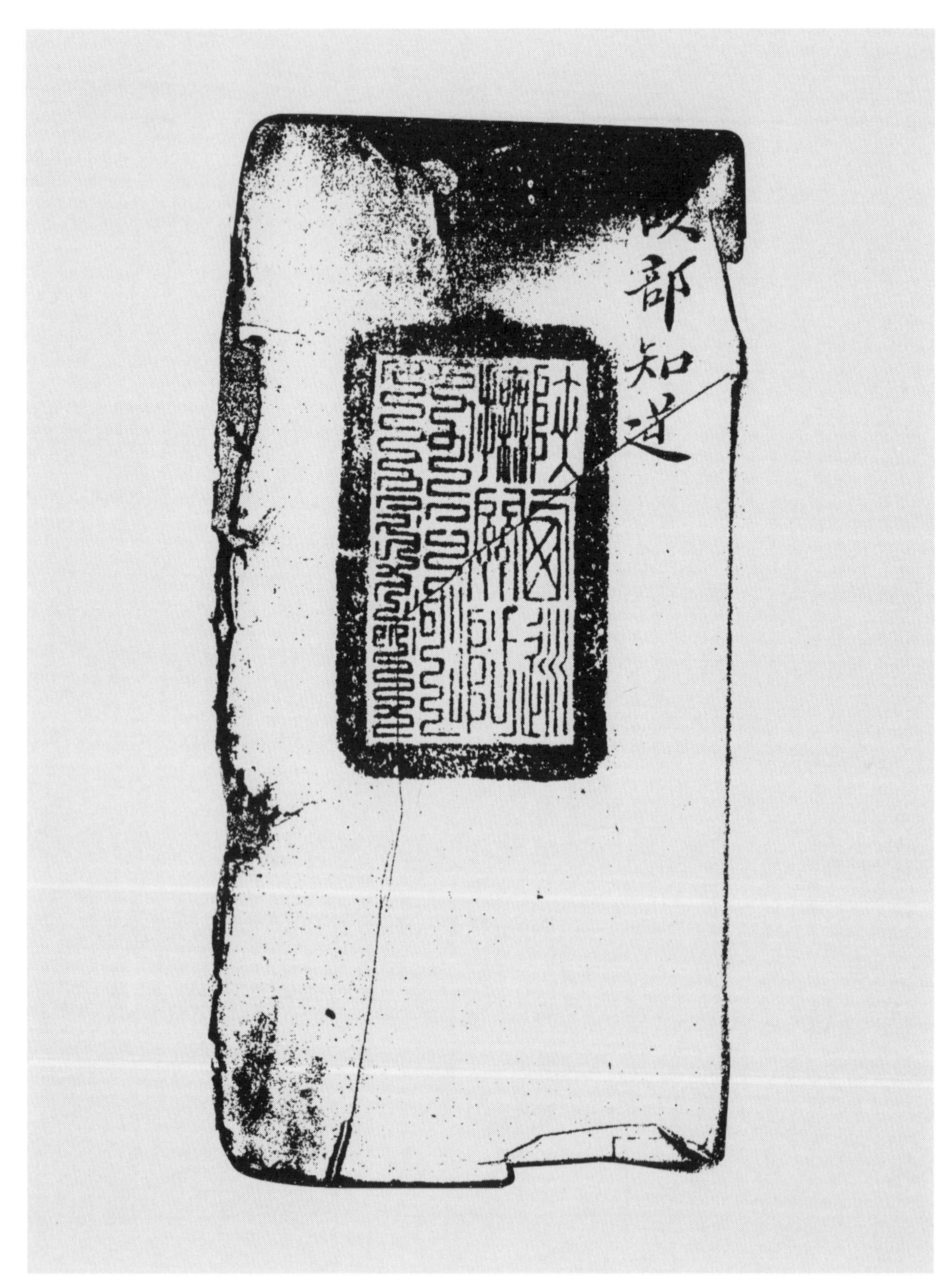

二六

陝西巡撫林則徐題本 病愈回任接印任事日期

道光二十七年二月十八日

兵部侍郎兼都察院右副都御史巡撫陝西等處地方贊[illegible]兼理糧餉臣林則徐謹

題爲恭報微臣接印日期事竊照臣前因患病未

痊

奏懇開缺於道光貳拾陸年拾貳月初拾日奉到

硃批另有旨欽此同日奉

上諭一道道光貳拾陸年拾壹月貳拾玖日内閣奉

上諭林則徐奏患病未痊懇請開缺一摺林則徐著

賞假叁箇月安心調理毋庸開缺陝西巡撫印務

著楊以增護理不必來京請訓欽此兹臣病已痊

愈於道光貳拾柒年貳月拾伍日准護理撫臣

楊以增差委西安府知府徐棟署臣標中軍參

將馮輔相賫送陝西巡撫銀印壹顆

二六 陝西巡撫林則徐題本 病愈回任接印任事日期

道光二十七年二月十八日

王命旗牌捌面杆節次欽奉
敕諭
聖訓
上諭
欽頒書籍及一切文卷等項到臣謹即恭設香案望
闕叩頭謝
恩接印任事除一切地方事宜容臣次第辦理外所
有微臣接印日期理合恭疏
題報伏祈
皇上聖鑒施行爲此具本謹具
題
聞

陝西巡撫林則徐題本　病愈回任接印任事日期
道光二十七年二月十八日

道光……
……處地方贊理軍務兼理糧餉臣林則徐

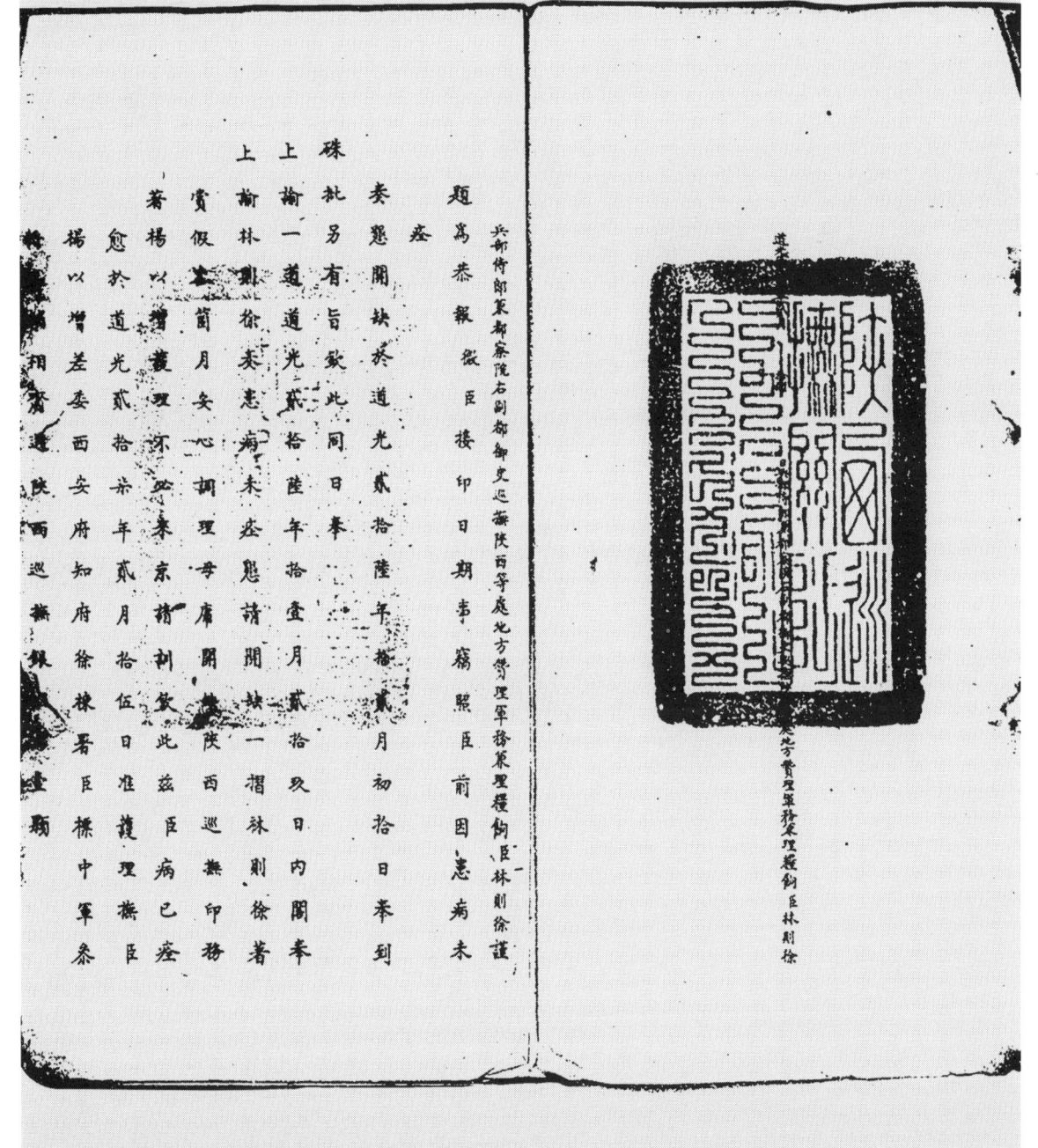

兵部侍郎兼都察院右副都御史巡撫陝西等處地方贊理軍務兼理糧餉臣林則徐謹
題爲恭報微臣接印日期事竊照臣前因患病未
痊
奏懇開缺於道光貳拾陸年捌月初拾日奉到
硃批另有旨欽此同日奉
上諭一道道光貳拾陸年拾壹月貳拾玖日內閣奉
上諭林則徐奏患病未痊懇請開缺一摺林則徐著
賞假叁個月安心調理毋庸開缺陝西巡撫印務
著楊以增護理不必來京請訓欽此茲臣病已痊
愈於道光貳拾柒年貳月拾伍日准護理撫臣
楊以增差委西安府知府徐棣署臣標中軍叅
將[illegible]相齎遞陝西巡撫銀印壹顆

王[illegible]面杆印次[illegible]奉

勅諭

聖訓

上諭

欽頒書籍及一切文卷等項到臣謹即恭設香案望

闕叩頭謝

恩接印任事除一切地方事宜容臣次第辦理外所

有微臣接印日期理合恭疏

題報謹具

題

聞

上諭　著照林則徐所請以濮城陞補陝西興安府知府

道光二十七年二月二十七日內閣奉
上諭林則徐奏揀員升補要缺知府一摺著照所請
陝西興安府知府員缺准其以濮城升補該部知
道欽此

陝西巡撫林則徐題本　**咸寧縣客民張仁名下應追贓銀查係赤貧無力完繳請准豁免**

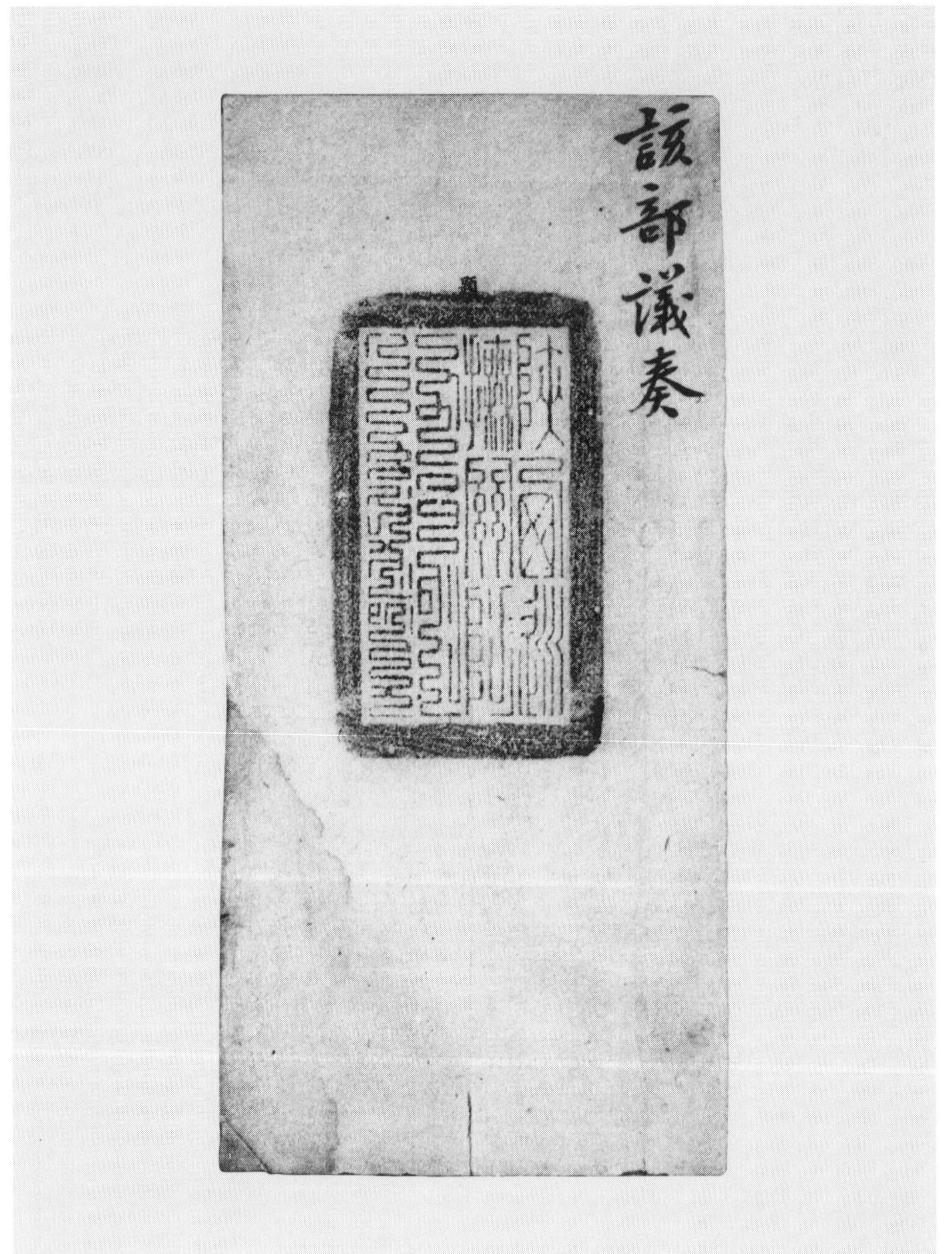
該部議奏

陝西巡撫林則徐題本　咸寧縣客民張仁名下應追贓銀查係赤貧無力完繳請准豁免

道光二十七年二月二十七日

兵部侍郎兼都察院右副都御史巡撫陝西等處地方贊理軍務兼理糧餉臣林則徐謹
題為贓銀力不能完詳請彙
題豁免事據兼署陝西按察使張集馨呈稱查定
例入官贓貳拾兩以上給主贓叁拾兩以上監
追壹年之上勘實力不能完者歲底彙題請
旨定奪又竊盜贓著地方官於定案之日嚴行比追
如果力不能完即將本犯治罪隨時取結詳報
分別題咨豁免又奉准刑部咨嗣後一切彙題
事件統限開印後兩月具
題又入官贓貳拾兩以上給主贓叁拾兩以上著
監追半年勘實力不能完俱免著追由該督撫
歲底彙題各等因遵照在案茲查西安府咸寧

陝西巡撫林則徐題本　咸寧縣客民張仁名下應追贓銀查係赤貧無力完繳請准豁免　道光二十七年二月二十七日

縣一件查拏究辦事咸寧縣客民張仁販賣鴉
片烟土省將張仁依興販鴉片烟照收買違禁
貨物枷號壹箇月發近邊充軍例枷號壹箇月
發近邊充軍所得贓銀奉准部覆飭追入官兹
據該縣以張仁名下應追入官贓銀貳百叁拾
柒兩肆錢業經嚴行着追兹詳請移咨廣東巡
撫飭令該犯原籍大埔縣查明實係赤貧無力
完繳等情取具印甘結申詳到司據此該兼署
陝西按察使張集馨覆查該犯張仁名下贓銀
實係赤貧無力完繳與
題之例相符理合遵照酌歸簡易條款摘叙案由
造具贓數清冊同齎到印甘結詳請核

陝西巡撫林則徐題本　咸寧縣客民張仁名下應追贓銀查係赤貧無力完繳請准豁免

道光二十七年二月二十七日

題等情到前護撫臣楊以增移交到臣。該臣看得
定例入官贓貳拾兩以上、給主贓叁拾兩以上
監追壹年之上，勘實力不能完者，例應於歲底
彙
題。茲據布政使張集馨詳稱：道光貳拾陸年
分西安府咸寧縣一件查拏究辦事。咸寧縣客
民張仁販賣鴉片烟土，審將張仁依興販鴉片
烟照收買違禁貨物枷號壹箇月發近邊充軍
例，枷號壹箇月發近邊充軍。所得贓銀，奉准部
覆飭追入官。茲據該縣以張仁名下應追入官
贓銀貳百叁拾柒兩肆錢，業經嚴行著追，並詳
請移咨廣東巡撫飭令該犯原籍大埔縣查明

陝西巡撫林則徐題本 咸寧縣客民張仁名下應追贓銀查係赤貧無力完繳請准豁免

道光二十七年二月二十七日

實係赤貧無力完繳與彙
題豁免之例相符由司摘叙案由造冊取結請
題前來臣覆核無異除冊結送部外理合具
題伏祈
皇上聖鑒勅部議覆施行爲此具本謹
題請
旨

陝西巡撫林則徐題本　咸寧縣客民張仁名下應追贓銀查係赤貧無力完繳請准豁免

道光二十七年二月二十七日

道光[illegible]兵部侍郎兼都察院右副都御史巡撫陝西等處地方贊理軍務兼理糧餉臣林則徐

兵部侍郎兼都察院右副都御史巡撫陝西等處地方贊理軍務兼理糧餉臣林則徐謹

題爲贓銀力不能完詳請彙

題豁免事該臣看得定例入官贓貳拾兩以上給

主贓叁拾兩以上監追壹年之上勘實力不能

完者例應於歲底彙

題玆據兼署按察使張集馨詳稱道光貳拾陸年

分西安府咸寧縣客民張仁名下應追贓銀實

係赤貧無力完繳與彙

題豁免之例相符由司摘叙案由造冊取結請

題前來臣覆核無異除冊結送部外謹

題請

旨

陝西巡撫林則徐奏片

陝西省道光二十七年正月份收捐監生銀數

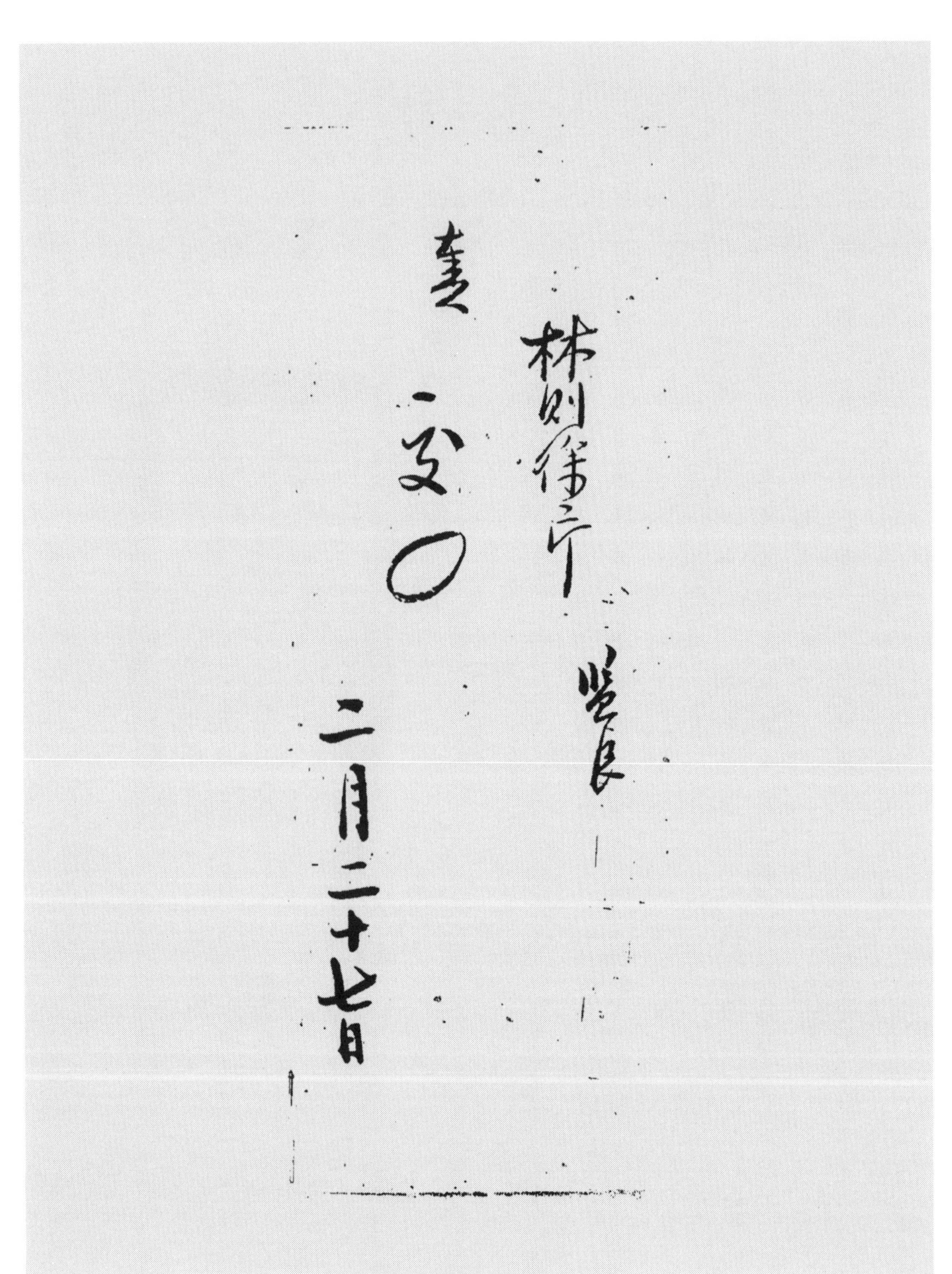

林則徐片

覽

奏

二月二十七日

陝西巡撫林則徐奏片　陝西省道光二十七年正月份收捐監生銀數　道光二十七年二月二十七日

再查陝省收捐監生銀兩截至道光二十六年
十二月底止共存銀一萬三千四百二十兩業經
隨摺附片
奏明在案今自道光二十七年正月分又報捐監生
四名收貯司庫銀四百三十二兩連前共存銀
一萬三千八百五十二兩理合循例附片奏
聞謹
奏
道光二十七年二月二十七日奉
硃批戶部議奏欽此

陝西巡撫林則徐奏摺 **請以寶鷄縣知縣李夢愚陞補佛坪廳同知**

林則徐請將李夢愚升佛坪同知摺

奏

另有旨

三月二十二日

二六

陝西巡撫林則徐奏摺　請以寶鷄縣知縣李夢恩陞補佛坪廳同知

道光二十七年三月初九日

陝西巡撫臣林則徐跪

奏為揀員升補南山要缺同知以重地方仰祈

聖鑒事竊照漢中府佛坪廳同知陳堯書因病出缺

經前撫臣楊以增奏請

題報在案所遺佛坪廳同知係繁疲難要缺例應

在外揀員升調查該廳為南山要地幅員遼闊

奸宄易滋必精明幹練熟悉情形之員方克勝

任臣與藩臬兩司在於通省同知內逐加遴選

非現居要缺即人地未宜實無可調之員惟查

有寶鷄縣知縣李夢恩年五十六歲山東進士

歸班候選于道光二十年七月選授興平知縣

於十月到任二十四年

陝西巡撫林則徐奏摺　請以寶鷄縣知縣李夢愚陞補佛坪廳同知

道光二十七年三月初九日

奏調今職，因擒獲賊匪，上屆彙奏，奉
旨賞加同知銜。該員樸直老成，安詳穩實，任內因公
處分例不嚴計，以之升補佛坪廳沿邊要缺，實
屬人地相宜。據藩臬兩司會詳請
奏前來，合無仰懇
天恩，俯念要缺需員，
准以寶雞縣知縣李夢愚升補佛坪廳同知，于地方
實有裨益。如蒙
俞允，該員係知縣升補同知，應俟部覆到日給咨送
部引
見。至所遺寶雞縣知縣員缺，係衝繁難要缺，容日揀
員調補。合併陳明。所有揀員升補南山邊要同

二六 陝西巡撫林則徐奏摺　請以寶鷄縣知縣李夢愚陞補佛坪廳同知
道光二十七年三月初九日

知緣由，謹會同督臣布彥泰合詞恭摺具

奏伏祈

皇上聖鑒訓示謹

奏

道光二十七年三月廿二日奉

硃批　欽此

三月初九日

陝西巡撫林則徐奏摺　**請御書匾額頒發西嶽華山以答神貺而順輿情**

林則徐　請頒嶽廟匾額由

奏

○

隨旨交

三月二十二日

二六

陝西巡撫林則徐奏摺　請御書匾額頒發西嶽華山以答神貺而順輿情

道光二十七年三月初九日

陝西巡撫臣林則徐跪

奏為

嶽靈式昭顯應佑庇民生恭懇

天恩頒給匾額以答

神貺而順輿情仰祈

聖鑒事竊照陝省西安同州鳳翔乾州四府州屬自

上年夏秋雨澤愆期大田苦旱節經臣率屬祈

禱未獲甘霖因查各屬同州府屬之華山歷代

尊為西嶽作鎮金方

國朝每遇大典咸遣官祭告春秋二季由臣派

員致祭漢臣樊毅謂其能通精氣興雲雨又

用昭明百穀繁殖故每遇亢旱之年祈禱輒應勅

二六　陝西巡撫林則徐奏摺　請御書匾額頒發西嶽華山以答神貺而順輿情

道光二十七年三月初九日

碑記載信而有徵。臘月初旬，經臣遣員齎捧祝
文，恭詣山頂之仰天池取水出，甫有雨於省城
嶽廟拈香步禱，旋得雪澤兩次，雖入土未甚深透，
而人心藉以稍安。交春以來，地脈乾燥，旱暵之
前護撫臣楊以增復又恭詣步禱，於二月初八
及十四等日連沛優渥，沱已入土，二麥苗始能
青葱長發。其先未種麥之處，或補種雖遲
或即種秋禾，皆可有所指望。遠近農民同深慶幸，莫不
西嶽金天宮匾額，康熙年間
欽賜「靈蹟仙掌」，乾隆四十年
欽賜「嶽蓮靈澍」，四十五年又
欽賜「金祇載福」，均經恭懸正殿

兩朝奎畫輝映後先久已並麗三辰增光岳嶽華惟我
皇上禮隆望秩
德徧懷柔凡茲
神貺之昭融悉本
聖心之感格今
嶽靈屢彰歲應澤於三春祇應仰懇
御書匾額頒發到陝以便敬謹鉤摹鐫刻懸掛廟
龍章鳳彩照耀華巒俾簪裳共荷觀瞻肸蠁益隆嗣
此後更必雨暘時若年穀順成酬
靈貺而展虔印信感
英施於無既矣茲據布政使楊以增暨署按察使張
集馨會詳請奏前來臣謹會同陝甘總督臣布

二六

陝西巡撫林則徐奏摺 請御書匾額頒發西嶽華山以答神貺而順輿情
道光二十七年三月初九日

專案合詞恭摺具
奏伏乞
皇上聖鑒謹
奏
道光二十七年三月二十一日奉
硃批 覽
三月初九日

陝西巡撫林則徐奏摺

查明上年被旱各屬民力拮据分別輕重請緩徵蒲城等處錢糧

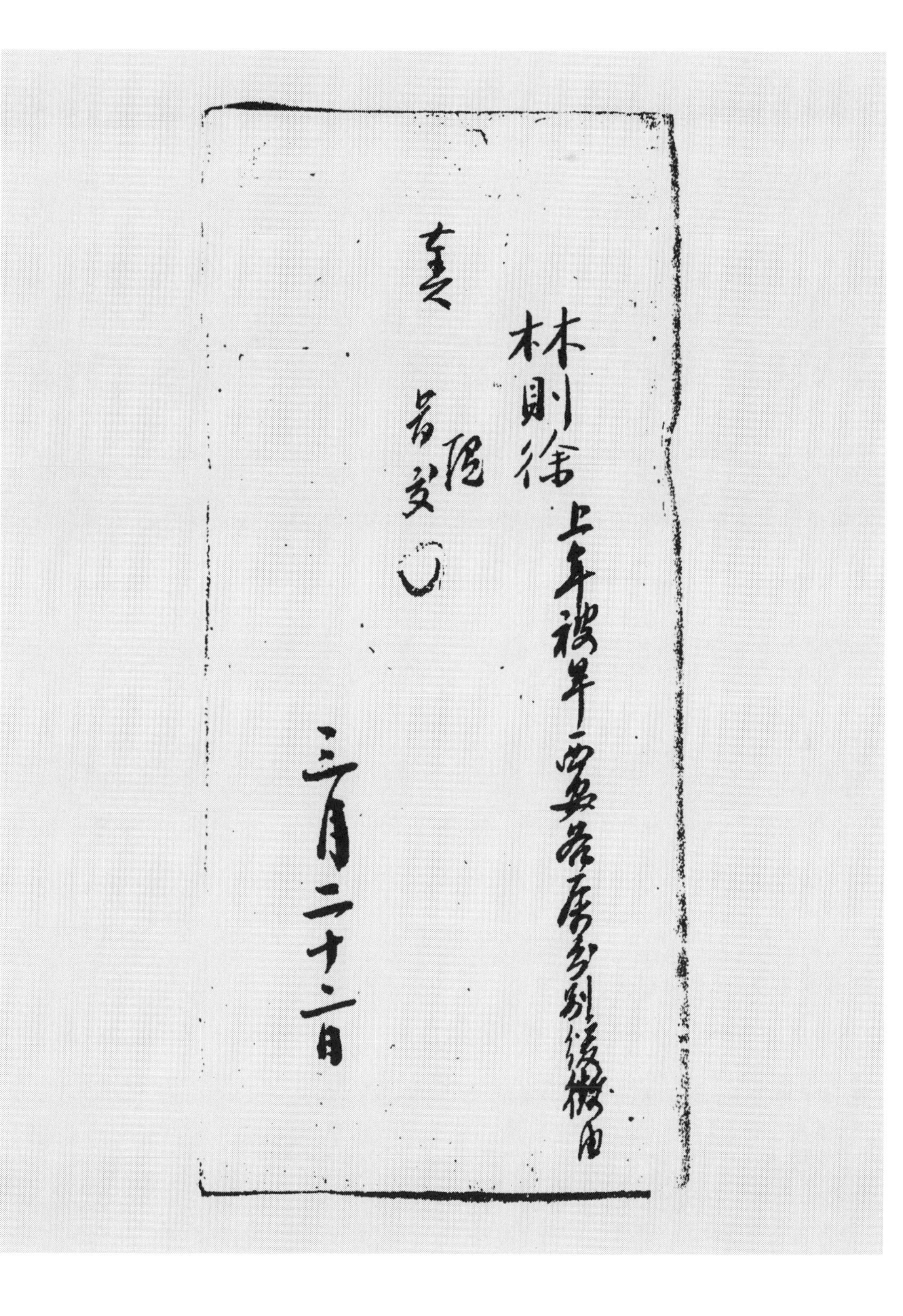

林則徐 上年被旱西安各屬分別緩徵由

三月二十二日

陝西巡撫林則徐奏摺　查明上年被旱各屬民力拮据分別輕重請緩徵蒲城等處錢糧

道光二十七年三月初九日

二六

陝西巡撫林則徐奏摺　查明上年被旱各屬民力拮据分別輕重請緩徵蒲城等處錢糧

道光二十七年三月初九日

陝西巡撫臣林則徐跪

奏爲查明上年被旱各屬民力拮据請將本年上

忙錢糧

恩分別緩徵仰祈

聖鑒事竊照陝省西安鳳翔乾州同州等府州屬上年

秋冬亢旱日久二麥播種失時雖於臘內得

有雪澤又被大風刮散存積無多地土仍形乾

燥迨本年二月中旬始獲透雨田農功得有接續

實深慶幸但該省州屬皆係平原地土一年之

計專賴麥收秋冬種麥本稀及至春雨普沾已

在清明前節只可播種秋糧直至八九月間方

能有收是今歲青黃不接較往年爲日更長

陝西巡撫林則徐奏摺　查明上年被旱各屬民力拮据分別輕重請緩徵蒲城等處錢糧
道光二十七年三月初九日

經臣籌備籌辦平糶出借並勸紳富捐輸各
俾各村不通藉資口食其上忙錢糧正值開徵
誠恐完納維艱不得不量為寬緩當於前月奏
報雨水摺內聲敘
奉旨當即飭司派委委員會勘去後茲據藩司楊
以增詳稱飭據委員分赴各處會同該州縣等
逐一履勘陸續得霖除被旱較輕暨已種二麥
現因得雨收成可望者均照常徵收錢糧外惟
蒲城縣赤地居多間有數處麥苗極形疏弱經
雨亦難期其發而該縣土性向止種麥不宜雜
糧勸早補種仍恐無濟情形最重所有本年
上忙額徵地丁錢糧應請全行展緩其餘高

陝西巡撫林則徐奏摺　查明上年被旱各屬民力拮据分別輕重請緩徵蒲城等處錢糧

道光二十七年三月初九日

陵富平三原涇陽澄城郃陽韓城大荔白水
朝邑華州華陰渭南興平咸陽臨潼醴泉
長安咸寧扶風乾州武功二十二州縣亦須量為
區處俾紓民力分別輕重酌議應徵應緩分數
由司彙核具詳請
奏前來臣復將各該州縣情形細加察看大抵麥
收可望者尚不能及半縱得雨之後趕得翻
犁補種而收穫總須待至秋後是春夏並無所
獲閭閻謀食甚艱若將錢糧照常催徵實堪力
有未逮自應酌量請緩以恤民艱合無仰懇
天恩俯准將最旱之蒲城縣上忙新舊錢糧全數緩
至本年秋成徵收五分尚緩五分遞至道光二

十八年夏秋帶徵其次之高陵醴泉扶風乾州
武功五州縣酌徵熟地一二分其餘從緩又其
次之富平三原涇陽興平澄城郃陽韓城七州縣
各徵三分緩七分大荔朝邑二縣各徵四分緩
六分咸陽縣徵四分八釐緩五分二釐長安白
水二縣各徵五分緩五分臨潼渭南二縣各徵
五分餘緩四分餘華陰縣徵六分緩四分咸寧
華州二州縣各徵七分緩三分以上歉緩上忙錢
糧同富平涇陽二縣上年下忙請緩地丁銀
兩並咸陽縣上年未緩應徵道倉粟米四千三
十一石又興平縣上年未緩應徵道倉糧暨縣
倉粟共二千二百六十石零擬請緩至本年秋

陝西巡撫林則徐奏摺　查明上年被旱各屬民力拮据分別輕重請緩徵蒲城等處錢糧

道光二十七年三月初九日

以起徵一俟奉到

恩旨俾即刊刻謄黃遍行曉諭俾小民共沐

皇仁感戴無既矣除飭司造具應緩徵細數清

冊咨部外所有查明各屬上年被旱分別輕重

奏議緩徵緣由理合恭摺具

奏伏乞

皇上聖鑒訓示謹

奏

道光二十七年三月二十二日奉

硃批　欽此

三月初九日

奏

林則徐　道庫糧石請展限奏銷由

限

旨交〇

三月二十二日

陝西巡撫臣林則徐跪

奏為省道倉應徵糧石勢難令其按數徵完並懇

天恩酌展奏銷限期以紓民力仰祈

聖鑒事竊照陝省道倉上年應徵秋糧十萬六千二

百三石八斗零因值亢旱各州秋收歉薄之

納糧石之咸寧等十三州縣除被旱村莊經臣

奏酌准緩四萬九千三百四十六石零於本年秋後起

徵外尚有未緩糧五萬六千七百五十七石八斗

零復因該州縣等雨雪愆期冬麥未能普

種民情竭蹶交納維艱又經臣於上年十二

月內

奏明展至本年三四月間完難照數徵收再將奏

陝西巡撫林則徐奏摺 請展緩咸寧等十三州縣應徵糧石奏銷期限至本年秋季 道光二十七年三月初九日

銷限期酌量請展事

硃批：知道了。欽此。欽遵在案。茲查各項未緩糧

石，除盩厔、鄠縣、藍田共糧二萬四千九百九十三石

零，該三縣上年收成中稔，尚可儘限掃數完納，

並咸陽、興平二縣現已另摺

奏請緩徵外，尚有應徵未緩糧石，均在咸寧等州

縣村莊之內，量為該管道督率印委各員相機

催納，無如窮民值此青黃不接，更形拮据，

難赴期徵比，是該兩奏銷例限，實於每年夏季內應

奏報，為日已屬無多，不得不酌量請展緩，據藩司楊

以增、督糧道張集馨會詳請

奏前來，臣復悉心體察，委係實在情形，相應奏懇

陝西巡撫林則徐奏摺 請展緩咸寧等十三州縣應徵糧石奏銷期限至本年秋季 道光二十七年三月初九日

聖恩俯准將咸寧等十三州縣應徵糧石奏銷展至
本年秋季辦理俾窮黎所積緩追呼霑寬限
寬至積逋日久頂戴
鴻慈億無既極除交代兵糧事宜另片兩請覈遵外
所有道倉徵糧請緩奏銷限期緣由謹繕摺具
奏伏乞
皇上聖鑒訓示謹
奏
道光二十七年三月二十日奉
硃批 欽此
三月初九日

硃

道光二十七年三月十六日内閣奉

上諭兩江總督著李星沅調補林則徐著補授雲貴總督俱即赴新任毋庸來京請訓林則徐未到任以前雲貴總督著程矞采兼署楊以增著補授陝西巡撫於明年冬間來京陛見陝西布政使著恒春補授所遺山西按察使著劉源灝補授欽此

陝西巡撫林則徐題本　**審擬宜君縣客民崔充子因索欠爭角致李金良身死一案**

三法司核擬具奏

陝西巡撫林則徐題本 審擬宜君縣客民崔充子因索欠爭角致李金良身死一案 道光二十七年三月十八日

兵部侍郎兼都察院右副都御史巡撫陝西等處地方贊理軍務兼理糧餉臣林則徐謹

題爲報明事。據兼署陝西按察使張集馨呈據鄜

州直隸州知州潘政舉申據宜君縣知縣陳模

詳稱：准前代理縣徐鏡移交，道光貳拾陸年柒

月貳拾捌日，據縣屬五溝村鄉約常登雲報據

李貴投稱：本月貳拾陸日早，有客民崔充子因

向伊兄李金良索欠爭吵，用拳毆傷伊兄左眼

胞，致伊兄撲毆失跌倒地，痰壅氣閉身死。往看

屬實，理合報驗等情。據此，隨帶刑仵親詣屍所，

飭昇平地，如法相驗。據仵作李有得喝報：已死

李金良問年叁拾壹歲，驗得仰面不致命左眼

胞拳傷壹處，圍圓肆寸捌分，青紫色；上脣吻磕

傷壹點紫色口微開有涎沫流出餘無別故委
係生前撲跌疫壅氣閉身死報畢親驗無異飭
令該犯崔充子按拳比對屍傷相符當場填格
取結屍令棺殮訊據鄉約常登雲供與報呈同
據屍弟李貴供已死李金良是小的貳胞兄向
患疫氣病症時發時愈這崔充子是山西榮河
縣人在案下馬欄鎮開糧食鋪生理合小的弟
兄素相交好哥子平日賒欠他鋪內糧食貨錢
拾千文崔充子屢討沒給小的知道的道光貳
拾陸年柒月貳拾陸日早小的前赴鄰村趕集
隨後有工人王福貴們來說崔充子往向哥子
索欠沒還要量茶子作抵哥子不肯口角爭吵

陝西巡撫林則徐題本　審擬宜君縣客民崔充子因索欠爭角致李金良身死一案　道光二十七年三月十八日

崔充子用拳毆傷哥子左眼胞哥子撲毆失跌
倒地觸發舊患痰症氣閉身死的話小的趕回
看明投約報驗的求伸冤據見證王禰貴徐得
亮同供小的們都在李金良家幫做短工道光
貳拾陸年柒月貳拾陸日早小的們在門前工
作見這崔充子去向李金良索討欠錢李金良
推緩崔充子不依就用身帶口袋進內要量地
上菜子李金良上前攔阻致相爭吵崔充子用
拳毆傷李金良左眼胞小的們正在攏勸不料
李金良向崔充子撲毆失跌倒地磕傷上唇吻
觸發舊患痰症口吐涎沫幫同扶救沒效不一
會氣閉身死小的們就去告知他兄弟李貴趕

陝西巡撫林則徐題本　審擬宜君縣客民崔充子因索欠爭角致李金良身死一案　道光二十七年三月十八日

回看明投約報驗的殺阻刀及是實據充犯崔
充子供年貳拾捌歲山西榮河縣人父親崔鳳
洛年陸拾玖歲母親王氏年陸拾肆歲沒有弟
兄女人趙氏沒生子女小的向在秦下馬攔鎮
開糧食鋪生理合已死李金良素好沒嫌李金
良平日在小的鋪內交易陸續賒欠糧食貨錢
共拾千文小的屢討沒給道光貳拾陸年柒月
貳拾陸日早小的攜帶裝錢口袋又去索討前
欠李金良仍復推諉小的[illegible][illegible]見他窯內地上
堆有菜子數斗就帶口袋進內要量菜子抵欠
李金良上前攔阻致相爭吵小的用拳打他左
眼胞奩下李金良向小的撲毆小的閃開不料

陝西巡撫林則徐題本　審擬宜君縣客民崔充子因索欠爭角致李金良身死一案　道光二十七年三月十八日

他撲空失跌倒地磕傷上唇吻觸發舊患痰症
口吐涎沫是王福貴徐得亮趕攏喝阻幫同扶
救沒效不一會李金良氣閉身死實係索欠爭
吵撲毆失跌並非有心致死也沒起衅別故求
恩典各等供據此將該犯收禁填格錄供詳報
奉批飭審代理縣徐鑛未及覆審卸事卑職回
任接准移交遵提犯證覆鞫除各供同前不敘
外訊據兇犯崔充子供年貳拾玖歲山西滎河
縣人父親崔鳳洛年柒拾歲母親王氏年陸拾
伍歲沒有弟兄女人趙氏沒生子女小的向在
案下馬欄鎮開糧食鋪生理合已死李金良素
好沒嫌李金良平日在小的鋪內交易陸續賒

欠糧食貨錢共拾千文小的屢討沒給道光貳拾陸年柒月貳拾陸日早小的攜帶裝錢口袋又去索討前欠李金良仍復推緩小的不依見他窯內地上堆有菜子數斗就帶口袋進內要量菜子抵欠李金良上前攔阻致相爭吵小的用拳打他左眼胞壹下李金良向小的撲毆小的閃開不料他撲空失跌倒地磕傷上唇吻觸發舊患痰症口吐涎沫是王福貴徐得亮趕攏喝阻幫同扶救沒效不一會李金良氣閉身死實係索欠爭吵撲毆失跌致斃非有心致死也沒起衅別故求恩典等供據此該宜君縣知縣陳模審看得客民崔充子因向李金良索欠爭角

陝西巡撫林則徐題本　審擬宜君縣客民崔充子因索欠爭角致李金良身死一案　道光二十七年三月十八日

致李金良撲毆失跌痰壅氣閉身死一案緣崔
充子籍隸山西榮河縣來至阜縣馬欄鎮開糧
食鋪生理與已死李金良素好無嫌李金良素
患痰氣病症時發時愈平日常在崔充子鋪內
交易陸續賒欠糧食貨錢共拾千文崔充子屢
索無償道光貳拾陸年柒月貳拾陸日早崔充
子攜帶裝錢口袋往向李金良索討前欠李金
良仍復推綫崔充子不依瞥見其窯內地上堆
有菜子即攜口袋進內欲量菜子抵欠李金良
上前攔阻致相爭吵崔充子用拳毆傷其左眼
胞李金良撲向回毆崔充子閃開致李金良撲
空失跌倒地磕傷上唇吻觸發舊患痰症口吐

涎沫經伊工人王福貴等趕攏勸阻幫同扶救
罔效移時殞命報經代理知縣徐鑛驗訊通詳
奉批飭審徐鑛未及覆審卸事卑職回任接准
移交遵提覆鞫各供前情，不諱詰非有心致死
亦無起衅別故案無遁飾查律載鬭毆殺人者
不問手足他物金刃並絞監候等語此案崔充
子因向李金良索欠爭角先毆傷其左眼胞致
李金良撲毆失跌痰壅氣閉身死已有爭鬭情
形自應依律問擬崔充子合依鬭毆殺人者不
問手足他物金刃並絞律擬絞監候據供父老
丁單是否屬實俟秋審時查明取結核辦見證
王福貴等救阻不及請免置議李金良所欠錢

文身死勿徵無干省釋屍棺飭屬領埋是否允
協理合連犯解候審轉等情到州該鄜州直隸
州知州潘政舉審看無異招解到司該兼署陝
西按察使張集馨審看相同具詳轉解到臣隨
提犯親訊據供與該縣州司所審無異該臣看
得宜君縣客民崔充子因向李金良索欠爭角
致李金良撲毆失跌痰壅氣閉身死一案緣崔
充子籍隸山西榮河縣來至該縣馬欄鎮開糧
食鋪生理與已死李金良素好無嫌李金良素
患痰氣病症時發時愈平日常在崔充子鋪内
交易陸續賒欠糧食價錢共拾千文崔充子屢
索無償道光貳拾陸年柒月貳拾陸日早崔充

二六

陝西巡撫林則徐題本　審擬宜君縣客民崔充子因索欠爭角致李金良身死一案

道光二十七年三月十八日

子攜帶裝錢口袋往向李金良索討前欠李金
良仍復推緩崔充子不依嚷罵其窯內地上堆
有菜子即攜口袋進內欲量菜子抵欠李金良
上前攔阻致相爭吵崔充子用拳毆傷其左眼
胞李金良撲向回毆崔充子閃開致李金良撲
空失跌倒地磕傷上唇吻觸發舊患痰症口吐
涎沫經伊工人王福貴等趕攏勸阻幫同扶救
因致移時殞命報驗審認不諱詰非有心致死
亦無起衅别故此案崔充子因向李金良索欠
爭角先毆傷其左眼胞致李金良撲毆失跌痰
壅氣閉身死已有爭鬭情形自應依律問擬應
如該縣州司所擬崔充子合依鬬毆殺人者不

問手足他物金刃並絞律擬絞監候該侯父老
丁單是否屬實俟秋審時飭令查明取結核辦
見證王福貴等救阻不及應免置議李金良所
欠錢文身死勿徵無干省釋理合具
題伏祈
皇上聖鑒勅下法司核覆施行再此案限期應以道
光貳拾陸年柒月貳拾捌報官之日起前代理
縣徐鎮未及審解於拾月初陸日卸事計歷限
兩箇月零捌日本任知縣陳模即於是日回任
例應展限壹箇月該縣由州至省柒百陸拾里
除程限拾伍日又除封印壹箇月扣至貳拾柒
年肆月拾叁日統限屆滿合併陳明爲此具本

陝西巡撫林則徐題本 審擬宜君縣客民崔充子因索欠爭角致李金良身死一案 道光二十七年三月十八日

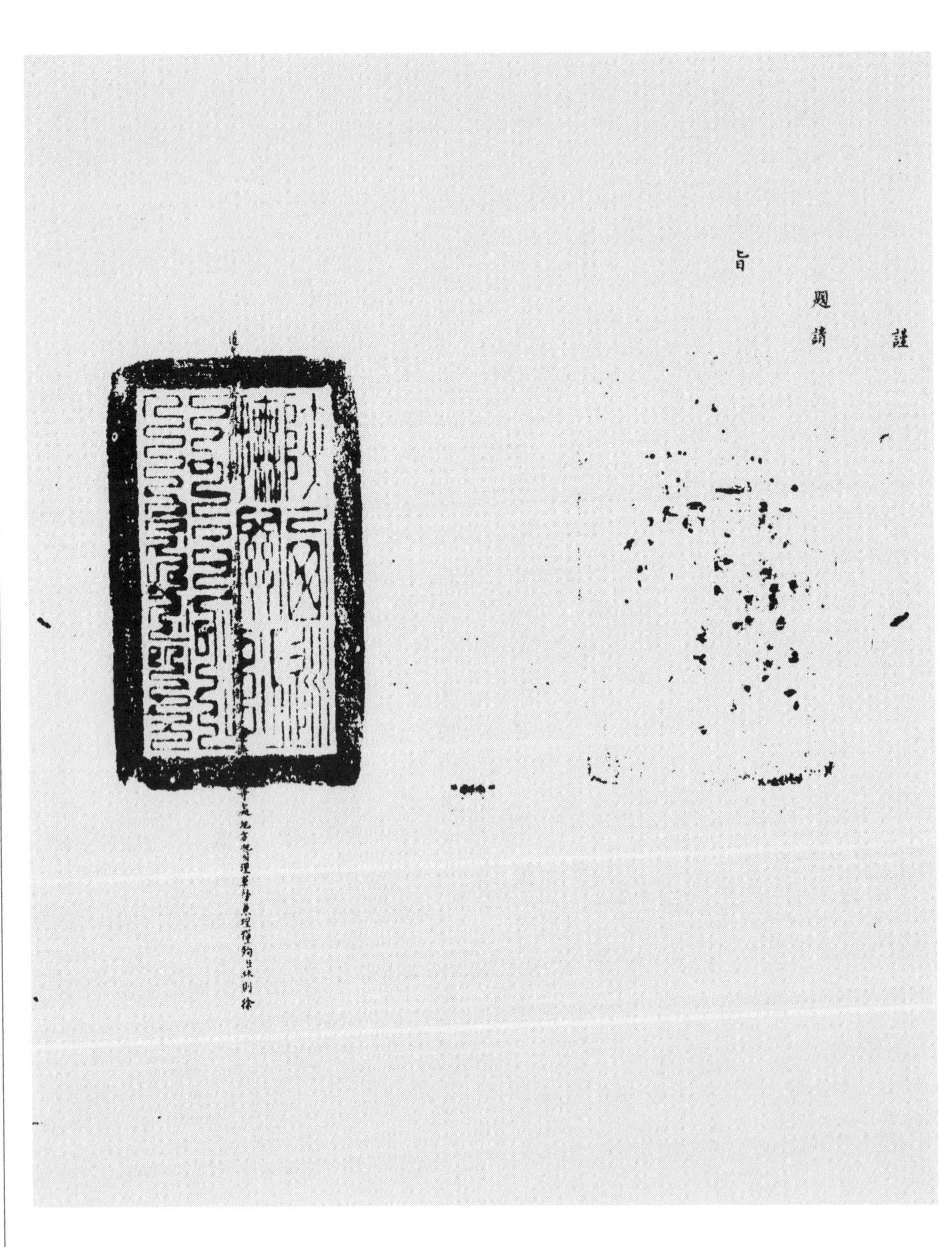
謹

題請

旨

道[illegible]等處地方提督軍務兼理糧餉臣林則徐

陝西巡撫林則徐題本 審擬宜君縣客民崔充子因索欠爭角致李金良身死一案

道光二十七年三月十八日

兵部侍郎兼都察院右副都御史巡撫陝西等處地方贊理軍務兼理糧餉臣林則徐謹
題爲報明事該臣看得宜君縣客民崔充子因向
李金良索欠爭角致李金良撲毆失跌痰壅氣
閉身死一案緣崔充子開糧食鋪生理與李金
良素好無嫌李金良素患痰氣病症時發時愈
平日常在崔充子鋪內交易陸續賒欠糧食貨
錢共拾千文崔充子屢索無償道光貳拾陸年
柒月貳拾陸日早崔充子攜帶裝錢口袋往向
李金良索討前欠李金良仍復推緩崔充子不
依瞥見其窯內地上堆有菜子即攜口袋進內
欲量菜子抵欠李金良上前攔阻致相爭吵崔
充子用拳毆傷其左眼胞李金良撲向回毆崔
充子閃開致李金良撲空失跌倒地磕傷上唇
吻觸發舊患痰症口吐涎沫移時殞命驗審不
諱崔充子依鬬殺律擬絞監候謹
題請
旨

上諭　著照林則徐所請緩徵蒲城等處錢糧

道光二十七年三月二十二日内閣奉
上諭林則徐奏查明被旱各屬請將上忙錢糧分别
緩徵一摺陝西西安等府州屬上年亢旱日久二
麥播種失時閭閻謀食維艱若照常催徵民力恐
有未逮加恩著照所請准將最旱之蒲城縣上忙
額徵錢糧全數緩至本年秋後徵收五分尚餘五
分遞至道光二十八年春秋帶徵其次之高陵醴
泉扶風乾州武功五州縣酌徵熟地一二分其餘
從緩又其次之富平三原涇陽興平澄城郃陽韓
城七縣各徵三分緩七分大荔朝邑二縣各徵四
分緩六分咸陽縣徵四分八釐緩五分二釐長安
白水二縣各徵五分緩五分臨潼渭南二縣各徵

五分餘緩四分餘華陰縣徵六分緩四分咸寧華州二州縣各徵七分緩三分以上所緩上忙錢糧同富平涇陽二縣上年下忙請緩地丁銀兩並咸陽縣上年未緩應徵道倉粟米四千三十一石零興平縣上年未緩應徵道倉糧暨縣倉米共二千二百六十石零概行緩至本年秋後啓徵以紓民力該撫即刊刻謄黃徧行曉諭務使實惠及民無任吏胥舞弊用副朕軫念欵區至意該部知道欽此

上諭 著准將咸寧等十三州縣應徵糧石奏銷期限展至本年秋季

道光二十七年三月二十二日內閣奉
上諭林則徐奏道倉徵糧懇緩奏銷期限一摺著照
所請陝西咸寧等十三州縣雨雪愆期民情竭蹶
應徵糧石勢難尅期徵足著准其展至本年秋季
再行辦理奏銷欽此

上諭　著照林則徐所請以李夢愚陞補陝西佛坪廳同知

道光二十七年三月二十二日内閣奉

上諭林則徐奏揀員升補要缺同知一摺著照所請陝西佛坪廳同知員缺准其以李夢愚升補照例送部引見該部知道欽此

二六　陝西巡撫林則徐奏片　籌撥兵糈擬於上年奏銷支剩及備貯粟米內暫借支放

道光二十七年三月二十二日

陝西巡撫林則徐奏片　**籌撥兵糈擬於上年奏銷支剩及備貯粟米內暫借支放**

交　○林則徐片

再，道倉領存各色粮石，向係甲年收倉，乙年支放。
兹查道光二十六年額征米、麦、豆粮一十四萬石
千一百三十九石零，業於二十六年奏銷本兩年冊造實
存項下支剩十八、二十及二十一、廿二年、廿四年粟米一
百石，于二十六年二月間飭撥兵糈二十七年分備支滿漢
各營兵馬之需，惟移計上年未完未領粮
石，截至本年四月底止，計收各粮粟米僅有
一萬八千二百二十七石零，其餘各屬雖係作緩
需，已經支放所需粟米之數，一月扣算兵
糈計口授食，支放不敷，到近日在籌爲籌畫，俾
急需撥項，查道光二十六年奏銷本年兩年
冊存實在項下支剩粮內有道光十八年

起至二十四年以來估粟米九千五百九十二石
零又無庸籌糧道前商請撥入二十六年
額征項下動用其尾數之款存于備用貯粟米
內暫借動給俟秋成照收由復徵糧數一併
帶征歸款如此轉移間既于兵糈不致有
悞而撙儲亦無虧據糧道會詳前
來理合附片奏
聞伏乞
聖鑒謹
奏
道光二十七年三月二十二日奉
硃批依議欽此

陝西巡撫林則徐奏片　續准戶部飭撥陝西捐輸銀二十萬兩已委員分解天津道庫

交。○林則徐片

再准戶部咨開飭將陝省設捐籌案經費再撥
銀二十萬兩解交天津道庫以備收米給價等
因查陝省捐輸截至上年十月底止共收銀
一百四十萬六千八百餘兩內籌餉動用歸還
以及籌設分貯並請獎商生息及前次委員解
赴天津道庫銀二十萬兩外計存銀十四萬餘
兩應復將前項存銀同餘捐內續收之銀湊足
二十萬兩由司詳委候補知縣任恩培曹映斗
二員齎解務于二月內起程解赴天津道庫交
收以應要需除分咨戶部暨直隸督臣查照外
該項候准咨撥銀兩亦已分起解運緣由理合
附片陳明伏乞

聖鑒謹
奏
道光二十七年三月二十二日奉
硃批：知道了。欽此。

上諭　著照林則徐所請頒發華山御書匾額並大藏香

道光二十七年三月二十四日内閣奉

上諭林則徐奏

嶽靈顯應請頒扁額一摺陝西省華山

嶽靈屢彰顯應澤被三秦自宜特頒扁額以答

神貺發去御書扁額一方交楊以增祇領敬謹懸

挂並發去大藏香十炷著該撫祇領虔詣

嶽廟祀謝欽此

陝西巡撫林則徐奏摺　**請以咸寧縣知縣陸銓陞補潼關廳同知**

林則徐　請以陸銓升補潼關
廳同知由

奏
旨　隨
旨〇

四月初八日

二六　陝西巡撫林則徐奏摺　請以咸寧縣知縣陸銓陞補潼關廳同知

道光二十七年三月二十五日

陝西巡撫臣林則徐跪

奏爲揀員升補要缺同知以裨地方仰祈

聖鑒事竊照潼關廳同知濮誠升任

奏請升補興安府知府已蒙

諭旨允准在案所遺員缺係衝繁難兼三要缺例應在

外揀選升調該廳爲入陝門戶與山西河南接壤地

居首站差務殷繁非精明強幹之員不足以資治

理臣與藩臬兩司於通省同知通判知州內逐加遴

選非現居要缺即人地未宜實無堪調之員惟查

有咸寧縣知縣陸銓年四十二歲江蘇監生由捐

納從九品因川楚事宜赴陝投效出力保奏以縣丞

歷敘至州同選補略陽縣知縣道光六年調赴甘肅

辦理軍務出力案
旨着以知縣即補，歷次補授山陽縣知縣，調補三原縣
知縣
奏調斯缺，二十三年四月初任。因三原縣任內經徵
丁銀數足三載全完，並無不符，俸滿即升，又捐輸
營務經費，欽奉
諭旨賞加同知銜。該員老成穩練，在陝年久，熟悉地方
情形，且係俸滿即升之員，亦有罰俸部議兩案，業已
完繳清楚。以之升補潼關廳要缺同知，實屬
合例，亦堪勝任。據藩臬兩司會詳請
奏前來，合無仰懇
天恩俯念人缺相需，准以陸銓陞補

陝西巡撫林則徐奏摺　請以咸寧縣知縣陸銓陞補潼關廳同知
道光二十七年三月二十五日

敕部核覆
准以咸寧縣知縣陸銓陞補潼關廳同知員缺
於地方有裨益
俞允俟部覆到日給咨赴部引
見至所遺咸寧縣知縣員缺係衝繁疲難兼四要缺
俟揀員另行調補合併陳明所有請升員缺
緣由謹會同陝甘總督臣布彥泰合詞
恭摺具
奏伏乞
皇上聖鑒訓示謹
奏
道光二十七年四月初八日奉

陝西巡撫林則徐奏摺 請以咸寧縣知縣陸銓陞補潼關廳同知
道光二十七年三月二十五日

硃批 吏部議奏

三月二十五日

陝西巡撫林則徐奏摺　**彙報第四次續捐番務經費並請分別獎勵**

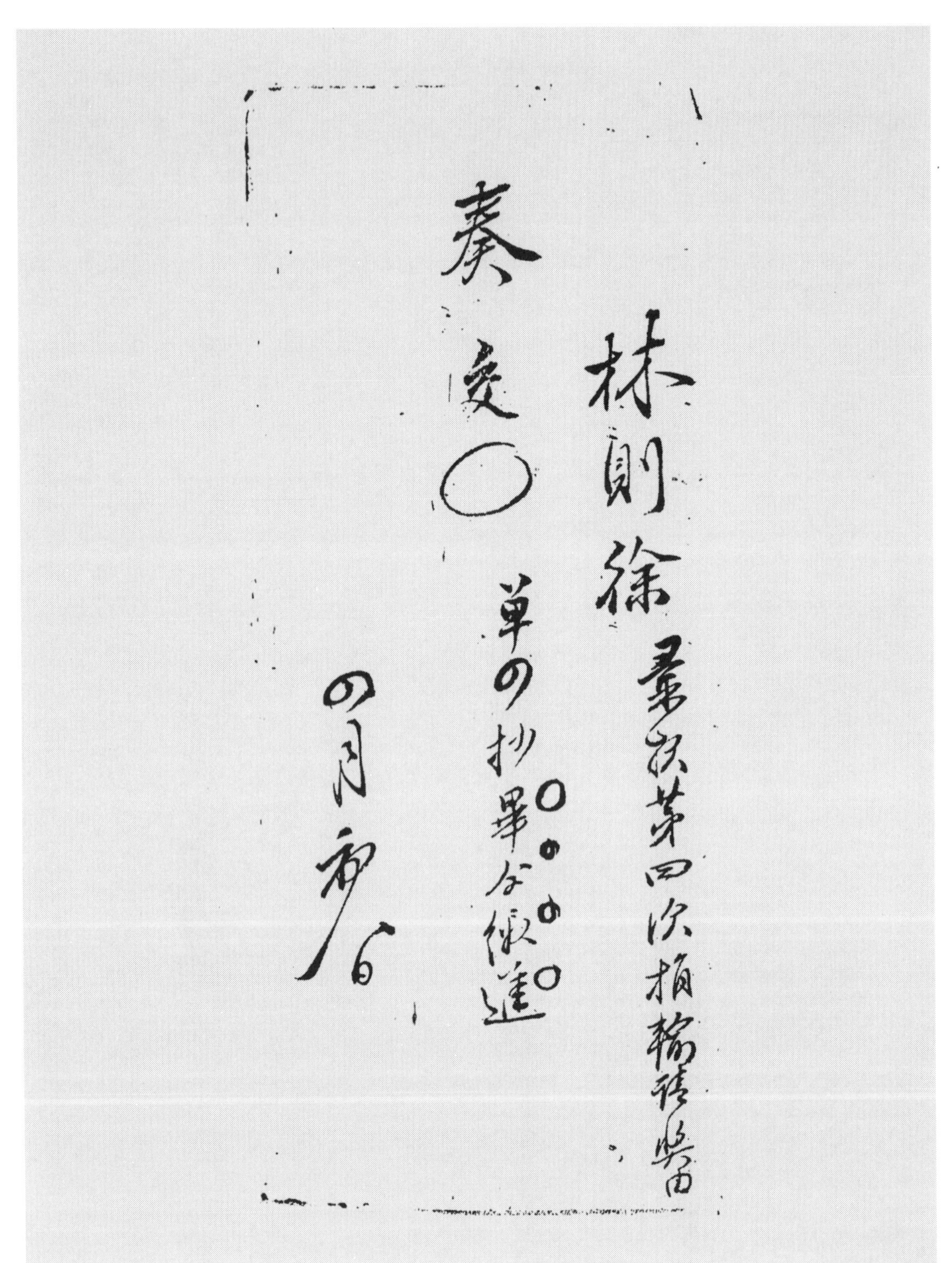

林則徐　彙報第四次捐輸番務

奏交○

單○抄○單○併進○

四月初六日

陝西巡撫臣林則徐跪

奏爲彙報第四次續捐番務經費懇

恩分別獎勵以昭激勸仰祈

聖鑒事。竊照陝省捐輸番務經費銀兩截至上年十

一月以前業經三次

奏懇請獎在案。自奏之後復據本省外省捐人

員先後具呈陸續捐輸，旋據[illegible]銀兩

月以後本年二月底爲止，隨即[illegible]照收

截數計至二月底收下[illegible]一千一百[illegible]兩又

案准指復前任山西和縣知縣陳怡並前任[illegible]

一員山縣典史胡長庚捐復原銀四千六百[illegible]兩又收

續經[illegible]補官捐生[illegible]銀九[illegible]

收捐前十六案共平餘銀兩解貯司庫由司道
分將收捐數目造具清冊會詳請
奏前來臣隨將該司道冊造捐請敕部查照
查照外所有此次捐輸各員援照第十二案以下例
現行常例及附天官捐輸職銜照例相符請
恩准照奏案分別名目謹具簡明清單恭
呈
御覽合無仰懇
天恩俯准分別獎勵俾與全案捐輸人員一併給獎
皇仁以申其報效之忱西道員顯揚之徐德威
鴻慈于無既矣除將司道造具各捐生年歲三代並
身履歷並加捐捐復捐換各案班次細冊諮送並當

機宜暨吏兵二部查核外，所有第四次捐輸番
務經費分別請獎緣由，謹會同陝甘總督臣布
彥泰合詞恭摺具
奏。再，陝省捐輸核計前收四次共收銀一百九十七萬
三千六百九十一兩，除照會甘省者應計收銀若
干，分別開除實在確數，咨部所行核撥一切另
併陳明。伏乞
皇上聖鑒訓示。謹
奏
道光二十七年四月初六日奉
硃批：該部議奏，單四件併發。欽此。
三月二十五日

陝西巡撫林則徐清單　捐請議叙加銜加級及捐職各員清單
道光二十七年三月二十五日

陝西巡撫林則徐清單

捐請議叙加銜加級及捐職各員清單

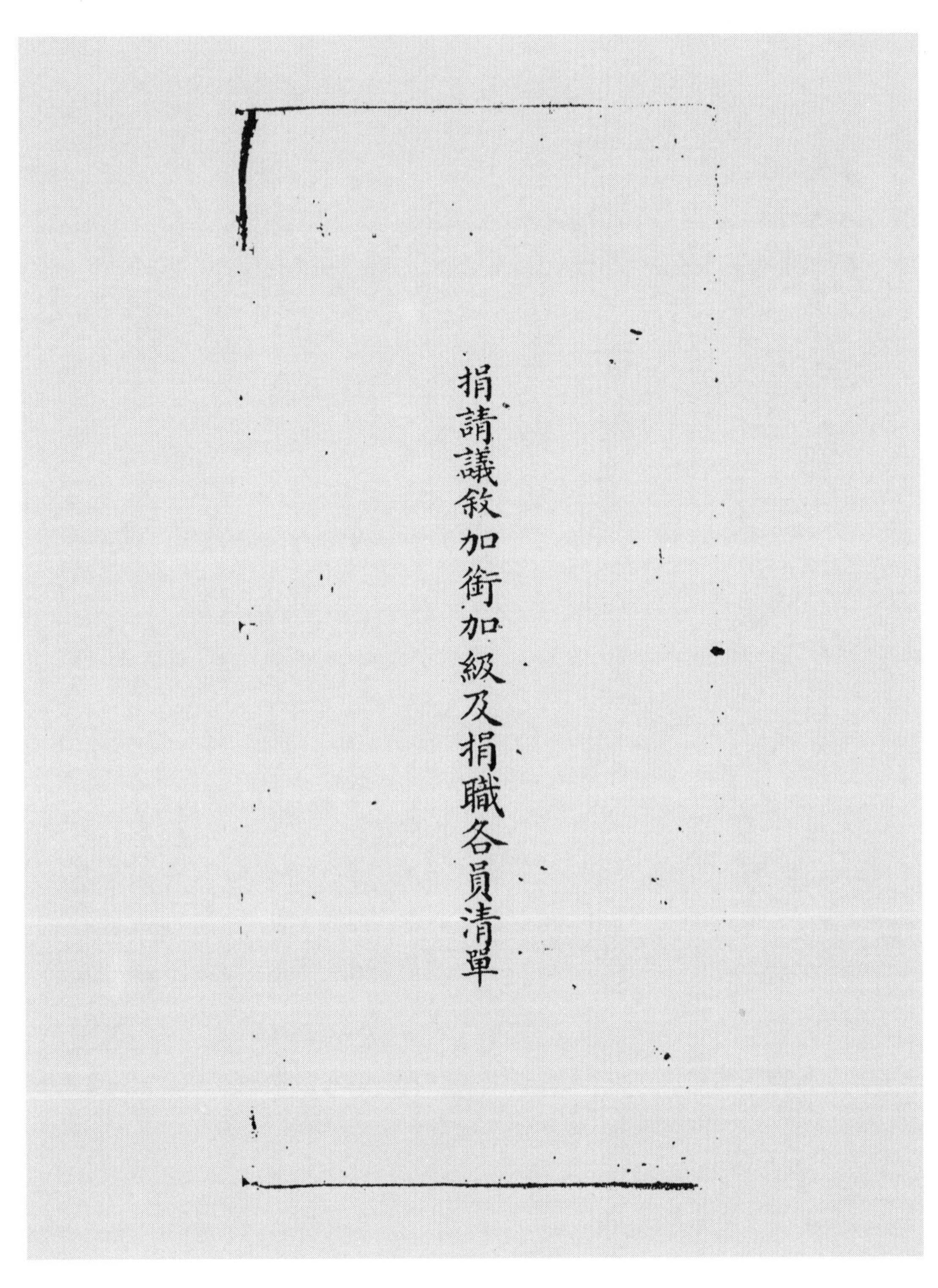

捐請議叙加銜加級及捐職各員清單

謹將捐請議敍加銜加級及捐職各員繕列清

單恭呈

御覽

一加銜項下

卓熙泰係山西現任襄垣縣知縣捐銀一千四

百四十兩

潘兆桐係山西現任靈石縣知縣捐銀一千四

百四十兩

初慶彰係陝西現任懷遠縣知縣捐銀一千四

百四十兩

唐彝銘係四川儘先補用知縣捐銀一千五百

兩　均請加同知銜

丁國恩係江蘇現任嘉定縣知縣捐銀一千七百兩　請加知州銜並加二級

繆彭齡係南河儘先補用通判捐銀一千兩

譚祖勲係南河試用通判捐銀八百兩　均請加鹽課司提舉銜

一加級項下

張集馨係陝西兼署按察司現任督糧道捐銀六百六十兩　請議敘加隨帶丁級

常績係陝西現任潼商道捐銀三百三十兩　請議敘加一級

李恩繼係陝西現任同州府知府捐銀三百三十兩

二六 陝西巡撫林則徐清單 捐請議叙加銜加級及捐職各員清單
道光二十七年三月二十五日

濮城係陝西已補興安府知府捐銀三百三十兩 均請議叙加一級
韓泰華係四川現任潼川府知府捐銀五百兩 請議叙加一級紀録二次
沈祥煦係安徽現任泗州直隸州知州捐銀六百兩
陳景曾係山西現任解州直隸州知州捐銀五百八十兩
郭世亨係安徽現任亳州知州捐銀五百八十兩
葉椿齡係陝西請補華州知州捐銀五百八十兩 均請議叙加二級
程國觀係山西現署翼城縣事候補知州捐銀

二百九十兩

錢崑秀係甘肅現任狄道州知州捐銀二百九

十兩 均請議敘加一級

張元成係河南即補直隸州現任柘城縣知縣

捐銀八百四十兩 請議敘加四級

文映台係陝西試用通判捐銀七百五十兩

請議敘加三級

程震佑係山西現任河津縣知縣捐銀六百三

十兩 請議敘加三級

沈壽曾係陝西現任郃陽縣知縣捐銀四百二

十兩

興綬係陝西現任韓城縣知縣捐銀四百二十兩

毛俊章係四川現任蒼溪縣知縣捐銀四百二
十兩
周介福係陝西遇缺知縣捐銀四百二十兩
張鵬展係江蘇大挑知縣捐銀四百二十兩
丁鳳皋係四川大挑知縣捐銀四百二十兩
均請議敘加二級

王義樟係陝西調補渭南縣知縣捐銀二百十兩
劉德求係陝西現任三水縣知縣捐銀二百十兩
何玉成係四川射洪縣知縣捐銀二百五十兩
王瑞慶係四川南部縣知縣捐銀二百十兩
劉良駟係陝西遇缺知縣捐銀二百十兩
王伯潤係陝西遇缺知縣捐銀二百十兩

徐本立係河南現任淇縣知縣捐銀二百十兩
李薌係山西現任寧鄉縣知縣捐銀二百二十兩
李中瀚係河南大挑知縣捐銀二百十兩　以
上九員均請議敘加一級
甘守中係河南上蔡縣典史捐銀一百三十兩
伍紹諮係陝西畧陽縣典史捐銀一百三十兩
宓維憲係陝西朝邑縣典史捐銀一百三十兩
均請議敘加一級
一捐職項下
林熙年係福建俊秀捐銀五百十兩　請給國
子監典籍職銜並請准作監生一體鄉試
陳文杰係知州銜江蘇前任儀徵縣知縣捐銀

一千六百五十兩 請復知州原銜
邱濟能係廣東監生捐銀三百兩
蔣型栻係江蘇監生捐銀三百兩
夏廷椿係河南俊秀捐銀四百十兩
李奎臨係四川俊秀捐銀四百十兩 均請給
布政司經歷職銜
陳謙光係廣東議敘八品頂戴捐銀一百兩
請註銷八品頂戴給布政司經歷職銜
譚光瑞係江西監生捐銀三百兩
陳清係陝西俊秀捐銀四百十兩 均請給布
政司理問職銜
王暄係河南蘭儀縣縣丞捐銀三百兩

蕭培銓係湖北監生捐銀三百兩
彭嘉振係江西監生捐銀三百兩
韓士達係山西監生捐銀三百兩
閻作樞係山西監生捐銀三百兩
趙輔清係順天監生捐銀三百兩
詹騰光係廣東俊秀捐銀四百十兩　以上七
名均請給州同職銜
朱慶升係内閣供事捐銀三百三十兩
薛京洛係陝西監生捐銀二百兩　均請給縣
丞職銜
李青雲係湖北已滿吏捐銀六十兩
蕭譜珍係山東已滿吏捐銀六十兩

李萌蘖係陝西已滿吏捐銀六十兩
王楷係陝西已滿吏捐銀六十兩
王翼庭係陝西已滿吏捐銀六十兩
孟元係陝西已滿吏捐銀六十兩
王增榮係陝西已滿吏捐銀六十兩
王石渠係陝西已滿吏捐銀六十兩
武驤係陝西已滿吏捐銀六十兩　以上九名
均請給從九品職銜
葉培文係陝西未滿吏捐銀八十兩
王殿榮係陝西未滿吏捐銀八十兩
譚鵬翮係陝西未滿吏捐銀八十兩
陳啓文係陝西未滿吏捐銀八十兩　均請給

從九品職銜
楊旭係陝西俊秀捐銀一百兩
景士俊係陝西俊秀捐銀一百兩
馮遇春係陝西俊秀捐銀一百兩
騫生桂係陝西俊秀捐銀一百兩
樊上林係陝西俊秀捐銀一百兩
騫德俊係陝西俊秀捐銀一百兩
趙長豊係陝西俊秀捐銀一百兩
种元儒係陝西俊秀捐銀一百兩
張大春係陝西俊秀捐銀一百兩
紀章鳳係陝西俊秀捐銀一百兩
李源係陝西俊秀捐銀一百兩

馮遇泰係陝西俊秀捐銀一百兩
曹永昇係陝西俊秀捐銀一百兩
楊金炬係陝西俊秀捐銀一百兩
劉兆殷係陝西俊秀捐銀一百兩
張增係陝西俊秀捐銀一百兩
王開仕係山西俊秀捐銀一百兩
王開運係山西俊秀捐銀一百兩
梁子元係山西俊秀捐銀一百兩
王鶴龍係山西俊秀捐銀一百兩
鄭戒三係山西俊秀捐銀一百兩
焦聚奎係山西俊秀捐銀一百兩
楊文典係山西俊秀捐銀一百兩

張昭虔係山西俊秀捐銀一百兩
孫恒義係山西俊秀捐銀一百兩
李長裕係山東俊秀捐銀一百兩
李秉訥係山東俊秀捐銀一百兩
周世杰係廣西俊秀捐銀一百兩
謝樹瑩係廣西俊秀捐銀一百兩
謝樹琪係廣西俊秀捐銀一百兩
謝森棠係廣西俊秀捐銀一百兩
陶魁斗係湖南俊秀捐銀一百兩
鄧文瀾係江西俊秀捐銀一百兩
陶綬海係江西俊秀捐銀一百兩
徐春藻係江蘇俊秀捐銀一百兩

張誠係江蘇俊秀捐銀一百兩
劉毅係安徽俊秀捐銀一百兩
畢慶培係順天俊秀捐銀一百兩
馬大鏞係順天俊秀捐銀一百兩
衛鳳翙係山西俊秀捐銀八十兩
張鴻昌係山西俊秀捐銀八十兩
祁保義係山西俊秀捐銀八十兩
王士彥係山西俊秀捐銀八十兩
張玉樞係順天俊秀捐銀八十兩
王永熙係貴州俊秀捐銀八十兩
石時恬係湖北俊秀捐銀八十兩
尚廷楨係甘肅俊秀捐銀八十兩

方雲章係湖南俊秀捐銀八十兩
李瓚係四川俊秀捐銀八十兩
段振涇係陝西俊秀捐銀八十兩
張九如係陝西俊秀捐銀八十兩
劉玉墀係山東俊秀捐銀八十兩　以上五十
二名均請給從九品職銜
茹景曾係山西議敘八品頂戴捐銀二百三十兩
董步月係山西議敘八品頂戴捐銀二百兩
均請註銷八品頂戴給守禦所千總職銜
盧元珍係山西監生捐銀四百兩　請給守禦
所千總職銜
張連城係山東附生捐銀三百四十兩　請給

衔千总职衔

刘春芳係湖北武生捐银二百十两

高廷藜係陕西武生捐银二百十两

阮承基係陕西监生捐银二百十两

贺联芳係山西监生捐银二百二十两

原士豪係山西俊秀捐银三百二十两 均请

给营千总职衔

览

陝西巡撫林則徐清單　**捐請議叙京官及外官道府至知縣各員清單**

捐請議叙京官及外官道府至知縣各員清單

謹將捐請議叙京官及外官道府至知縣各員

繕列清單恭呈

御覽

一京官項下

孫家泰係安徽附監生捐銀六千四百兩 請

以員外郎雙月選用

冼芳梅係順天附貢生捐銀五千八百兩 請

以主事不論雙單月用並分部行走

額圖洪額係滿洲監生捐銀四千三百兩 請

以主事用

周錫齡係陝西增生捐銀五千三百兩 請以

兵馬司指揮遇缺即用

卭遇昌係廣東俊秀捐銀三千一百五十兩

請以兵馬司指揮用

朱森係浙江俊秀捐銀三千六百五十兩　請

以兵馬司副指揮遇缺即用

姚利壬係直隸附生捐銀三千七百五十兩

請准作貢生以中書科中書不論雙單月選

用並分發行走

德馨係刑部繙本筆帖式捐銀四百六十兩

請以筆帖式仍留刑部儘先補用

景福係盛京滿洲監生捐銀八百兩　請以筆

帖式插班間選

崇綺係蒙古廩膳生捐銀三百八十兩

紹勛係滿洲廩膳生捐銀三百八十兩
崇綬係蒙古官學生捐銀三百八十兩
嵩山係滿洲官學生捐銀三百八十兩
延楨係滿洲監生捐銀三百八十兩
喀勒崇阿係滿洲監生捐銀四百兩
毓恆係滿洲俊秀捐銀五百兩 以上七名均
請以八品筆帖式補用
裕祿係滿洲監生捐銀三百八十兩
裕長係滿洲監生捐銀三百八十兩 均請俟
年及歲以八品筆帖式補用
劉恆議係陝西監生捐銀八百兩
侯膺燧係甘肅俊秀捐銀九百二十兩 均請

以兵馬司吏目遇缺即補
羅琅係福建六品軍功頂戴捐銀四百兩　請
以兵馬司吏目用仍留六品頂戴
奚最之係順天候選從九品捐銀二百四十兩
請以刑部司獄補用
一外官道府至知縣項下
陳韶係南河加陞銜准戴藍翎現任宿北廳同
知捐銀一萬一千六百兩　請以道員分發
南河補用
沈兆溶係江西現任袁州府知府捐銀四千八
百八十兩　請以道員不論雙單月選用仍
在任候選

麥廣芸係分部學習員外郎捐銀八千三百五十兩 請以道員不論雙單月選用仍留部候選

劉成萬係吏部驗封司郎中捐銀六千四百兩請以道員不論雙單月選用仍在任候選

傅繼勛係安徽現署鳳陽府先用知府捐銀一萬二千兩 請以知府仍留安徽遇缺即補

瑛桂係河南先行補用知府捐銀七千兩 請以知府仍留河南遇缺即補

程伊湄係前任湖北荊州府開復知府捐銀五千一百兩 請以知府分發山東歸候補班無論題調選缺補用

文塏係戶部郎中截取簡缺知府捐銀二千六百七十兩 請以知府分發省分遇有應選缺出酌量補用

金鐙係直隸候補直隸州知州捐銀六千五百五十兩 請以知府不論雙單月選用並加三級

栗耀係東河候補同知捐銀六千二百四十兩 請以知府不論雙單月選用

强望泰係坐選禮部員外郎捐銀四千一百八十兩 請以直隸州知州分發四川歸候補班無論題調選缺補用

馬文鐸係東河卽補同知捐銀二千五百兩

請以同知仍留東河遇缺即補

李轂直係前任山東萊州府同知捐銀二千八百十兩　請俟服闋後以同知分發陝西歸候補班無論題調選缺補用

劉咸係江西准戴藍翎候選知縣捐銀四千四百兩　請以同知分發南河補用

王壽籛係安徽准其分發同知捐銀四百兩　請以同知分發南河補用

張超係兩淮儘先補用鹽大使捐銀六千兩　請以同知分發四川補用

宋慶常係江蘇候補同知捐銀二百兩　請以同知仍留江蘇歸候補班無論題調選缺補用

鲁鸿畴系山西现任临晋县知县捐银一千四百四十两　请以同知双月选用仍在任候选先换顶戴

春庆系国子监笔帖式议叙双月选用知州捐银三千八百五十两　请以知州归捐班前先选仍在任候选

宣维礼系奉天候选知州捐银一千五百四十两　请以知州分发四川补用

德纯系汉军候选知州捐银一千五百四十两　请以知州分发陕西补用

赵佩兰系东河候补通判捐银三千两　请以通判仍留东河免较奉

旨先後日期遇缺即補

王廣愬係東河即補通判捐銀一千四百五十兩　請以通判改歸河南地方仍照原奏

旨先後日期歸於捐輸班遇缺即補並留鹽提舉銜

張錫麟係東河陞用同知遇缺即補通判捐銀二千兩　請以通判仍留東河不論班次遇缺即補

劉虞采係山東俊秀捐銀八千九百兩　請以通判分發南河遇缺即補

張應濟係浙江候選主事捐銀一千一百兩　請註銷主事儘先改以通判分發江蘇遇缺即補並加鹽提舉銜

方慶椿係分發南河補用通判捐銀二千七百
二十兩　請以通判仍發南河遇缺即補
宣維祁係南河試用通判捐銀一千四百十兩
請以通判改發四川補用
朱百城係江蘇候選通判捐銀一千三十兩
請以通判分發四川補用
元榮均係廣東候選通判捐銀一千三十兩
請以通判分發福建補用
范洓清係四川先用知縣捐銀四千五百兩
請以知縣仍留四川遇缺即補
彭垣係山東先用知縣捐銀四千五百兩
凌泰磐係山東試用知縣捐銀六千兩　均請

以知縣仍留山東遇缺即補

林綬昌係陝西候補知縣續捐銀二千一百兩

請以知縣仍留陝西遇缺即補

鄧廷鏸係陝西大挑知縣續捐銀二千六百十

兩　請以知縣仍留陝西歸大挑本班儘先

補用並加一級

吴東照係四川試用知縣捐銀三千兩　請以

知縣仍留四川分缺間用

徐炳華係直隸附生捐銀八千四百八十兩

請准作貢生俟服闋後以知縣分發山西歸

捐班前先用

陳堉係四川即補府經歷捐銀七千二百兩

請以知縣仍留四川歸捐班前先用

畢賡言係陝西教習知縣捐銀一千五百兩
請以知縣仍留陝西歸教習本班前先用

陳中銘係四川教習知縣捐銀一千五百兩
請以知縣仍留四川歸教習本班前先用

柴文富係前任山東魚台縣知縣捐銀三千五
百兩　請以知縣仍留山東歸候補班無論
題調選缺補用

萬逢時係前任山西寧鄉縣開復知縣捐銀三
千四百二十兩　請以知縣分發山西歸候
補班無論題調選缺補用

楊瑛係前任陝西咸陽縣知縣捐銀三千四百

二十兩 請俟服闋後以知縣仍留陝西歸
候補班無論題調選缺補用
楊裕深係坐補浙江嘉興縣知縣捐銀三千一
百五十兩 請免其坐補原缺分發山西歸
候補班無論題調選缺補用
姜熊係前任甘肅兩當縣准其分發候補知縣
捐銀六百兩 請俟服闋後仍留甘肅歸候
補班無論題調選缺補用
郝善明係前任河南商城縣知縣捐銀四千七
百四十兩 請俟病痊免其坐補原缺以知
縣分發陝西歸候補班無論題調選缺補用
張作彥係改掣陝西大挑候咨知縣捐銀九百六

十兩，請免其候咨分發陝西歸本班補用

江閤係陝西大挑候咨知縣捐銀九百六十兩

請免其候咨分發原掣陝西歸本班補用

承綬係漢軍候選知縣捐銀一千五百五十兩

請以知縣分發河南補用

俞長賡係順天候選知縣捐銀三千一百三十

兩 請以知縣分發山西歸豫工二卯補用

王澤春係貴州俊秀捐銀六千九百四十兩

請以知縣分發陝西補用

錢鈞係陝西試用縣丞續捐銀二千八百兩

請以知縣仍留陝西補用

陳禾生係四川試用縣丞捐陞知縣候選捐銀

一千六百两 請以知縣仍留四川補用

孟傳玑係山東候選知縣捐銀三千八百兩

請以知縣歸本班儘先選用

王惠寶係浙江准其分發知縣捐銀九百兩

請註銷分發以知縣歸部不論雙單月捐班

前先選

徐慶綸係順天望都縣訓導揀選知縣捐銀一

千九百兩 請以知縣歸舉人本班前先選

王同春係廣東候選知縣捐銀一千九百兩

請以知縣仍歸豫工例捐班前先選

桂忻係鑲黃旗紅帶子已揀選舉人捐銀五千

二百兩

景步逵係河南候選知縣捐銀一千九百兩
朱瑛係廣西候選知縣捐銀一千八百六十兩
張煜堂係浙江候選知縣捐銀一千八百六十
兩 以上四員均請以知縣不論雙單月歸
捐班前先選
徐正誼係國史館謄錄候選通判捐銀二千五
百六十兩 請改以知縣不論雙單月選用
仍在館候選
王恩賚係浙江試用教諭捐銀一千九百四十
兩 請俟得缺後以知縣雙月選用仍在任
候選

覽

陝西巡撫林則徐清單

捐請議叙從九品未入流及武職各員清單

捐請議叙從九品未入流及武職各員清單

謹將捐請議敘從九品未入流及武職各員繕
列清單恭呈
御覽
一從九品未入流項下
牛映河係山西監生捐銀一千五百兩　請以
從九品分發直隸遇缺即補
田樹槐係山西監生捐銀一千四百八十兩
請以從九品分發湖北遇缺即補
胡承風係已准分發江西從九品續捐銀一千
兩　請以從九品改發南河遇缺即補
羅逢謙係湖南俊秀捐銀一千六百兩　請以
從九品分發南河遇缺即補

霍如泌係直隸捐職同知捐銀一千五百兩
請註銷同知職銜以從九品分發山西遇缺
即補
鄭煋係順天捐職從九品捐銀一千五百十兩
陳廷傑係江蘇俊秀捐銀一千五百九十兩
均請以從九品分發四川遇缺即補
王猷係江蘇儘先補用從九品捐銀二百五十兩
李寶係江蘇開用從九品捐銀四百二十兩
均請以從九品仍留江蘇遇缺即補
程晉佑係山西試用從九品捐銀八百四十兩
請以從九品仍留山西遇缺即補
周信洞係浙江試用從九品捐銀八百四十兩

請以從九品仍留浙江遇缺即補
俞澐係安徽俊秀捐銀一千三百兩　請以從
九品分發南河儘先補用
錢峴墀係陝西試用從九品捐銀五百五十兩
請以從九品仍留陝西儘先補用
尹葆根係河南試用從九品捐銀九百九十兩
請以從九品改發陝西儘先補用
吳秉忠係湖北試用從九品捐銀四百二十兩
請以從九品仍留湖北分缺間用
程烜係江西試用從九品捐銀四百二十兩
請以從九品仍留江西分缺間用
林筠係已准分發陝西從九品捐銀四百二十

兩

請以從九品仍發陝西分缺間用

路東中係江西試用從九品捐銀四百二十兩

請以從九品仍留江西分缺間用

陳燿源係湖南試用從九品捐銀二百五十兩

請以從九品仍留湖南歸捐班前先用

劉溥霖係陝西試用從九品捐銀二百二十兩

請以從九品仍留陝西歸捐班前先用

張煦係順天候選從九品捐銀五百七十兩

請以從九品分發山西歸捐班前先用

夏宗鏊係江西試用從九品捐銀二百五十兩

湯恩釗係江西試用從九品捐銀二百五十兩

均請以從九品仍留江西歸捐班前先用

王晉卿係湖北試用從九品捐銀二百四十兩
請以從九品仍留湖北歸捐班前先用
王樹槐係安徽試用從九品捐銀二百五十兩
請以從九品仍留安徽歸捐班前先用
張紹濂係順天候選雙月從九品捐銀六百兩
請以從九品分發山西歸議叙班補用
朱芸慶係山東候選雙月從九品捐銀五百九十
兩　請以從九品分發陝西歸議叙班補用
陳穆生係江蘇監生捐銀六百四十兩　請以
從九品分發直隸補用
葉養和係順天議叙選用從九品捐銀四百四
十兩　請以從九品分發河南補用

黄熉係山東候選從九品捐銀三百六十兩
沈光榮係浙江監生捐銀六百五十兩均請
以從九品分發福建補用
李運開係湖南俊秀捐銀七百四十兩請以
從九品分發陝西補用
潘治係浙江俊秀捐銀七百五十兩請以從
九品分發安徽補用
童爾夔係順天監生捐銀六百五十兩請以
從九品分發江蘇補用
何鶴齡係河南俊秀捐銀七百五十兩請以
從九品分發南河補用
吳延齡係江蘇俊秀捐銀七百四十兩請以

從九品分發浙江補用

張子謙係順天俊秀捐銀七百五十兩

王騑係陝西俊秀捐銀七百四十兩　均請以

從九品分發江西補用

吳嘉彦係順天候選從九品捐銀四百九十兩

蔣廷鏞係陝西未滿吏捐銀六百九十兩

吳慎綸係順天俊秀捐銀七百四十兩　均請

以從九品分發廣西補用

徐思鈞係廣西監生捐銀六百五十兩　請以

從九品分發廣東補用

余慶皐係浙江候選從九品捐銀四百兩　請

以從九品分發山東補用

汪貴讀係安徽捐職從九品捐銀七百兩　請
以從九品分發湖北補用
郭錦堂係陝西候選從九品捐銀三百六十兩
請以從九品分發甘肅補用
金峻丙係江西候選從九品捐銀二百二十兩
李澍係廣東監生捐銀五百兩
董驥係浙江候選雙月從九品捐銀三百七十
兩　均請以從九品分發省分補用
毛錫貢係順天儘先選用從九品捐銀四百五
十兩
劉慶遠係江西間選從九品捐銀三百二十兩
劉敦本係安徽候選從九品捐銀七百四十兩

顧增係浙江候選從九品捐銀七百五十兩
徐國楙係順天候選從九品捐銀七百四十兩
汪銘庠係湖北捐職從九品捐銀一千五十兩
曾春昂係江西俊秀捐銀一千一百五十兩
蘇燕係江蘇間選從九品捐銀三百二十兩
王光鑑係順天俊秀捐銀一千一百四十兩
以上九名均請以從九品遇缺即選
謝開業係浙江候選雙月從九品捐銀二百四
十兩　請以從九品不論雙單月歸議敘本
班選用
蒲晉昌係四川監生捐銀二百八十兩
鍾瑩光係江西俊秀捐銀四百兩

陳長青係湖北俊秀捐銀四百兩
李俊明係廣東俊秀捐銀四百兩　均請以從
九品不論雙單月選用
李恩榮係順天監生捐銀一百五十兩　請以
從九品雙月選用
倪鳳生係河南閒用未入流捐銀四百五十兩
請以未入流仍留河南遇缺即補
岑敬直係山東試用未入流捐銀八百四十兩
請以未入流仍留山東遇缺即補
侯桀係山西監生捐銀一千四百八十兩　請
以未入流分發陝西遇缺即補
梁章銘係四川試用未入流捐銀八百四十兩

請以未入流仍留四川遇缺即補
朱桂芳係直隸試用未入流捐銀五百五十兩
請以未入流仍留直隸儘先補用
陳恩翔係四川試用未入流捐銀五百五十兩
請以未入流仍留四川儘先補用
吳載颺係山西試用未入流捐銀五百五十兩
請以未入流仍留山西儘先補用
施杲係順天俊秀捐銀一千二百九十兩
魏燾係順天俊秀捐銀一千三百兩　均請以
未入流分發山西儘先補用
王敬烈係直隸俊秀捐銀一千二百九十兩
請以未入流俟服闋後分發陝西儘先補用

朱惟鎔係順天候選未入流捐銀九百十兩
請以未入流分發貴州儘先補用
楊光如係順天插班間選未入流捐銀三百六
十兩 請以未入流分發山西分缺間用
陳銓係安徽俊秀捐銀一千一百七十兩 請
以未入流分發陝西分缺間用
莊曾彥係廣東候選從九品捐銀七百五十兩
請改以未入流分發福建歸捐班前先用
葉克新係安徽試用未入流捐銀二百四十兩
林昌鉉係安徽候補未入流捐銀二百五十兩
均請以未入流仍留安徽歸捐班前先用
葉德澳係湖北試用未入流捐銀二百五十兩

余士仁係湖北試用未入流捐銀二百五十兩
均請以未入流仍留湖北歸捐班前先用
沈子栖係江西試用未入流捐銀二百五十兩
錢鈞係江西試用未入流捐銀二百五十兩
均請以未入流仍留江西歸捐班前先用
吳克昌係安徽俊秀捐銀九百六十兩　請以
未入流分發山西歸捐班前先用
沈鼎係直隸候選雙月未入流捐銀六百兩
請以未入流分發浙江歸議叙班補用
吳森係廣東候補未入流捐銀二百三十兩
請以未入流仍留廣東按原到省名次歸議
叙班補用

劉子佺係湖南候選雙月未入流捐銀六百兩
請以未入流分發廣西歸議叙班補用
陳楨係順天候選雙月未入流捐銀五百九十兩
宋良係江西候選雙月未入流捐銀六百兩
均請以未入流分發陝西歸議叙班補用
史鎔係江蘇候選雙月從九品捐銀五百四十
兩　請改以未入流分發陝西仍歸豫工頭
卯補用
吳寶仁係江蘇候選未入流捐銀三百六十兩
請以未入流分發四川仍歸豫工頭卯補用
陳覲光係順天候選未入流捐銀三百六十兩
請以未入流分發四川歸豫工二卯補用

方謙係江西儘先選用未入流捐銀三百六十
兩　請以未入流分發浙江補用並加二級
紀錄一次
張鉅係直隸候選未入流捐銀三百六十兩
請以未入流分發東河補用
王燾係分發湖南補用未入流捐銀四百兩
請以未入流改發東河補用
劉清泰係江蘇俊秀捐銀七百四十兩　請以
未入流分發安徽補用
吳金彥係順天俊秀捐銀七百四十兩　請以
未入流分發廣西補用
袁經淦係湖北候選未入流捐銀三百六十兩

請以未入流分發四川補用
趙鳳鳴係順天議敘候選未入流捐銀二百五
十兩
王牓益係江蘇議敘八品頂戴捐銀五百五十
兩 均請以未入流分發湖北補用
張琳係順天候選未入流捐銀三百六十兩
請以未入流分發山東補用
沙芸生係江蘇俊秀捐銀七百四十兩 請以
未入流分發四川補用
呂奕祺係安徽候選未入流捐銀三百六十兩
請以未入流分發陝西歸酌增例補用
王官彥係順天候選雙月未入流捐銀六百兩

請以未入流分發奉天歸新例補用
吳廸光係安徽候選未入流捐銀三百六十兩
狄琛係江蘇候選未入流捐銀三百六十兩
張聖埰係河南俊秀捐銀七百五十兩
傅錫麟係順天俊秀捐銀七百五十兩　均請
以未入流分發山西補用
張瑛係陝西議叙候選未入流捐銀一百二十兩
李安瀾係陝西候選未入流捐銀二百二十兩
廖登元係四川俊秀捐銀六百十兩　均請以
未入流分發省分補用
朱慎脩係順天儘先選用未入流捐銀四百五
十兩

劉東鈞係順天間選未入流捐銀三百五十兩
張澍係河南候選未入流捐銀七百四十兩
章桂生係順天候選未入流捐銀七百五十兩
陳湛源係浙江候選未入流捐銀七百四十兩
王炳文係山東候選未入流捐銀七百四十兩
程用霖係順天俊秀捐銀一千一百三十兩
高履福係順天監生捐銀一千二十兩　以上
八名均請以未入流遇缺即選
白棠係順天俊秀捐銀六百九十兩　請以未
入流儘先選用
曹克昌係山西捐職從九品捐銀四百六十兩
請以未入流歸捐班前先選

于廷芬係直隸監生捐銀二百八十兩
張建翮係廣東監生捐銀三百兩
侯椿係安徽俊秀捐銀三百九十兩
陳雲章係浙江俊秀捐銀三百九十兩
徐承泰係浙江俊秀捐銀四百兩　均請以未
入流不論雙單月選用

一武職項下

賽沙春係陝西鎮坪營都司捐銀九百六十兩
請以遊擊雙月用仍在任候選先換頂戴
穆大本係直隸候選營守備捐銀六百五十兩
請以營守備雙月即用
石鈞係順天候選衛守備捐銀一千五百五十

兩 請以衛守備歸本班捐班前先用
童登魁係陝西揀選三等武舉捐銀一千九百
六十兩
米聯奎係山西武生捐銀二千四百五十兩
丁治國係陝西揀選武舉捐銀一千九百五十
兩 均請以衛千總分發漕標遇缺即補
李贊勳係漕標試用衛千總捐銀七百兩 請
以衛千總仍留漕標儘先補用
藍福恩係安徽候選衛千總捐銀七百兩 請
以衛千總歸雙月五缺後本班到班儘先選用
海長源係陝西揀選武舉捐銀四百六十兩
鞠兆基係山東武生捐銀八百三十兩

魏景高係江西監生捐銀八百五十兩　均請
以衛千總分發漕標試用
傅學廉係順天候選衛千總捐銀一千四百兩
李應運係山西候選衛千總捐銀一千四百兩
均請以衛千總遇缺即選
劉鳳沚係山東議叙衛千總職銜捐銀四百七
十兩　請以衛千總不論雙單月選用
徐元慶係湖北捐職衛千總捐銀四百五十兩
史永年係山西武生捐銀五百六十兩
裴咸宜係山西武監生捐銀六百兩　均請以
營千總分發本省拔補
馬興係京營効力把總捐銀三百兩　請以營

千總仍留京營拔補
文振係漢軍巡捕右營馬兵捐銀四百五十兩
請以把總分發京營拔補
孫鴻舉係山西武生捐銀三百四十兩
張金榜係山東武生捐銀三百五十兩 均請
以把總分發本省拔補

覧

陝西巡撫林則徐清單　**捐請議叙教職及佐貳雜職各員清單**

捐請議叙教職及佐貳雜職各員清單

謹將捐請議叙教職及佐貳雜職各員繕列清單恭呈

御覽

一教職項下

雷成杞係陝西候選教諭捐銀一千六百兩

劉蘭敏係安徽候選教諭捐銀一千五百八十兩

吳朝賓係安徽儘先選用經制教諭捐銀五百五十兩　均請以教諭遇缺即選

陸之淳係四川候選教諭捐銀一千五十兩　請以教諭儘先選用

蔣嶽係安徽就職教諭捐銀五百四十兩　請以教諭本班儘先選用

王葆恆係陝西附生捐銀一千六百八十兩
請俟服闋後以復設教諭歸捐班前先用並
分發試用
何翊元係陝西恩貢生捐銀八百五十兩
熊舒駿係江西附生捐銀一千四百十兩　均
請以復設教諭不論雙單月選用分發試用
許阧係山西附生捐銀一千五百五十兩
梁廷棟係四川附生捐銀一千八百五十兩
均請以復設訓導遇缺即選並分發試用
張書壁係山西儘先選用訓導捐銀四百兩
梁儁係山東先用訓導捐銀五百七十兩
但循良係貴州候選訓導捐銀七百五十兩

張如封係山東候選訓導捐銀七百五十兩
宋泰階係山東廩貢生捐銀一千一百七十兩
楊以綸係山東廩生捐銀一千二百七十兩
曹之漢係四川試用訓導捐銀七百五十兩
王家驥係四川試用訓導捐銀七百五十兩
王殿元係四川廩生捐銀一千二百八十兩
時泰係江蘇廩生捐銀一千三百兩
潘惟賢係安徽附生捐銀一千四百二十兩
蘇進福係陝西插班間選訓導捐銀三百兩
陳暄係順天儘先選用訓導捐銀三百八十兩
胡丙鑒係安徽試用訓導捐銀七百五十兩
孫輝祖係江蘇舉人捐銀一千一百四十兩

謝鑫係陝西附生捐銀一千四百二十兩
易謙三係河南附生捐銀一千四百三十兩
陸滋大係廣東問選訓導捐銀二百五十兩
以上十八名均請以復設訓導遇缺即選
陸世祥係廣東就職訓導捐銀三百八十兩
請以訓導本班儘先選用
林壽熙係福建優貢生候選教職捐銀三百八
十兩　請以教職本班儘先選用
潘文錦係四川廩生捐銀一千五十兩　請以
復設訓導儘先選用並分發試用
楊鍾秀係山西試用訓導捐銀三百八十兩
杜受衡係山東廩貢生捐銀八百兩　均請以

復設訓導儘先選用

李清彥係陝西就職訓導捐銀四百九十兩

白彬係山西廩生捐銀六百七十兩

白榕係山西增生捐銀七百五十兩

李冕係廣西恩貢生捐銀五百二十兩

彭嘉栻係江西增生議敘翰林院待詔職銜捐
銀三百六十兩

劉起麟係陝西廩貢生捐銀五百五十兩

周大勳係四川廩生捐銀六百六十兩　以上
七名均請以復設訓導不論雙單月選用並
分發試用

許紹瑩係山西附生捐銀八百五十兩　請俟

服闋後以復設訓導不論雙單月選用並分
發試用
梁宰元係廣東附生捐銀七百兩　請以復設
訓導不論雙單月選用
張榮震係陝西候選訓導捐銀一百三十兩
雷解係陝西候選訓導捐銀一百三十兩
張錫綸係直隷候選訓導捐銀一百三十兩
朱琢章係湖北候選訓導捐銀一百三十兩
均請以復設訓導分發試用
李邦彦係廣東附生九品頂戴捐銀四百兩
李鵬儀係廣東附生捐銀四百八十兩
羅慶章係廣西增生捐銀四百十兩　均請准

作貢生以訓導雙月選用

一佐貳雜職項下

丁嘉善係河南試用布經歷捐銀二千二百十兩　請以布政司經歷仍留河南遇缺即補

濮堯係浙江候選府經歷捐銀二千八百兩　請以布政司經歷分發陝西歸捐班前先用

連普濟係陝西本班選用布經歷捐銀五百六十兩　請以布政司經歷不論雙單月選用

凌阜係順天監生捐銀一千三百八十兩　請以布政司經歷雙月選用

郭崐生係已准分發陝西試用按司獄捐銀三千兩　請以布政司理問分發江蘇歸捐班

前先用

英道煌係湖北捐職都司捐銀二千七百兩

請註銷都司職銜以布政司理問分發江蘇

補用

李蔚南係山西候選訓導捐銀八百七十兩

請以布政司理問雙月選用

蘭鶴陵係山西候選從九品捐銀一千九百六

十兩

巴彦善係滿洲揀選舉人捐銀一千三百九十

兩　均請以按察司經歷分發陝西補用

毓明係漢軍候補筆帖式捐銀二千一百兩

廣隆係内務府候補七品筆帖式捐銀二千二

百二十兩　均請以州同分發東河補用
張瑞堂係河南捐職布政司經歷捐銀二千三
百六十兩　請以州同分發南河補用
陳鳳喈係坐補四川忠州直隷州州判捐銀一
千三十兩　請免其坐補原缺以直隷州州
判仍留四川歸候補班補用
湯信中係順天候選直隷州州判捐銀六百八
十兩　請以直隷州州判分發東河補用
程夢蕙係甘肅副貢生捐銀一千一百九十兩
陳鵬係陝西就職直隷州州判捐銀四百二十
兩　均請以直隷州州判不論雙單月選用
曹文懿係北河試用州判捐銀五百兩　請以

州判仍留北河歸捐班前先用
姜麓係河南試用州判捐銀四百八十兩　請
以州判仍留河南歸捐班前先用
王志偉係山東監生捐銀二千四百兩　請以
布政司庫大使選用
胡延禧係江蘇候選鹽大使捐銀九百六十兩
請以鹽課大使分發浙江補用並加一級
李餘慶係湖北候選兵馬司副指揮捐銀一千
五百兩　請以鹽課大使分發兩淮補用
楊汝愚係陝西俊秀捐銀三千二百八十兩
請以鹽課大使分發四川補用
余源係順天候選雙月布政司經歷捐銀七千

一百兩　請以運庫大使分發浙江遇缺卽補
徐塤慶係陝西試用府經歷捐銀一千二百兩
請俟服闋後以府經歷仍留陝西遇缺卽補
郭縉煉係分發山東補用府經歷捐銀一千二
百兩　請以府經歷仍發山東遇缺卽補
洪壽錕係順天俊秀捐銀二千七百四十兩
請以府經歷分發貴州遇缺卽補
沈廷柱係河南儘先選用府經歷捐銀二百八
十兩　請以府經歷分發直隸歸捐輸班儘
先補用
王懷伊係准其分發湖南補用府經歷捐銀一
千一百二十兩　請俟服闋後免赴原省以

府經歷改發山東歸本班儘先補用

張樕係湖北候選府經歷捐銀八百五十兩

請以府經歷分發江蘇分缺間用

胡春毓係四川候補府經歷捐銀五百九十兩

請以府經歷仍留四川分缺間用

陸以熏係山西試用府經歷捐銀五百九十兩

請以府經歷仍留山西分缺間用

陳清陽係順天俊秀捐銀一千八百四十兩

請以府經歷分發安徽歸捐班前先用

吳儼係分發貴州補用府經歷捐銀三百兩

請以府經歷仍發貴州歸捐班前先用

衛啟傳係山西試用府經歷捐銀三百兩　請

以府經歷仍留山西歸捐班前先用
吴廷柏係安徽監生捐銀一千四百五十兩
文炳係内務府俊秀捐銀一千六百兩　均請
以府經歷分發湖北補用
朱夏係浙江候選府經歷捐銀七百兩　請以
府經歷分發廣西歸於新例補用
吴庚吉係浙江候選從九品捐銀一千一百五
十兩　請以府經歷分發貴州補用
陸壽椿係江蘇候選府經歷捐銀二百六十兩
唐培濂係湖南候選府經歷續捐銀二百六十兩
要正邦係山西捐職布理問捐銀一千一百三
十兩　均請以府經歷分發陝西補用

高鈞係順天候選雙月府經歷捐銀六百五十
兩　請以府經歷分發福建補用
洗芳桐係分發廣西試用從九品捐銀一千兩
請以府經歷不論雙單月選用
陸慶松係前任咨署陝西吳堡縣典史捐銀四
百兩　請俟服闋仍赴原省歸本班補缺後
以府經歷不論雙單月選用仍在任候選
邱邦鏌係東河岡用縣丞捐銀五百九十兩
丁嘉言係東河候補縣丞捐銀一千二百兩
均請以縣丞仍留東河遇缺即補
王鼎燮係直隸附生捐銀二千六百九十兩
請以縣丞分發東河遇缺即補

管守仁係南河候補縣丞捐銀一千二百兩
請以縣丞仍留南河遇缺即補
胡福謙係河南儘先補用縣丞捐銀三百九十
兩 請以縣丞仍留河南遇缺即補
郭總烒係通判銜分發山東補用縣丞捐銀一
千一百七十兩 請以縣丞仍發山東遇缺
即補並留通判銜
劉維坤係順天候選未入流捐銀二千三百二
十兩 請以縣丞分發福建遇缺即補
尹光第係四川儘先選用縣丞捐銀八百兩
請註銷儘先以縣丞分發雲南遇缺即補
趙德楚係湖南咨署武陵縣巡檢捐銀二千二

百五十兩　請以縣丞仍留湖南遇缺即補

楊光澍係陝西間用縣丞捐銀六百兩　請以縣丞仍留陝西遇缺即補

蔣予脩係浙江委用縣丞捐銀四百兩　請離原省以縣丞改發北河歸次儘班補用

毛永椿係北河試用縣丞捐銀三百兩　請以縣丞仍留北河歸捐班前先用

彭載恩係江西俊秀捐銀一千八百五十兩　請以縣丞分發北河歸捐班前先用

丁士悌係福建候選雙月縣丞捐銀九百四十兩　請以縣丞分發南河歸捐班前先用

崇蔭係甘肅試用縣丞捐銀三百兩　請以縣

丞仍留甘肅歸捐班前先用
惠連係前任湖南益陽縣縣丞捐銀七百兩
請以縣丞分發甘肅歸候補班補用
姚俞係江蘇候補縣丞捐銀六十兩 請以縣
丞仍留江蘇歸候補班補用
胡桂芬係河南候選雙月縣丞捐銀八百二十
兩 請以縣丞分發直隸歸議敍班補用
屠春融係順天候選雙月縣丞捐銀八百二十
兩 請以縣丞分發湖北歸議敍班補用
慕曰鐔係山東監生捐銀一千四百三十兩
請以縣丞分發浙江補用
明經係蒙古准其分發縣丞捐銀一百六十兩

孫相培係浙江候選縣丞捐銀二百六十兩
均請以縣丞分發南河補用
張敦厚係順天候選縣丞捐銀二百六十兩
請以縣丞分發陝西補用
黄士淦係湖北俊秀捐銀一千五百五十兩
請以縣丞分發江蘇補用
李兆寬係陝西附生捐銀一千五百二十兩
請以縣丞分發山西補用
恆倫係内務府監生捐銀一千四百三十兩
鄭均福係直隸貢生捐銀一千五百兩
沈德潤係浙江俊秀捐銀一千五百四十兩
均請以縣丞分發河南補用

朱鎔係南河試用縣丞捐銀四百兩 請以縣丞改發山東補用

張元係順天候選縣丞捐銀二百六十兩 請以縣丞分發山西補用

劉維勛係安徽候選縣丞捐銀二百六十兩 請以縣丞分發江西補用

楊丙生係江蘇候選縣丞捐銀二百六十兩 請以縣丞分發福建補用

謝溎係准發山東試用縣丞捐銀一千六百四十兩 請註銷分發以縣丞歸部遇缺卽選

陸敦源係廣東候選縣丞捐銀一千六百五十兩 請以縣丞遇缺卽選

王希曾係四川捐職州同捐銀一千一百七十兩 請以縣丞不論雙單月選用仍留州同職銜

黄際清係廣西捐職縣丞捐銀一千十兩

桂濤係滿洲候選雙月縣丞捐銀三百九十兩

蔣元藻係湖北俊秀捐銀一千二百八十兩

均請以縣丞不論雙單月選用

周世裕係鴻臚寺額外序班捐銀二百九十兩

請以縣丞雙月選用

李宗鄴係山西候選鹽知事捐銀三百兩 請以鹽運司知事分發長蘆補用

周如瀛係順天候選從九品捐銀一千一百兩

請以鹽運司知事分發兩淮補用
劉東巖係四川試用布照磨捐銀一千五十兩
請以布政司照磨仍留四川遇缺即補
曾健係貴州候選布照磨捐銀六百五十兩
請以布政司照磨分發四川歸新例補用
陳永安係四川監生捐銀一千九百二十兩
請以縣主簿分發南河遇缺即補
柴可楨係山西監生捐銀一千一百四十兩
請以縣主簿分發陝西補用
王熙績係順天候選雙月未入流捐銀八百五
十兩　請以縣主簿分發東河補用
鄒在人係直隸委用未入流捐銀四百五十兩

請仍留本省以河工主簿陞用

于光晉係山西試用州吏目捐銀六百兩 請

以州吏目仍留山西遇缺卽補

黄大勳係江西俊秀捐銀一千六百五十兩

請以州吏目分發四川遇缺卽補

陳桓係四川監生捐銀一千五百五十兩 請

以州吏目分發安徽遇缺卽補

何維階係安徽監生捐銀九百五十兩 請以

州吏目分發山東遇缺卽補

任朝棟係直隸俊秀捐銀一千六百四十兩

請以州吏目分發奉天遇缺卽補

陸憲曾係原發直隸試用州吏目捐銀一百五

十兩 請俟服闋後以州吏目仍留直隸歸
捐班前先用
凌鳳翔係陝西捐職鹽大使捐銀八百五十兩
請俟服闋後以州吏目分發甘肅補用
朱汝漢係浙江俊秀捐銀一千五十兩 請以
州吏目分發湖南補用
洪恩福係安徽候選州吏目捐銀三百六十兩
請以州吏目分發直隸補用
陳開業係順天俊秀捐銀一千五十兩 請以
州吏目分發山東補用
陳闓業係順天俊秀捐銀一千五十兩 請俟
年及歲以州吏目分發山東補用

徐震翔係順天儘先選用州吏目捐銀四百二十兩　請以州吏目遇缺即選
徐皖生係議叙雙月選用從九品捐銀一百五十兩　請以州吏目雙月選用仍留館當差
徐恩植係浙江俊秀捐銀一千五百九十兩
請以道庫大使分發四川遇缺即補
沈鑽係貴州附生捐銀七百三十兩　請以府照磨道庫大使分發四川補用
段培福係湖北已滿吏捐銀三百十兩　請以道庫大使府照磨不論雙單月選用
徐鳳藻係陝西試用按司獄捐銀八百四十兩
請以按察司司獄仍留陝西遇缺即補

蔣德慶係准其分發按司獄捐銀一百四十兩
請以按察司司獄分發河南補用
呂瀚涎係直隸俊秀捐銀四百兩 請以按察
司司獄不論雙單月選用
易承棣係湖北監生捐銀一百四十兩
謝樹梅係廣東監生捐銀一百四十兩 均請
以按察司司獄雙月選用
范大鶴係河南俊秀捐銀七百五十兩 請以
府司獄分發湖南補用
朱慶瑞係順天俊秀捐銀七百五十兩 請以
鹽務巡檢分發山西補用
閔巨士係四川增生捐銀二百二十兩 請以

巡檢雙月選用

湯崇禮係陝西委用典史捐銀二百十兩請

免其坐補原缺以典史仍留陝西歸委用班

補用

覽

陝西巡撫林則徐奏摺 西安等十二府州屬道光二十七年二月份雨水糧價情形

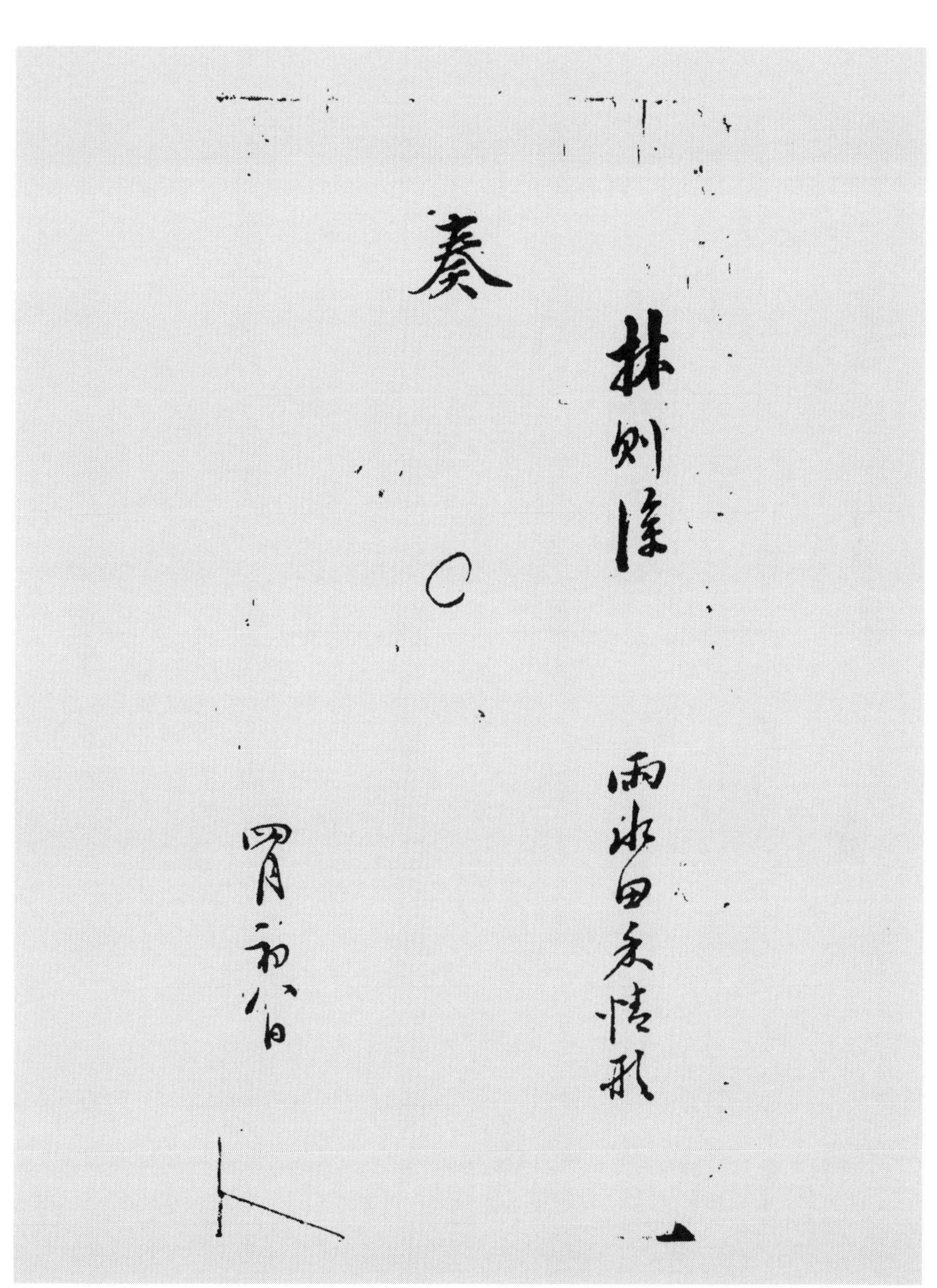

二六　陝西巡撫林則徐奏摺　西安等十二府州屬道光二十七年二月份雨水糧價情形

道光二十七年三月二十五日

陝西巡撫臣林則徐跪

奏為恭報雨水田禾情形仰祈

聖鑒事竊照陝西省本年二月上旬雨雪麥苗情形

並是月十三四等日省垣雨深得雨業已詳

遵旨恭摺

報並聲明各屬統俟報齊另行彙奏在案旋

據西安延安鳳翔漢中榆林同州興安商

州邠州乾州鄜州綏德十二府州廳陸續具報

於二月十一二三四五六七八日並二十九等日先後得雨

或一二寸或四五寸至深透不等其沿南山兩岸

均自北山暨邠州稍少其年前之西同鳳乾四府

州屬則一律優霑是於麥苗藉資培養方

覈其情形，麥未種之地亦可翻犁趕上補種
雜糧，農功大有裨益。於三月初五、六、七、
十九、二十等日，西安等府州屬復各節次得雨，自三四五
分寸至尺餘不等，極為深透。至現在二麥揚
花之際，農民又望晴明，不願多雨。附省一帶
連日微雨陰寒，尚屬無礙，惟宜早晴，為開花
氣候暄和，庶於田疇更有裨益。至各屬食貧
之民，亦因今春青黃不接，較往年為多，尤在當督屬
隨地平糶出借，並勸紳富捐濟，咸各踴躍，貧窮
無乏食之虞。市糧價值雖因來歲青黃尚有增
長，而核計三月以前之屬新年不致昂貴。地方
甚為安帖，堪以仰慰

二六 陝西巡撫林則徐奏摺 西安等十二府州屬道光二十七年二月份雨水糧價情形

道光二十七年三月二十五日

[illegible]理合恭摺具

奏並將二月分糧價清單敬呈

御覽伏乞

皇上聖鑒謹

奏

道光二十七年四月初八日奉

硃批覽奏稍慰欽此

三月二十五日

陝西省道光二十七年二月份糧價清單

謹將陝西省道光二十七年二月分各屬糧價開具清單恭呈
御覽
計開
西安府屬價貴
大米每倉石價銀自一兩六錢六分至三兩三錢九分
較上月減一錢一分
小米每倉石價銀自一兩五錢八分至三兩七分
與上月相同
小麥每倉石價銀自一兩六錢五分至三兩

一錢六分
較上月貴五分
大麥每倉石價銀自一兩二錢五分至一兩
九錢
較上月減一錢五分
豌豆每倉石價銀自一兩六錢一分至三兩
二分
與上月相同
延安府屬價貴
大米每倉石價銀自一兩六錢七分至四兩
三錢三分
與上月相同

小米每倉石價銀自九錢八分至二兩五錢六分
與上月相同
小麥每倉石價銀自一兩一錢四分至二兩五錢二分
與上月相同
蓏米每倉石價銀自一兩六分至二兩五錢一分
與上月相同
豌豆每倉石價銀自八錢至二兩四錢六分
與上月相同
鳳翔府屬豌豆價中餘俱價貴

大米每倉石價銀自一兩七錢七分至二兩八錢八分
與上月相同
小米每倉石價銀自一兩四錢七分至二兩一錢七分
較上月貴二分
小麥每倉石價銀自一兩三錢二分至二兩一錢七分
較上月貴二分
大麥每倉石價銀自七錢至一兩二錢
與上月相同
豌豆每倉石價銀自一兩三分至一兩六錢

一分
較上月減一分

漢中府屬大米豌豆黄豆價中俱價貴
大米每倉石價銀自九錢六分至二兩六錢
八分
與上月相同
小米每倉石價銀自九錢至二兩五分
與上月相同
小麥每倉石價銀自七錢七分至二兩三錢
二分
較上月貴一錢二分
大麥每倉石價銀自四錢五分至一兩一錢

六分
與上月相同
豌豆每倉石價銀自七錢二分至一兩五錢
七分
較上月貴一錢二分
黄豆每倉石價銀自五錢四分至一兩四錢
四分
較上月貴四分
榆林府屬價貴
大米每倉石價銀自二兩四錢至三兩七錢
四分
與上月相同

小米每倉石價銀自二兩一錢三分至二兩六錢四分

較上月貴二分

小麥每倉石價銀自二兩五分至二兩四錢二分

與上月相同

蓧米每倉石價銀自二兩一錢三分至二兩六錢六分

與上月相同

豌豆每倉石價銀自一兩三錢二分至一兩八錢四分

與上月相同

同州府屬價貴

大米每倉石價銀自二兩六錢六分至三兩八錢二分

與上月相同

小米每倉石價銀自二兩二錢至三兩五分

較上月減一錢

小麥每倉石價銀自一兩六錢八分至三兩七分

與上月相同

大麥每倉石價銀自一兩三錢四分至二兩一錢七分

與上月相同

豌豆每倉石價銀自一兩二錢六分至二兩
六錢六分
與上月相同
興安府屬大米黃豆價賤餘俱價中
大米每倉石價銀自一兩三錢一分至一兩
八錢三分
與上月相同
小米每倉石價銀自八錢一分至一兩三錢
九分
與上月相同
小麥每倉石價銀自一兩一錢二分至一兩
五錢五分

與上月相同
大麥每倉石價銀自四錢二分至九錢一分
與上月相同
豌豆每倉石價銀自七錢一分至一兩六分
與上月相同
黃豆每倉石價銀自六錢三分至九錢二分
與上月相同
商州屬大米價中餘俱價貴
大米每倉石價銀自一兩八錢至二兩七錢
一分
與上月相同
小米每倉石價銀自一兩二錢一分至二兩

四錢一分
與上月相同
小麥每倉石價銀自一兩五錢五分至二兩二錢六分
與上月相同
大麥每倉石價銀自七錢至一兩三錢二分
與上月相同
豌豆每倉石價銀自七錢七分至一兩九錢九分
與上月相同
邠州屬價貴
大米每倉石價銀自二兩八錢七分至四兩

五錢五分
較上月貴三錢五分
小米每倉石價銀自一兩九錢七分至二兩七錢三分
與上月相同
小麥每倉石價銀自一兩九錢至二兩七錢三分
較上月貴二分
豌豆每倉石價銀自一兩七錢六分至二兩五錢九分
較上月貴一錢六分
乾州屬價貴

大米每倉石價銀自二兩三錢一分至三兩一錢四分
與上月相同
小米每倉石價銀自二兩一錢七分至三兩
較上月貴一錢
小麥每倉石價銀自二兩一錢三分至二兩九錢
較上月貴一錢五分
大麥每倉石價銀自一兩八分至一兩八錢五分
較上月貴一錢
豌豆每倉石價銀自一兩七錢四分至二兩

六錢
較上月貴一錢
鄜州屬價中
小米每倉石價銀自六錢二分至一兩五錢
四分
與上月相同
小麥每倉石價銀自六錢二分至一兩六錢
一分
與上月相同
豌豆每倉石價銀自四錢八分至一兩四錢
七分
與上月相同

綏德州屬豌豆價中餘俱價貴

小米每倉石價銀自一兩五錢至二兩四錢四分

較上月減二錢二分

小麥每倉石價銀自一兩五錢八分至二兩四錢一分

與上月相同

豌豆每倉石價銀自一兩至一兩六錢三分

與上月相同

覽

陝西巡撫林則徐奏摺 **修理寶鷄境内棧道請照例於鳳翔府庫存本款銀内動支**

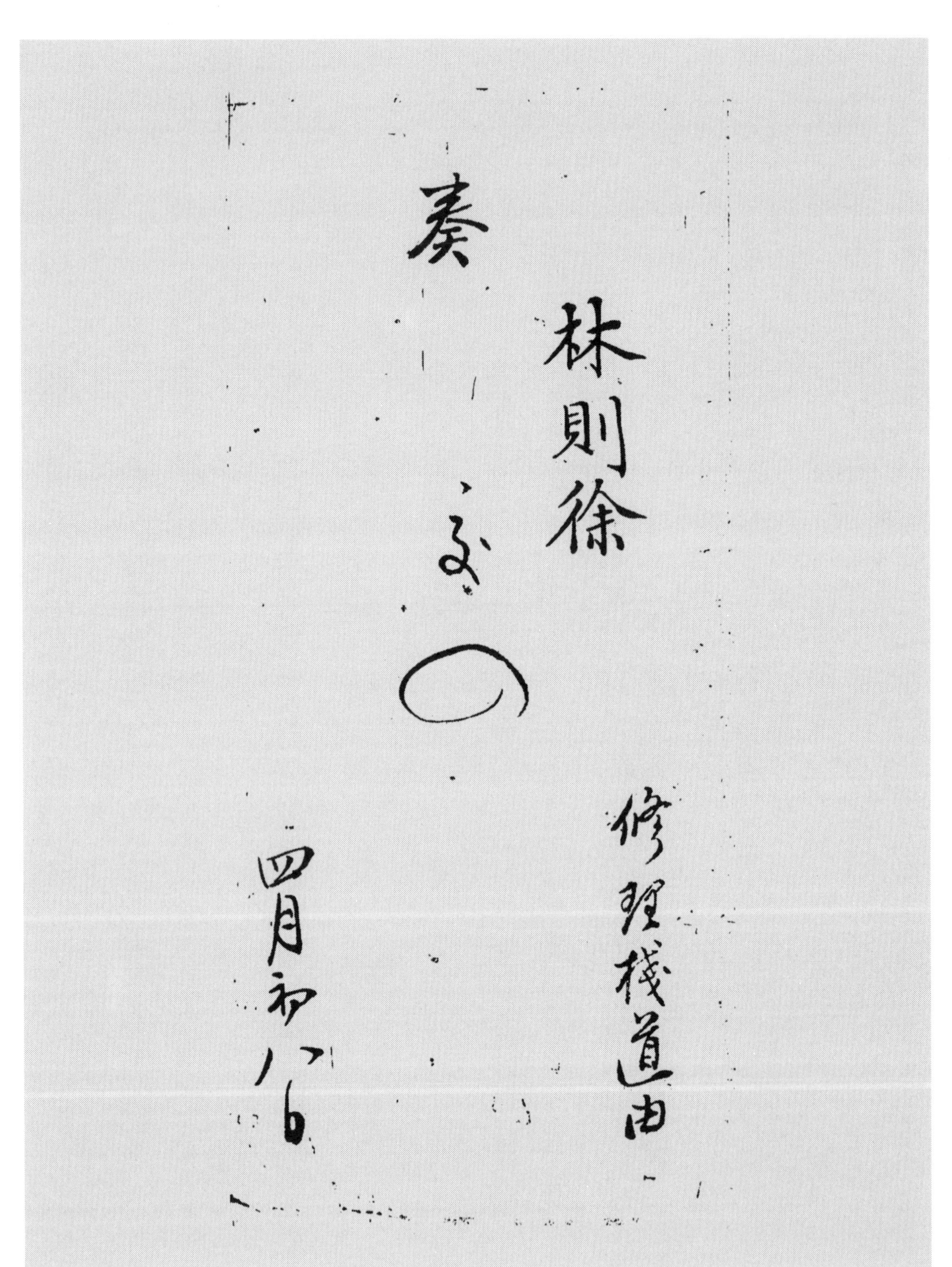
林則徐
修理棧道由
奏
四月初八日

陝西巡撫林則徐奏摺　修理寶鷄境内棧道請照例於鳳翔府庫存本款銀内動支　道光二十七年三月二十五日

陝西巡撫臣林則徐跪
奏為修理棧道動用備貯本款銀數在五百兩以
上循例奏
聞仰祈
聖鑒事竊照寶雞縣詳請修理境內棧道一案前
經批司委員確勘估辦去後兹據署司楊以
增詳稱准鹽法道崇綸咨據鳳翔府知府白
維清詳奉委親詣寶雞縣督同該縣知縣
李夢愚查勘得該縣境內棧道自道光
二十二年修理後迄今五載有餘一切橋梁
碥岸馬墻及土石各路均被山水沖塌甚
急應趕緊修理遂一據實確估共需工料銀

二六　陝西巡撫林則徐奏摺　修理寶鷄境內棧道請照例於鳳翔府庫存本款銀內動支

道光二十七年三月二十五日

九百八十三兩零，造具估計冊結圖說，經府加結由道移司核明，請照向例在於鳳翔府庫存貯棧道備公本款銀內動支興修，具詳請

奏前來。臣以查該縣棧道自仕家灣起至黃牛鋪止，其間岸山峻嶺，深瀕大河，一切道路橋梁、砌岸、馬墻沖損坍塌過甚，必須修理平坦，始可以利遄行。現在各工奉文停止，惟棧道為川陝往來要路，文報差使，絡繹不絕，倘有阻滯，所關匪細。卷查歷屆遇有坍塌，均經

奏明動用本款銀兩興修在案。今距上屆修理又逾五年，節據委勘，實係必不可緩之工，所估工料銀兩核無浮濫，應請照依向例在

陝西巡撫林則徐奏摺　修理寶鷄境内棧道請照例於鳳翔府庫存本款銀内動支　道光二十七年三月二十五日

於鳳翔府庫存貯棧道生息備公本款銀内
動支飭令駐縣認真興修工竣委員勘核實
造銷除將估計冊結圖說送部查核外理
合循例繕摺具
奏伏祈
皇上聖鑒謹
奏
道光二十七年四月初四日奉
硃批工部知道欽此
三月二十五日

新授雲貴總督林則徐奏摺　**恭謝天恩補授雲貴總督**

奏

林則徐〇

謝授滇督恩由

四月十四日

新授雲貴總督林則徐奏摺 恭謝天恩補授雲貴總督

道光二十七年四月初一日

新授雲貴總督臣林則徐跪

奏為恭謝

天恩仰祈

聖鑒事。竊臣接准部咨，欽奉

上諭：林則徐著補授雲貴總督，即赴新任，毋庸來

京請訓。等因。欽此。臣跪誦之下，感激悚惶，莫

名狀。謹即恭設香案，望

闕叩頭謝

天恩。伏念臣以衰病之身，渥沐

鴻慈，再造先署陝甘總督，繼授陝西巡撫，愧涓埃之

未效，值疾恙之纏侵，猶荷

恩綸，寬期給假，在下懷既不敢希冀，而

聖主乃曲予優容，踰涵淪浹於髓肌，信矢捐糜於頂
踵。自二月間銷假回任，因數年之痼氣未復，勉
樹循聲無裁
訓諭遵行，幸地方安謐，惟念毫無報稱，滋愧衰
庸，乃復仰荷
恩施，畀以滇黔總制。竊念邊陲重地，既虞控馭之難，
周加以回漢雜居，尤戒猜嫌之失，當而凡吏治
營伍、銅廠、鹽務諸大端，均須加意講求，認真整
飭。如臣闇昧，實恐勝任未能，所冀上承
訓誨，俾得勉圖遵守，而自道光十八年在湖廣任
內所奉
旨迄今

新授雲貴總督林則徐奏摺　恭謝天恩補授雲貴總督

道光二十七年四月初一日

陛見迄今已閱十年，犬馬戀
主之忱，久已縈於寤寐。此次何幸蒙
溫諭，令其即赴新任，毋庸來京。在
天地父母之心，頗加體卹，而
覆載生成之感，未遂瞻依，既不敢以瀆陳，實難名
其隱悃。現將臣手
題咨各件趕緊辦竣，將印務移交新任撫臣
楊以增接收。臣當即束裝起程，由四川一帶取
道赴滇，以期早抵新任，除將交卸日期另
摺
具報外，所有微臣感悚依戀下忱，謹繕摺具
奏等陳

天恩伏乞
皇上聖鑒謹
奏
道光二十七年四月十四日奉
硃批長途善養以副簡任欽此
四月初一日

陝西巡撫林則徐題本　審擬鄜州客民傅學沅因結算前欠致劉中謀身死一案

二六 陝西巡撫林則徐題本 審擬鄜州客民傳學沅因結算前欠致劉中謀身死一案

道光二十七年四月初五日

兵部侍郎兼都察院右副都御史巡撫陝西等處地方贊理軍務兼理糧餉臣林則徐謹
題爲報驗緝究事據兼署陝西按察使張集馨呈
准督糧道轉據鄜州直隸州知州潘政舉詳稱
道光貳拾陸年玖月貳拾捌日據州屬碾子坪
鄉約李添佐報據客民劉長生投稱有鄰人傳
學沅借欠伊父劉中謀錢叁千文本月貳拾陸
日晌午伊父因與傳學沅結算前欠口角爭毆
被傳學沅用柴刀毆傷伊父左額角等處醫治
罔效延至貳拾柒日早因傷身死在看屬實傳
學沅業已脫逃理合報驗緝究等情據此當即
飭差嚴拏一面帶領刑仵前詣屍所飭令舁屍
平地如法相驗據仵作趙學海喝報已死劉中

謀問年伍拾貳歲驗得仰面致命左額角刃傷
壹處斜長伍分寬叁分深抵骨骨微損右腮頰
刃劃傷壹處咽喉長伍分寬貳分深不及分不致
命左膝鐵器傷壹處斜長肆分寬叁分左右膁
肕鐵器傷各壹處俱斜長伍分均骨不損青紅
色左臂膊墊傷壹處斜長捌分寬伍分紫青色
餘無別故委係生前受傷身死報畢親驗無異
查起兇器柴刀分別比對屍傷相符當場填格
取結屍令棺殮訊據鄉約李添佐供與報呈同
據屍子劉長生供已死劉中謀是小的父親道
光貳拾陸年肆月裏鄰人傅學沅向父親借錢
叁千文原議秋月叁分行息秋收後交還糧食

並沒立約到玖月初上傅學沅陸續給過包穀壹石貳斗按時價每斗值錢叁百文那月貳拾陸日晌午小的赴鄰村趕集轉回見父親受傷躺在地上當向查問父親說是遇傅學沅來家結算前欠傅學沅要把包穀每斗多算價錢作抵父親不依彼此口角爭毆被傅學沅用柴刀毆傷是雇工段午寅趕攏勸阻的話查看父親左額角左膝左右臁肕各處都被砍毆受傷小的忙同段午寅把父親扶到炕上救治沒效到貳拾柒日早飯後因傷身死小的就投約報驗的求緝究據見證段午寅供甘肅秦州人受雇在劉中謀家傭工道光貳拾陸年玖月貳拾陸

日晌午小的在後院地內工作聽得劉中謀合
傅學沅在前面爭吵小的趕去查看見劉中謀
揪住傅學沅胸衣側頭向撞小的連忙喝阻不
料傅學沅用刀砍傷劉中謀左額角鬆手倒地
問是劉中謀因與傅學沅結算欠項口角起衅
的傅學沅當即棄刀逃走適劉中謀的兒子劉
長生從外回來問明情由同把劉中謀扶在炕
上救治沒效延至貳拾柒日早飯後因傷身死
劉長生投約報驗的小的勸阻不及是實各等
供據此當將兇刀貯庫比差勒拏逃兇傅學沅
務獲正在詳報間旋於拾壹月初叁日據原役
拏獲傅學沅到案訊據兇犯傅學沅供年陸拾

貳歲四川通江縣人父母合女人俱故壹箇兒子來褒下種地度日與已死劉中謀鄰村居住素好無嫌道光貳拾陸年肆月裏小的借用劉中謀錢叁千文原議按月叁分起息秋收後交還糧食並沒立約到玖月初上小的陸續給過劉中謀包穀壹石貳斗按時價每斗值錢叁百文核算本利就可一併清結那月貳拾陸日早飯後小的攜帶柴刀赴地砍柴路過劉中謀門首適遇劉中謀邀小的進內結算前欠小的原說包穀每斗算錢叁百文劉中謀只准貳百伍拾文作抵小的不依劉中謀斥罵騙賴小的分辯劉中謀拾獲門旁木棒迎面打來小的順用

手拏柴刀架格致刀尖劃傷他右腮頰劉中謀
把木棒失手落地舉脚輪踢小的用刀背毆他
左膝左右臁肕各壹下劉中謀撲揪小的胸衣
側頭向撞小的又用柴刀嚇砍壹下適傷他左
額角鬆手倒地是他工人段午寅趕攏喝阻小
的當即棄刀逃往各處躲避今被差獲帶案的
實因被揪嚇砍適傷致斃非有心致死也沒起
别情逃後也沒行兇爲匪及知情容留之人至
他左臂膊的傷想是跌地墊起的柴刀已蒙起
案求恩典等供據此將兇犯收禁填格錄供詳
報奉批飭審遵提犯證覆加研鞫除各供同前
不叙外訊據兇犯傅學沅供年陸拾叁歲四川

通江縣人父母合女人俱故壹箇兒子來案下
種地度日與已死劉中謀鄰村居住素好無嫌
道光貳拾陸年肆月裏小的借用劉中謀錢叁
千文原議按月叁分起息秋收後交還糧食故
沒立約到玖月初上小的陸續給過劉中謀包
穀壹石貳斗按時價每斗值錢叁百文核算本
利就可一併清結那月貳拾陸日早飯後小的
攜帶柴刀赴地砍柴路過劉中謀門首適遇劉
中謀邀小的進內結算前欠小的原說包穀每
斗算錢叁百文劉中謀只准貳百伍拾文作抵
小的不依劉中謀斥罵騙賴小的分辯劉中謀
拾獲門旁木棒迎面打來小的順用手拏柴刀

架格致刀失劃傷他右腮頰劉中謀把木棒失
手落地舉脚輪踢小的用刀背毆他左膝左右
臁肕各壹下劉中謀撲揪小的胸衣側頭向撞
小的又用柴刀嚇砍壹下適傷他左額角鬆手
倒地是他工人段午寅趕攏喝阻小的當即棄
刀逃往各處躲避今被差獲帶案的實因被揪
嚇砍適傷並非有心致死也沒起衅別情逃後
也沒行兇為匪及知情容留之人至他左臂膊
的傷想是跌地墊起的柴刀已蒙起案求恩典
等供據此該鄜州直隸州知州潘政舉審看得
客民傅學沅毆傷劉中謀身死一案緣傅學沅
籍隸四川通江縣來至鄜州種地度日與已死

劉中謀鄰村居住素好無嫌道光貳拾陸年肆
月間傅學沅借用劉中謀錢叁千文原議按月
叁分行息秋收後交還糧食並未立約至玖月
初上傅學沅陸續拾過劉中謀包穀壹石貳斗
按時價每斗作錢叁百文核算本利俱可清結
是月貳拾陸日早飯後傅學沅攜帶柴刀赴地
砍柴經過劉中謀門首適遇劉中謀邀其進內
結算前欠傅學沅將包穀每斗抵錢叁百文劉
中謀止准每斗以貳百伍拾文作抵傅學沅不
依劉中謀斥其騙賴傅學沅分辯劉中謀拾獲
門旁木棒迎面向毆傅學沅順用手內柴刀架
格致刀尖劃傷其右腮頰劉中謀將木棒失手

落地畢、鄢輪踢傅學沅用刀背毆傷其左膝左
右臁肕劉中謀撲揪傅學沅胸衣側頭向撞傅
學沅又用柴刀嚇砍壹下適傷其左顴角鬆手
倒地壘傷左臂膊額後午寅趕攏喝阻傅學沅
當即逃逸適劉中謀之子劉長生從外轉回詢
悉情由一同扶救罔效延至貳拾柒日早飯後
因傷殞命投約報驗獲犯訊詳飭審遣提覆鞫
據供前情不諱詰非有心致死亦無起衅別情
逃後亦無行兇為匪及知情容留之人研究不
移案無遁飾查律載鬬毆殺人者不問手足他
物金刃並絞監候等語此案傅學沅砍傷劉中
謀身死應按律問擬傅學沅合依鬬毆殺人者

不問手足他物金刃並絞律擬絞監候所欠劉
中謀錢文已將包穀按照時價抵還清楚應免
着追役午實救阻不及亦毋庸議無干省釋屍
棺飭屬領埋兇器柴刀隨招解驗是否允協理
合連犯解候審轉等情由道審解到司該篆署
陝西按察使張集馨審看相同具詳轉解到臣
隨提犯親訊據供與該州道司所審無異該臣
看得鄜州客民傅學沅毆傷劉中謀身死一案
緣傅學沅籍隸四川通江縣來至該州種地度
日與已死劉中謀鄰村居住素好無嫌道光貳
拾陸年肆月間傅學沅借用劉中謀錢叁千文
原議按月叁分行息秋收後交還種食並未立

約至玖月初上傳學沅陸續給過劉中謀包穀壹石貳斗按特價每斗作錢叁百文核算本利俱可清結是月貳拾陸日早飯後傳學沅攜帶柴刀赴地砍柴經過劉中謀門首適遇劉中謀邀其進內結算前欠傳學沅將包穀每斗抵錢叁百文劉中謀止准每斗以貳百伍拾文作抵傳學沅不依劉中謀斥其騙賴傳學沅分辯劉中謀拾獲門旁木棒迎面向毆傳學沅順用手內柴刀架格致刀尖劃傷其右腮頰劉中謀將木棒失手落地舉腳輪踢傳學沅用刀背毆傷其左膝左右臁肕劉中謀攫揪傳學沅胸衣側頭向撞傳學沅又用柴刀嚇砍壹下適傷其左

額角鬆手倒地墊傷左臂膊經段午寅趕攏喝
阻傅學沅當即逃逸適劉中謀之子劉長生從
外轉回詢悉情由一同扶救罔效延至貳拾柒
日早飯後因傷殞命投約報驗獲犯審認不諱
詰非有心致死亦無起衅別情逃後亦無行兇
爲匪及知情容留之人此案傅學沅砍傷劉中
謀身死應依律問擬應如該州道司所擬傅學
沅合依鬬毆殺人者不問手足他物金刃並絞
律擬絞監候所欠劉中謀錢文已將包穀按照
時價抵還清楚應免著追段午寅救阻不及亦
毋庸議無干省釋理合具
題伏祈

皇上聖鑒勅下法司核覆施行再此案限期應以道
光貳拾陸年拾壹月初叁獲犯之日起該州至
省伍百伍拾里除程限拾壹日又除封印壹箇
月扣至貳拾柒年陸月拾肆日統限屆滿合併
陳明爲此具本謹
題請
旨

二六

陝西巡撫林則徐題本　審擬鄜州客民傅學沅因結算前欠致劉中謀身死一案

道光二十七年四月初五日

兵部侍郎兼都察院右副都御史巡撫陝西等處地方贊理軍務兼理糧餉臣林則徐謹
題為報驗緝究事該　臣看得鄜州客民傳學沅毆
傷劉中謀身死一案緣傳學沅與劉中謀鄰村
無嫌道光貳拾陸年肆月間傳學沅借用劉中
謀錢叁千文原議按月叁分行息秋收後交還
糧食並未立約至玖月初上傳學沅陸續給過
劉中謀包穀壹石貳斗按時價每斗作錢叁百
文核算本利俱可清結是月貳拾陸日早傳學
沅攜帶柴刀赴地砍柴經過劉中謀門首適遇
劉中謀邀其進內結算前欠傳學沅將包穀每
斗抵錢叁百文劉中謀止准每斗以貳百伍拾

陝西巡撫林則徐題本 審擬鄜州客民傳學沅因結算前欠致劉中謀身死一案

道光二十七年四月初五日

文作抵傳學沅不依劉中謀斥其騙賴傳學沅分辯劉中謀拾獲木棒向毆傳學沅順用手內柴刀架格致刀尖劃傷其右腮頰劉中謀將木棒失手落地舉腳輪踢傳學沅用刀背毆傷其左膝左右膁肕劉中謀撲揪傳學沅胸衣側頭向撞傳學沅又用柴刀嚇砍適傷其左額角鬆手倒地墊傷左臂膊至貳拾柒日因傷殞命報驗獲犯審認不諱傳學沅依鬬毆律擬絞監候

謹

題請

旨

陝西巡撫林則徐題本　審擬綏德州民人雷通因賒欠飯錢致魏發華身死一案

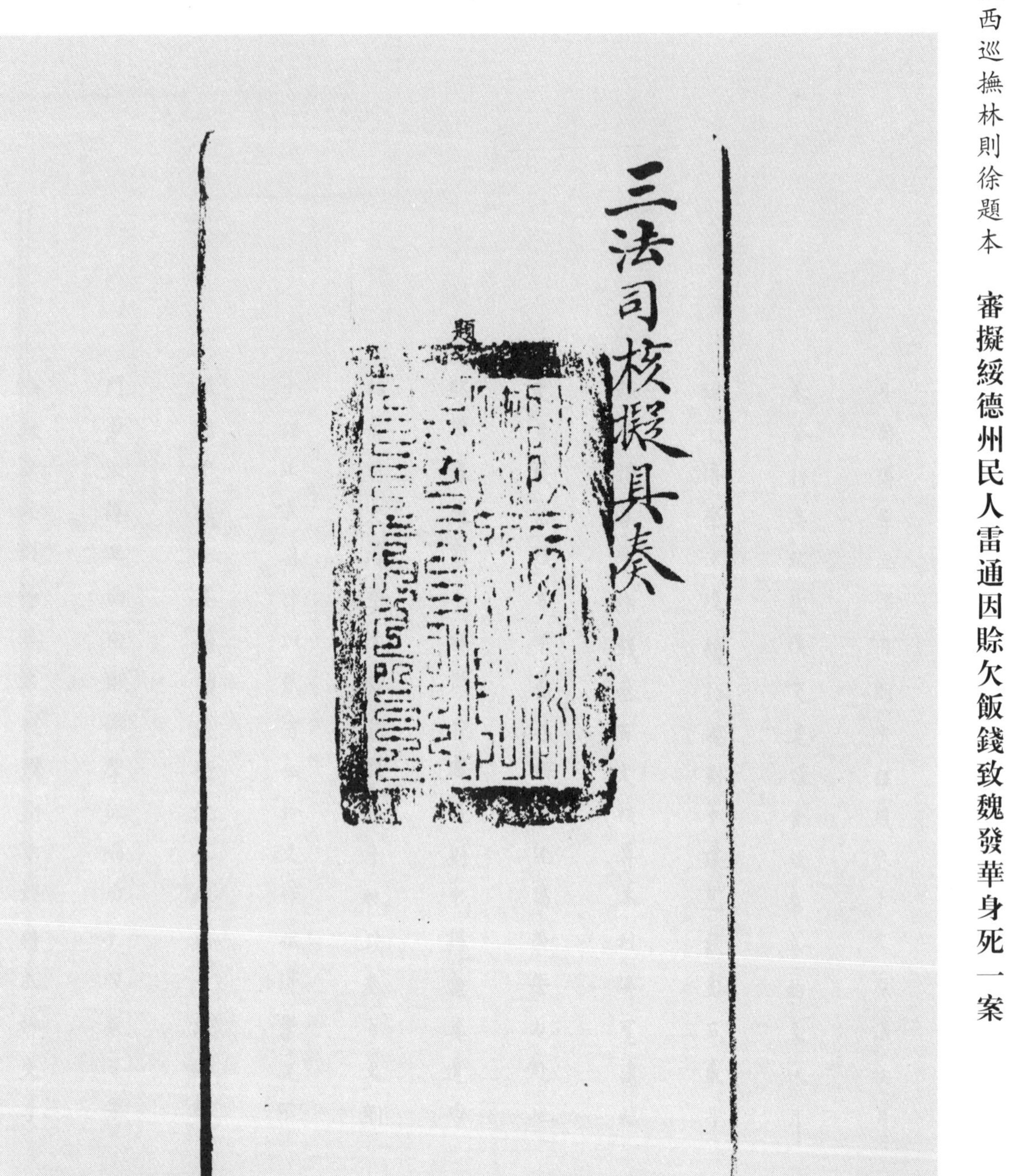

陝西巡撫林則徐題本　審擬綏德州民人雷通因賒欠飯錢致魏發華身死一案　道光二十七年四月初五日

兵部侍郎兼都察院右副都御史巡撫陝西等處地方贊理軍務兼理糧餉臣林則徐謹

題為報驗事據兼署陝西按察使張集馨呈據綏
德直隸州知州江士松詳稱道光貳拾陸年玖
月拾叁日據州屬東川鄉約蘇英輝報據民人
魏逢貴投稱本月初捌日下午伊兒魏發華因
向雷通索討飯錢口角被雷通用腳踢傷小腹
右連腎囊調治不效延至拾貳日晚因傷身死
往看屬實理合報驗等情據此隨帶刑仵前詣
屍所飭令舁屍平地如法相驗據仵作蔡庭棟
喝報已死魏發華問年肆拾玖歲驗得仰面致
命臍肚下小腹右連腎囊踢傷壹處斜長貳寸
壹分寬叁分紫赤色浮腫腎囊右紅色右腎子

堅硬合面不致命右肐肘擦傷壹點不成分寸皮微破紅色餘俱無故委係生前受傷身死報畢覩驗無異脫取兇鞋比對屍傷相符當場塡格取結屍令棺殮訊據鄉約蘇英輝供與報呈同據屍弟魏逢貴供已死魏發華是小的胞兄平日開飯鋪生理道光貳拾陸年柒月内鄰村雷通賒欠哥子飯錢叁百貳拾文屢討沒還小的知道的玖月初捌日下午哥子因向雷通索討前欠口角被雷通用脚踢傷小腹右連腎囊經雷有年路過勸阻通知小的前去看明調治不效到拾貳日晚哥子因傷身死就投約報驗的求伸寃據見證雷有年供道光貳拾陸年玖

陝西巡撫林則徐題本 審擬綏德州民人雷通因賒欠飯錢致魏發華身死一案 道光二十七年四月初五日

月初捌日下午小的赴地工作特回路過雷通門首見魏發華合雷通在那裏爭毆小的連忙攏勸不料雷通已用腳踢傷魏發華小腹右倒地問是魏發華向雷通索討飯錢起衅的小的就去通知魏發華的兄弟魏逢貴前往看明調治不效到拾貳日夜魏發華因傷死了小的勸阻不及是實據兇犯雷通供年叁拾叁歲綏德州人父故母親張氏弟兄貳人兄弟雷三懷兒年拾捌歲女人王氏沒生子女務農度日與已死魏發華鄰村居住素好沒嫌道光貳拾陸年柒月內小的賒欠魏發華飯錢叁百貳拾文魏發華屢向索討小的因無錢沒有還給玖月初

捌日下午小的站在門首魏發華又來催討前
欠小的央緩措還魏發華不依乍罵小的分辯
魏發華撲毆小的順舉左腳嚇踢壹下適傷他
小腹右連腎囊仰跌倒地擦傷右肐肘經鄰人
雷有年路過勸阻問明前情通知魏發華的兄
弟魏逢貴前來看明調治不效到拾貳日晚因
傷身死實是被毆嚇踢適傷並非有心致死也
沒起衅別故求恩典各等供據此將該犯收禁
兇鞋貯庫填格錄供詳報奉批飭審遵提犯證
覆加研訊除各供同前不敘外訊據兇犯雷通
供年叁拾肆歲綏德州人父故母親張氏弟兄
貳人兄弟雷三懷兒年拾玖歲女人王氏沒生

子女務農度日與已死魏發華鄰村居住素好
沒嫌道光貳拾陸年柒月內小的賒欠魏發華
飯錢叁百貳拾文魏發華屢向索討小的因無
錢沒有還給玖月初捌日下午小的站在門首
魏發華又來催討前欠小的央緩措還魏發華
不依斥罵小的分辯魏發華撲毆小的順舉左
腳嚇踢壹下適傷他小腹右連腎囊仰跌倒地
擦傷右肐肘經鄰人雷有年路過勸阻問明前
情通知魏發華的兄弟魏逢貴前來看明調治
不效到拾貳日晚因傷身死實是被毆嚇踢適
傷並非有心致死也沒起衅別故求恩典等供
據此該綏德直隸州知州江士松審看得民人

陝西巡撫林則徐題本　審擬綏德州民人雷通因賒欠飯錢致魏發華身死一案　道光二十七年四月初五日

雷通踢傷魏發華身死一案緣雷通籍隸卑州
務農度日與已死魏發華鄰村居住素好無嫌
魏發華向開飯鋪生理道光貳拾陸年柒月內
雷通賒欠魏發華飯錢叁百貳拾文魏發華屢
向索討雷通因無錢未經歸給玖月初捌日下
午魏發華往向雷通催討前欠雷通央緩措還
魏發華不依斥罵雷通分辯魏發華撲毆雷通
順舉左腳嚇踢壹下適傷魏發華小腹右連腎
囊仰跌倒地擦傷右肐肘經雷有年路過喝阻
詢悉情由通知魏發華之弟魏逢貴前往看明
調治罔效延至拾貳日晚因傷殞命投約報驗
訊詳飭審遵提覆鞫據供前情不諱詰非有心

致死亦無起衅別故究詰不移案無遁飾查律
載鬭毆殺人者不問手足他物金刃竝絞監候
等語此案雷通踢傷魏發華身死應依律問擬
雷通合依鬭毆殺人者不問手足他物金刃竝
絞律擬絞監候雷有年救阻不及應毋庸議雷
通所欠錢文照追給付屍弟魏達貴具領無干
省釋屍棺飭屬領埋兇鞋隨招解驗是否允協
理合連犯解候審轉等情到司該兼署陝西按
察使張集馨審看相同具詳轉解到臣隨提犯
親訊據供與該州司所審無異該臣看得綏德
州民人雷通踢傷魏發華身死一案緣雷通籍
隸該州務農度日與已死魏發華鄰村居住素

二六　陝西巡撫林則徐題本　審擬綏德州民人雷通因賒欠飯錢致魏發華身死一案　道光二十七年四月初五日

好無嫌魏發華向開飯鋪生理道光貳拾陸年
柒月內雷通賒欠魏發華飯錢叁百貳拾文魏
發華屢向索討雷通因無錢未經歸給玖月初
捌日下午魏發華往向雷通催討前欠雷通央
緩措還魏發華不依斥罵雷通分辯魏發華撲
毆雷通順舉左腳嚇踢壹下適傷魏發華小腹
右連腎囊仰跌倒地擦傷右肐肘經雷有年路
過喝阻詢悉情由通知魏發華之弟魏達貴前
往看明調治罔效延至拾貳日晚因傷殞命報
驗審認不諱詰非有心致死亦無起衅別故此
案雷通踢傷魏發華身死應依律問擬應如該
州司所擬雷通合依鬬毆殺人者不問手足他

物金刃並絞律擬絞監候雷有年救阻不及應
毋庸議雷通所欠錢文飭令照追給付屍弟魏
逢貴具領無干省釋理合具
題伏祈
皇上聖鑒勅下法司核覆施行再此案限期應以道
光貳拾陸年玖月拾叁報官之日起該犯雷通
於拾月貳拾柒日在監患病至拾壹月貳拾捌
日病痊除犯病壹箇月該州至省壹千貳百里
除程限貳拾肆日又除封印壹箇月並歸去府
限壹箇月扣至貳拾柒年伍月初柒日統限屆
滿合併陳明爲此具本謹
題請

陝西巡撫林則徐題本　審擬綏德州民人雷通因賒欠飯錢致魏發華身死一案

道光二十七年四月初五日

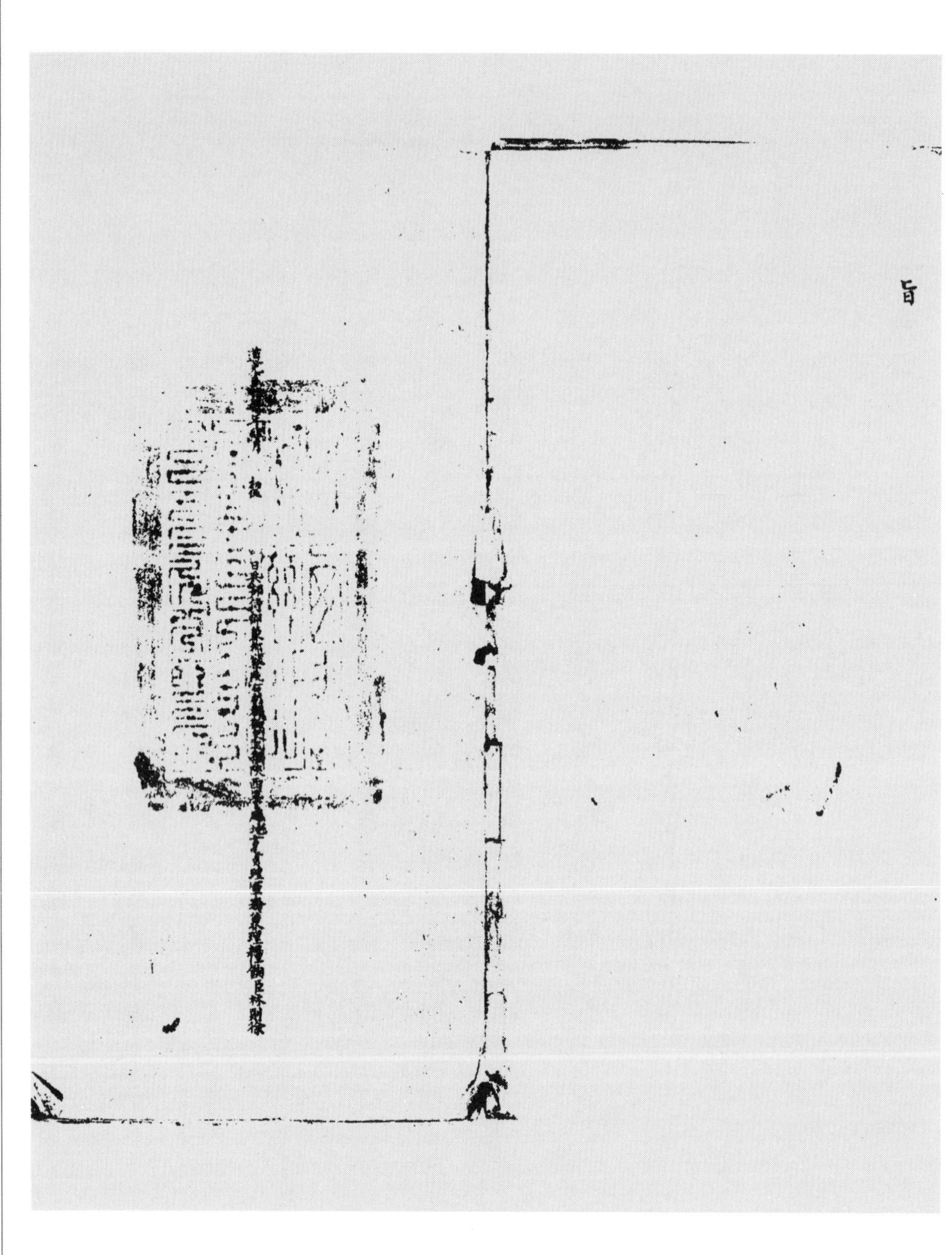

旨

[illegible]臣林則徐

陝西巡撫林則徐題本　審擬綏德州民人雷通因賒欠飯錢致魏發華身死一案

道光二十七年四月初五日

兵部侍郎兼都察院右副都御史巡撫陝西等處地方贊理軍務兼理糧餉臣林則徐謹
題
爲報驗事該臣看得綏德州民人雷通踢傷魏
發華身死一案緣雷通與魏發華鄰村無嫌魏
發華向開飯鋪生理道光貳拾陸年柒月內雷
通賒欠魏發華飯錢叁百貳拾文魏發華屢向
索討雷通因無錢未經歸給玖月初捌日魏發
華往向雷通催討前欠雷通央緩措還魏發華
不依斥罵雷通分辯魏發華揪毆雷通順拳左
脚嚇踢適傷魏發華小腹右連胃囊仰跌倒地
擦傷右肐肘至拾貳日晚因傷殞命驗審不諱
雷通依鬬殺律擬絞監候謹
題請
旨

陝西巡撫林則徐題本　**審擬渭南縣民人韓春齡兒因房屋糾紛致姜新春身死一案**

兵部侍郎兼都察院右副都御史巡撫陝西等處地方贊理軍務兼理糧餉臣林則徐謹

題為報明事據兼署陝西按察使張集馨呈據西

安府知府徐棟申據渭南縣知縣余炳燾詳稱

道光貳拾陸年拾月貳拾捌日據江村里地方

張士奎報據村人姜周兒投稱伊胞伯姜新春

因誤買鄰村韓張氏公共房屋本月貳拾柒日

早前往拆修被韓張氏夫弟韓春齡兒查知阻

擋彼此口角爭吵韓春齡兒用斧砍傷伊伯偏

左等處身死往看屬實理合報驗等情據此隨

帶刑作前詣該處勘得韓張氏住房西邊有破

爛廈房貳間現已卸下詢之附近鄰人僉稱實

係韓張氏之夫韓應春與弟韓春齡兒公共房

屋勘畢後詣屍所飭令舁屍平地如法相驗據仵作陳升喝報已死姜新春問年伍拾叁歲驗得仰面致命偏左刃傷壹處斜長壹寸貳分寬叁分深抵骨骨損不致命左手腕鐵器傷壹處橫長壹寸伍分寬伍分手按骨損餘俱無故委係生前受傷身死報畢親驗無異飭起兇器鐵斧分別比對屍傷相符當場塡格取結屍令棺殮訊據地方張士奎供與報呈同據屍姪姜周兒供已死姜新春是小的分居胞伯合韓春齡兒鄰村没嫌道光貳拾陸年拾月貳拾叁日胞伯出錢貳千伍百文買得韓春齡兒凡嫂韓張氏破爛屋房貳間貳拾柒日早胞伯攜帶鐵钁

雇同姜賴兒前往拆修不一會姜賴兒回家來說房屋是韓張氏的男人韓應春與他兄弟韓春齡兒未分公業韓春齡兒阻擋胞伯不許拆卸彼此口角爭吵胞伯被韓春齡兒用斧砍傷偏左等處的話小的前往看明救治沒效不一會胞伯因傷身死就投知地方報驗的求伸寃據見證姜賴兒供與已死姜新春同村居住道光貳拾陸年拾月貳拾柒日早姜新春說他價買韓張氏破爛廈房兩間要雇小的幫同拆修小的應允姜新春就攜帶鐵钁一同前往早飯後小的正在房上卸瓦姜新春站在接收適有韓張氏男人韓應春的兄弟韓春齡兒走來問

陝西巡撫林則徐題本 審擬渭南縣民人韓春齡兒因房屋糾紛致姜新春身死一案 道光二十七年四月初五日

知情由韓春齡兒說房屋是他弟兄未分公業
阻擋姜新春不許拆卸姜新春不依斥罵韓春
齡兒回罵姜新春拾取鐵钁向毆被韓春齡兒
用鐵斧格落姜新春撲向奪斧韓春齡兒用斧
背打傷他左手腕姜新春撲攏用右手揪住韓
春齡兒胸衣拚命小的正在下房喝阻不料韓
春齡兒掙不脫身用斧砍傷姜新春偏左倒地
當即通知姜新春的姪兒姜鳳兒前往看明扶
救沒救不一會姜新春因傷身死小的勸阻不
及是實據案內韓張氏供男人韓應春出外生
理韓春齡兒是男人兄弟同居過度道光貳拾
陸年拾月貳拾叁日小婦人因沒錢使用私把

公中破爛廈房兩間捏說是男人分受的屋賣
給姜新春寫業得價錢貳千伍百文並未立給
契據不料貳拾柒日早姜新春前去拆房被韓
春齡兒查知向阻爭角韓春齡兒用斧砍傷姜
新春偏左等處身死並沒別故是實據兇犯韓
春齡兒供年貳拾貳歲渭南縣人父親韓添奉
母親已故弟兄貳人哥子韓應春同居過度小
的並沒妻子傭工度日與已死姜新春鄰村沒
嫌父親合哥子都各出外生理道光貳拾陸年
拾月貳拾叁日嫂子韓張氏私把公中破爛廈
房貳間捏說哥子分受的屋得價賣給姜新春
管業小的先不知道貳拾柒日早飯後小的從

陝西巡撫林則徐題本　審擬渭南縣民人韓春齡兒因房屋糾紛致姜新春身死一案　道光二十七年四月初五日

外砍柴轉回瞥見姜賴兒在房上卸瓦姜新春
站在後收小的問知前情原說房屋是小的弟
兄未分公業阻他不許拆卸姜新春不依斥罵
小的回罵姜新春拾取鐵钁向毆小的順用手
内砍柴鐵斧回格把他鐵钁格落姜新春撲向
奪斧小的閃避用斧背打傷他左手腕姜新春
撲攏用右手揪住小的胸衣拚命小的掙不脫
身一時情急用斧嚇砍壹下適傷姜新春偏左
豁手倒地經姜賴兒下房喝阻通知姜新春的
姪兒姜周兒前往看明扶救沒效不一會姜新
春因傷身死實是被揪情急嚇砍適傷並非有
心致死也沒起衅別故求恩典各等供據此將

該犯收禁兇器鐵斧貯庫填格錄供詳報奉批
飭審遵提犯證復加研鞫除各供同前不敘外
訊據兇犯韓春齡兒供年貳拾叁歲渭南縣人
父親韓添奉母親已故弟兄貳人哥子韓應春
同居過度小的並沒妻子傭工度日與已死姜
新春鄰村沒嫌父親合哥子都各出外生理道
光貳拾陸年拾月貳拾叁日嫂子韓張氏私把
公中破爛廈房貳間捏說哥子分受的屋得價
賣給姜新春管業小的先不知道貳拾柒日早
飯後小的從外砍柴轉回瞥見姜賴兒在房上
卸瓦姜新春站在接收小的問知前情原說房
屋是小的弟兄未分公業阻他不許拆卸姜新

二六

陝西巡撫林則徐題本　審擬渭南縣民人韓春齡兒因房屋糾紛致姜新春身死一案

道光二十七年四月初五日

春不依斥罵小的回罵姜新春拾取鐵钁向毆
小的順用手內砍柴鐵斧回格把他鐵钁格落
姜新春撲向奪斧小的閃避用斧背打傷他左
手腕姜新春撲攏用右手揪住小的胸衣拚命
小的掙不脫身一時情急用斧嚇砍壹下適傷
姜新春偏左鬢手倒地經姜賴兒下房喝阻通
知姜新春的姪兒姜周兒前往看明扶救没效
不一會姜新春因傷身死實是被揪情急嚇砍
適傷並非有心致死也沒起衅别故求恩典等
供據此該渭南縣知縣余炳燾審看得民人韓
春齡兒砍傷姜新春身死一案緣韓春齡兒籍
隸卑縣傭工度日與已死姜新春鄰村無嫌其

父韓添奉併其兄韓應春汲各出外生理道光
貳拾陸年拾月貳拾叁日韓應春之妻韓張氏
因無錢使用私將公中破爛廈房貳間捏稱係
伊夫分受之屋賣給姜新春管業得價錢貳千
伍百文未經立給契據貳拾柒日早姜新春攜
帶鐵钁雇同姜賴兒前往拆修早飯後姜賴兒
正在房上卸瓦姜新春在下接收適韓春齡兒
從外砍柴轉回瞥見問知前情聲稱房係伊弟
兄未分公業阻攔姜新春不許拆卸姜新春不
依斥罵韓春齡兒回罵姜新春拾取鐵钁向毆
韓春齡兒順用手內砍柴鐵斧回格將其鐵钁
格落姜新春撲向奪斧韓春齡兒閃避用斧背

陝西巡撫林則徐題本　審擬渭南縣民人韓春齡兒因房屋糾紛致姜新春身死一案

道光二十七年四月初五日

毆傷其左手腕姜新春撲攏用右手揪住韓春
齡兒胸衣拚命韓春齡兒掙不脫身一時情急
用斧嚇砍壹下適傷姜新春偏左鬆手倒地經
姜粮兒下房喝阻通知姜新春之姪姜周兒前
往看明扶救罔效移時殞命報驗訊詳飭審遵
提獲鞫據供前情不諱詰非有心致死亦無起
釁別故供證確鑿案無遁飾查律載鬬毆殺人
者不問手足他物金刃並絞監候等語此案韓
春齡兒用斧砍傷姜新春身死應依律問擬韓
春齡兒合依鬬毆殺人者不問手足他物金刃
並絞律擬絞監候韓張氏私賣公中房屋致釀
人命應照不應重律杖捌拾惟事犯到官在遵

二六　陝西巡撫林則徐題本　審擬渭南縣民人韓春齡兒因房屋糾紛致姜新春身死一案　道光二十七年四月初五日

光貳拾陸年拾貳月貳拾壹日恭逢清理庶獄
恩旨以前所得杖罪應予援免並免收贖姜新春係
聽信誤買業已被毆身死應與攔阻不及之姜
賴兒均毋庸議房價照數追給屍姪姜周兒具
領房屋仍歸韓春齡兒之父韓添奉管業無干
省釋屍棺飭埋兇器鐵斧隨招解驗是否允協
理合連犯解候審轉等情到府該西安府知府
徐楝審看無異招解到司該署陝西按察使
張集馨審看相同具詳轉解到臣隨提犯親訊
據供與該縣府司所審無異該臣看得渭南縣
民人韓春齡兒砍傷姜新春身死一案緣韓春
齡兒籍隸該縣傭工度日與已死姜新春鄰村

無嫌其父韓添奉併其兄韓應春俱各出外生
理道光貳拾陸年拾月貳拾叁日韓應春之妻
韓張氏因無錢使用私將公中破爛廈房貳間
捏稱係伊夫分受之屋賣給姜新春管業得價
錢貳千伍百文未經立給契據貳拾柒日早姜
新春攜帶鐵钁雇同姜賴兒前往拆修早飯後
姜賴兒正在房上卸瓦姜新春在下接收適韓
春齡兒從外砍柴轉回瞥見問知前情聲稱房
係伊弟兄未分公業阻擋姜新春不許拆卸姜
新春不依作罵韓春齡兒回罵姜新春拾取鐵
钁向毆韓春齡兒順用手內砍柴鐵斧回格將
其鐵钁格落姜新春撲向奪斧韓春齡兒閃避

用斧背毆傷其左手腕姜新春撲攏用右手揪住韓春齡兒胸衣拚命韓春齡兒掙不脫身一時情急用斧嚇砍壹下適傷姜新春偏左鬆手倒地經姜賴兒下房喝阻通知姜新春之姪姜周兒前往看明扶救罔效移時殞命報驗審認不諱詰非有心致死亦無起衅別故此案韓春齡兒用斧砍傷姜新春身死應依律問擬應如該縣府司所擬韓春齡兒合依鬬毆殺人者不問手足他物金刃竝絞律擬絞監候韓張氏私賣公中房屋致釀人命應照不應重律杖捌拾惟事犯到官在道光貳拾陸年拾貳月貳拾壹日恭逢清理庶獄

恩旨以前所得杖罪應予援免並免收贖姜新春係
聽信誤買業已被毆身死應與勸阻不及之姜
賴兒均毋庸議房價照數追給屍姪姜周兒具
領房屋仍歸韓春齡兒之父韓添奉管業無干
省釋理合具
題伏祈
皇上聖鑒勅下法司核覆施行再此案限期應以道
光貳拾陸年拾月貳拾捌報官之日起該縣至
省壹百肆拾里除程限叁日又除封印壹箇月
扣至貳拾柒年陸月初壹日統限屆滿合併陳
明為此具本謹
題請

陝西巡撫林則徐題本 審擬渭南縣民人韓春齡兒因房屋糾紛致姜新春身死一案
道光二十七年四月初五日

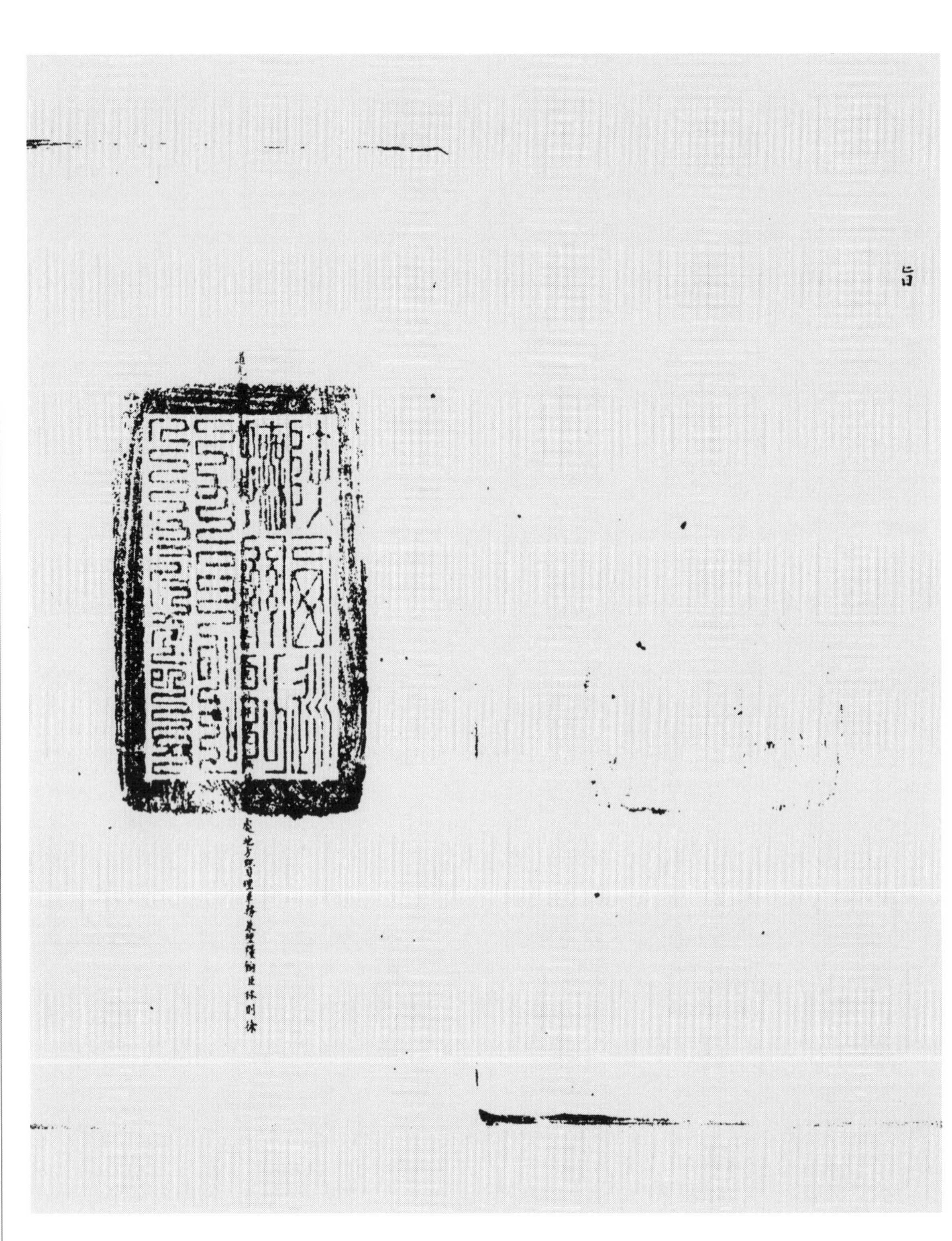
旨

道光

處地方提督軍務兼理糧餉臣林則徐

陝西巡撫林則徐題本 審擬渭南縣民人韓春齡兒因房屋糾紛致姜新春身死一案
道光二十七年四月初五日

兵部侍郎兼都察院右副都御史巡撫陝西等處地方贊理軍務兼理糧餉臣林則徐謹

題為報明事。該臣看得渭南縣民人韓春齡兒砍傷姜新春身死一案。緣韓春齡兒與姜新春鄰村無嫌。其父韓添奉並其兄韓應春俱各出外生理。道光貳拾陸年拾月貳拾叁日，韓應春之妻韓張氏因無錢使用，私將公中破爛廈房貳間，捏稱係伊夫分受之屋，賣給姜新春管業，得價錢貳千伍百文。貳拾柒日早，姜新春攜帶鐵鑁，雇同姜狗兒前往拆修。姜狗兒正在房上卸瓦，姜新春在下接收。適韓春齡兒從外砍柴轉回，瞥見問知前情，聲稱房係伊弟兄未分公業，阻攔。姜新春不許，拆卸。姜新春不依，斥罵。韓春齡兒回罵。姜新春拾取鐵鑁向毆。韓春齡兒順用手內砍柴鐵斧回格，將其鐵鑁格落。姜新春撲向奪斧。韓春齡兒閃避，用斧背毆傷其左手腕。姜新春撲攏，用右手揪住韓春齡兒胸衣拚命。韓春齡兒掙不脫身，一時情急，用斧嚇砍，適傷姜新春偏左鬢，手倒地，移時殞命。驗審不諱。韓春齡兒依鬬殺律擬絞監候。謹

題請

旨

陝西巡撫林則徐題本 審擬咸寧縣民人王萬兒毆傷未婚妻致死一案（首缺）

加辱罵王萬兒氣忿復用鞭杆連毆致傷王愛兒兩胯兩腿後兩腿肚左右臁肕經鄰人蘇黑娃子並其父王化元先後趕至喝阻詢悉情由同將王愛兒醫治罔效延至拾貳日早因傷殞命王化元即通知王馬氏前往看明投約報驗訊詳飭審遵提覆鞫據供前情不諱詰非有心致死亦無起衅別故供證確鑿案無遁飾查律載夫毆妻至死者絞監候等語此案王萬兒毆傷童養妻王愛兒身死查王愛兒雖未與該犯成婚然名分已定應即按律問擬王萬兒合依夫毆妻至死者絞律擬絞監候蘇黑娃子勸阻不及應毋庸議無干省釋屍棺飭埋兇器木鞭

杆隨招解驗是否允協理合連犯解候審轉等
情到府該西安府知府徐棣審看無異招解到
司該兼署陝西按察使張集馨審看相同具詳
轉解到臣隨提犯親訊據供與該縣府司所審
無異該臣看得咸寧縣民人王萬兒毆傷未婚
妻王愛兒身死一案緣王萬兒籍隸該縣小貿
營生道光貳拾叁年其父王化元憑媒聘定同
姓不宗王馬氏之女愛兒與王萬兒爲妻過門
童養尚未成婚王愛兒平日貪吃懶做屢經王
化元並王萬兒訓誡不悛貳拾陸年拾月初拾
日下午王萬兒因家中飯食俱係雜糧慮及伊
父難喫在外買回白麪燒餅叁枚放在廚房直

陝西巡撫林則徐題本　審擬咸寧縣民人王萬兒毆傷未婚妻致死一案　道光二十七年四月初五日

內留至次日與王化元作爲早飯拾壹日早王
萬兒尋取燒餅不見查問王愛兒自認先日晚
上偷食王萬兒當向斥罵經王化元喝散移時
王化元因事出外王萬兒又斥王愛兒貪嘴之
非王愛兒不服撒賴王萬兒生氣順取門旁木
鞭杆從王愛兒身後連毆兩下致傷其脊背右
後助王愛兒轉身奪鞭被王萬兒毆傷右手腕
瞅王愛兒撲攏揪住王萬兒衣襟哭罵王萬兒
又用鞭杆毆傷其脊膂右後脇連腰眼王愛兒
鬆手倒地亂滾愈加辱罵王萬兒氣忿復用鞭
杆連毆致傷王愛兒兩膀兩腿後兩腿肚左右
臁肕經鄰人蘇黑娃子暨其父王化元先後趕

至喝阻詢悉情由同將王愛兒醫治罔效延至
拾貳日早因傷殞命王化元即通知王馬氏前
往看明投約報驗審認不諱詰非有心致死亦
無起衅别故此案王萬兒毆傷童養妻王愛兒
身死查王愛兒雖未與該犯成婚然名分已定
應即按律問擬應如該縣府司所擬王萬兒合
依夫毆妻至死者絞律擬絞監候蘇黑娃子勸
阻不及應毋庸議無干省釋理合具
題伏祈
皇上聖鑒勅下法司核覆施行再此案限期應以道
光貳拾陸年拾月拾叁報官之日起除封印壹
箇月扣至貳拾柒年伍月拾叁日統限屆滿合

陝西巡撫林則徐題本 審擬咸寧縣民人王萬兒毆傷未婚妻致死一案

道光二十七年四月初五日

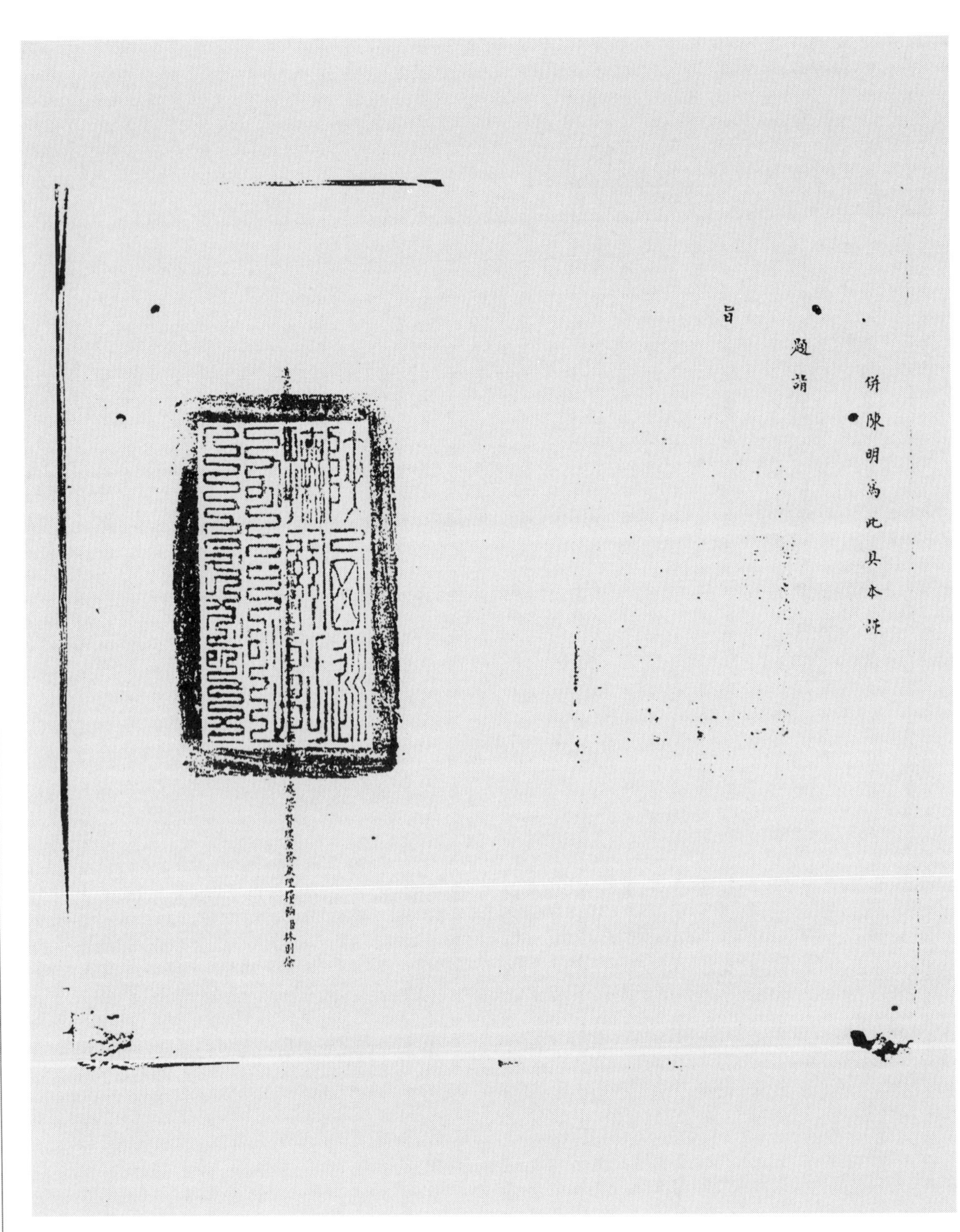

併陳明為此具本謹

題請

旨

[illegible]督理軍務兼理糧餉臣林則徐

陝西巡撫林則徐題本 審擬咸寧縣民人王萬兒毆傷未婚妻致死一案
道光二十七年四月初五日

兵部侍郎兼都察院右副都御史巡撫陝西等處地方贊理軍務兼理糧餉臣林則徐謹
題為報明事該臣看得咸寧縣民人王萬兒毆傷
未婚妻王愛兒身死一案緣王萬兒小貿營生
道光貳拾叁年其父王化元憑媒聘定同姓不
宗王馬氏之女愛兒與王萬兒為妻過門童養
尚未成婚王愛兒平日貪嘴懶做屢經王化元
並王萬兒訓誡不悛貳拾陸年拾月初拾日王
萬兒因家中飯食俱係雜糧慮及伊父難喫在
外買回白麵燒餅叁枚放在廚房櫃內留至次
日與王化元作為早飯拾壹日王萬兒尋取燒
餅不見盤問王愛兒自認先日晚上偷食王萬
兒當向斥罵經王化元喝散移時王化元因事
出外王萬兒又斥王愛兒貪嘴之非王愛兒不
服撒賴王萬兒生氣順取門旁木鞭杆從王愛
兒身後連毆致傷其脊背右後肋王愛兒轉身
奪鞭被王萬兒毆傷右手腕王愛兒撲攏揪
住王萬兒衣襟哭罵王萬兒又用鞭杆毆傷其
脊膂右後脇連腰眼王愛兒鬆手倒地亂滾愈
加辱罵王萬兒氣忿復用鞭杆連毆致傷王愛
兒兩胯兩腿後兩腿肚左右臁肕至拾貳日早
因傷殞命驗審不諱王萬兒依夫毆妻至死者
絞律擬絞監候謹
題請
旨

圖書在版編目（CIP）數據

清宫林則徐檔案匯編.26/中國第一歷史檔案館　福建省林則徐研究會　編.一福州：海峽文藝出版社，2020.3

ISBN 978-7-5550-2125-4

Ⅰ.①清…　Ⅱ.①中…②福…　Ⅲ.①林則徐（1785~1850）—檔案資料—匯編　Ⅳ.①K827=52

中國版本圖書館CIP數據核字（2019）第265459號

清宫林則徐檔案匯編　26

中國第一歷史檔案館　福建省林則徐研究會　編

責任編輯　陳　婧
美術編輯　劉小岳
出版發行　海峽文藝出版社
經　　銷　福建新華發行(集團)有限責任公司
社　　址　福州市東水路76號14層　　**郵編**　350001
發 行 部　0591-87536797
印　　刷　福建新華印刷有限責任公司　　**郵編**　350011
廠　　址　福州市福新中路42號
開　　本　889毫米×1194毫米　1/16
字　　數　826千字
印　　張　37.75
版　　次　2020年3月第1版
印　　次　2020年3月第1次印刷
書　　號　ISBN 978-7-5550-2125-4
定　　價　300.00元